U0754662

陆　娓 ··

南京师范大学法学博士，现任南京工业大学法学院副教授，加拿大蒙特利尔大学、台湾东吴大学、台湾辅仁大学访问学者。主要研究方向为中国法律制度史、传统法律文化。在国内外刊物上发表论文数十篇，主持国家社科基金、教育部人文社科基金等多个国家及省市级项目，参编《新编中国法制史》及《民国时期江苏司法档案辑录·法官卷》等。

国家出版基金项目

丛书主编　於兴中　李其瑞

中国传统法哲学基本范畴研究

法与刑

陆娓　著

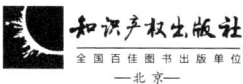

知识产权出版社
全国百佳图书出版单位
—北 京—

图书在版编目（CIP）数据

法与刑 / 陆娓著. —— 北京：知识产权出版社，2023.6
（中国传统法哲学基本范畴研究 / 於兴中，李其瑞主编）
ISBN 978-7-5130-8654-7

Ⅰ.①法…　Ⅱ.①陆…　Ⅲ.①法哲学—研究—中国—古代　Ⅳ.①D909.22

中国国家版本馆CIP数据核字（2023）第004115号

责任编辑：薛迎春　　　　　　　责任校对：谷　洋
封面设计：黄慧君　　　　　　　责任印制：刘译文

法与刑

陆　娓　著

出版发行：知识产权出版社 有限责任公司　　网　　址：http：//www.ipph.cn
社　　址：北京市海淀区气象路 50 号院　　　邮　　编：100081
责编电话：010-82000860 转 8724　　　　　　责编邮箱：471451342@qq.com
发行电话：010-82000860 转 8101/8102　　　 发行传真：010-82000893/82005070/82000270
印　　刷：三河市国英印务有限公司　　　　　经　　销：新华书店、各大网上书店及
　　　　　　　　　　　　　　　　　　　　　　　　　　　相关专业书店
开　　本：880mm×1230mm　1/32　　　　　　印　　张：11.125
版　　次：2023 年 6 月第 1 版　　　　　　　 印　　次：2023 年 6 月第 1 次印刷
字　　数：290 千字　　　　　　　　　　　　定　　价：89.00 元
ISBN 978-7-5130-8654-7

出版权专有　侵权必究
如有印装质量问题，本社负责调换。

丛书编委会

（以姓氏笔画为序）

王　健　　王润贵　　刘　超　　江　山

杨一凡　　李启成　　李其瑞　　吴继陆

陈弘毅　　於兴中　　俞荣根　　姜永琳

黄源盛　　梁治平　　韩　涛　　霍存福

总　序

　　酝酿多年的"中国传统法哲学基本范畴研究"丛书即将付梓，作为丛书主编，我们在深感荣幸的同时，也不免有些忐忑，觉得有不少问题需要予以澄清和交代。本丛书将是国内外首批研究中国传统法哲学基本内涵的系列著述，其本身的学术意义在于，它既是一个奠基之作，又是引领该领域学术研究之滥觞。中国作为一个拥有数千年文明史和深厚法律文化传统的国家，迄今尚未有一本系统研究中国传统法哲学基本范畴的著作面世，实属憾事。鉴往知来，没有对过往的梳理和挖掘，就没有深刻的反省和明晰的方向。只有挖掘历史，才能推陈出新和面向未来。可见，建立体现中国特色的"中国的"法哲学，依然任重而道远。

　　有鉴于此，很有必要认真研究中国传统法哲学的基本内涵及精髓要义。从"五伦五常""四维八德"等基本范畴入手，阐发这些概念固有的含义及其与法之关系，并在此基础上，通过概念分析方法展现一种以中国元素为特点的、中国传统法哲学的范畴体系，进而将其推介给国际法哲学界。这便是本项目研究的目的和拟承担的任务。

　　本丛书以严谨的、专业化的原创性学术研究为原则，以爬梳、整理大量可靠的史料和文献为基础，旨在全面深入地挖掘并展示中国传统文化中有关"法"的基本概念体系，或者说有关支撑中国"法"概念的相关概念体系，以及随着历史变化这些概念的时代内涵和长久的生命力，力争让世界法学界更多地了解中国的法学话语体系及其法律制度的特色，增强中国法学研究的世界影响力。这一持续的努力，必将对西方社会了解中国传统法律文化，理解中国推进国家治理体系和治理能力现代化及中国法治发展模式，提供更深远的历史视角和更丰厚的文献基础。

一、什么是法哲学？

本丛书主要探讨的是中国传统法哲学的基本概念，因此，首先有必要澄清什么是法哲学这个问题。法哲学不同于法律思想史和法律制度史，但与两者均有联系。"philosophy of law"这个说法是欧洲的，而不是英美的，但是后来英美学界也接受了这个说法，大体上用指法理学（jurisprudence）。德国学者阿图尔·考夫曼（Arthur Kaufmann）区分了法律学说（legal doctrine, rechtsdoktrin）、法律理论（legal theory, rechtstheorie）和法哲学(philosophy of law, rechtsphilosophie)，认为学说是关于某一事物的详细说法，比如公序良俗、自由意志。好多学说的集合就构成理论。比如民法理论就是由好多学说构成的，合同法、刑法以及行政法理论亦然。从理论中提炼出来的最基本的抽象的概念就构成了法哲学。法哲学的基本概念其实并不多，但它们适用于各个法律部门，比如公正、权利、自由等。无论民法、刑法、刑事诉讼法，还是宪法、行政法，都要讲公正、权利、自由，等等。

然而，如果从已经出版的法哲学著作的体例来看，人们对法哲学的理解还是大不相同的，至少可以分出三种类型来。第一种是比较传统的写法，探讨法律是什么，法律的功能是什么，法律和其他学科之间的关系如何，这方面的著作可以庞德的《法哲学导论》为例子。[1]第二种是将法哲学这个概念等同于法理学。内容不仅包括法哲学的基本概念，而且包括各个部门法学的一些基本

---

[1]［美］庞德：《法哲学导论》，于柏华译，商务印书馆2020年版。

原理。这类作品比较任性，有时候会包括一些作者认为重要，但事实上并不重要的题目。这在丹尼斯·帕特森（Dennis Patterson）、安德瑞·马默（Andrei Mamor）等人的法哲学著作中可以窥见一斑。[1]第三种类型是个人根据自己的喜好，或者侧重某一个学派，或者侧重某一个群体，或者侧重某些问题，详细陈述，称之为法哲学的著作。比如登特列夫（d'Entreves）的《自然法》[2]，副标题是"法律哲学导论"，实际上谈的是自然法。再如德沃金的法哲学读本，它实际上是德沃金选择了自己认为重要的一些问题，和几位同人一起写成的一本书，名曰"法哲学"，实际上探讨的是编者认为重要的法律问题，既没有体系，也没有多少理论。[3]

本丛书在狭义的角度使用法哲学这一术语，主要涉及诸如仁义礼智信等重要的概念，而这些概念不同于西方法哲学的基本概念。实际上，它们在中国古代社会中起到了理顺人际关系、规范社会秩序的作用。这些重要的概念或范畴在一定意义上就是一种中国人认为的"法"，"仁政""义理""礼和""睿智""诚信"，它们无不发挥着规范人们行为之功能。正如董仲舒在《举贤良对策》中所言："仁谊礼知信，五常之道"，"常道"实际上就是与天地长久的经常法则。也正是"五伦"等这些基本的范畴，构成了中国人对"法"的独特理解和认识，成为支撑中国传统法哲学体系的四梁八柱。

二、世界法哲学大要及中国法哲学的缺席

世界主要发达国家均为人类法治文明贡献了具有民族特色的

---

〔1〕 Dennis Patterson, *A Companion to the Philosophy of Law and Legal Theory*, Wiley-Blackwell, 1st Edition, 1999; Andrei Marmor, *Philosophy of Law*, Pinceton University Press, 2014.

〔2〕 ［意］登特列夫：《自然法：法律哲学导论》，李日章等译，新星出版社 2008 年版。

〔3〕 Ronald Dworkin, *The Philosophy of Law*, Oxford University Press, 1977.

法哲学，例如，德国的概念法学、英国的分析法学、美国的经济分析法学，等等，都是具有鲜明民族文化特征的法哲学。西方传统文化中的基本概念对其法哲学及法治文明发达起到了重要作用。产生于两希文化的"正义""权利""平等""自由""法治"等概念，在西方的历史长河中起到了举足轻重的导向作用，而对这些概念的研究也从未中断。关于这些概念的研究形成了不同的学术派别和研究传统，较为显著的包括关于权利和正义的自然法学说、实证主义学说、功利主义学说，等等。

截至目前，无论汉语世界还是英语世界，还没有一本系统探讨中国传统法哲学概念范畴的著述问世。梁启超的《中国法理学发达史》以法理学之名论述法律思想史。民国时期，学者陈顾远著有《中国文化与中华法系》，倡导"四维八德"（礼义廉耻，忠孝仁爱信义和平）的法律理论；杨鸿烈著有《中国法律发达史》等书，言及法律制度与法律思想，具有国际视野。台湾学者张伟仁的近著《寻道》一书，从比较法的立场探讨古代思想家的法律思想，是一本重要的法学著作。台湾学者黄源盛著有《中国传统法制与思想》等书，制度史与思想史并重。梁治平的《寻求自然秩序的和谐》尝试从文化解释立场对中国古代法文化进行研究。江山的《中国法的理念》是一部从历史与逻辑视角分析中国法的内在精神理念的学术著作。俞荣根先生的《礼法传统与中华法系》等书是法律文化研究中的杰作。日本学者对中国法制史颇有研究，著述甚夥，但对中国法律哲学的研究尚未有显著成果。西方学者200多年前开始翻译并研究中国法律及其历史，间或有人论及法的基本概念。具有里程碑意义的一项研究是 D. 布迪和 C. 莫里斯的《中华帝国的法律》，主要从案例入手探讨中国清代法律制度，偶有提及法律概念。还有，德国汉学家何意志的《中国法律文化概要》一书，也从历史和区域的视角展示了中国法文化的诸要素。但是，上述优秀著述所讨论的并不是法哲学的概念范畴。

　　当然，从某种意义上来说，作为一门学问或知识体系，法哲学就是法哲学，无所谓东西之分。所以提倡发展中国传统法哲学基本概念范畴体系，似乎并不是一件可为之事。然而，对法哲学有过关注的人都会注意到，目前我们所说的法哲学的基本概念都是来自西学。虽然这些基本概念具有相当的普适性，但这并不排除其他文化里发展出法哲学的可能性。尽管可以说，中国传统法哲学也是世界法哲学的一个组成部分，但是，中国传统法哲学有其鲜明的自身特点和独有的概念系统。举例而言。现在通行的法哲学，也就是我们都能够接受的普遍（一般）的法哲学，主要是以正义、自由、平等、权利、法治等概念组成的。反观中国历史文化上的一些主要概念，诸如仁、义、礼、智、信等，这些概念事实上与现有的法哲学的概念是大不相同的，而建立在中国的这些传统文化价值上的法哲学有它自己的原创性和独特性。

　　当然，更重要的可能是因为哲学并不是一种科学，尽管当初科学是从哲学里分离出来的一个学科。随着科学主义思潮的勃兴，科学后来成为普适的学问。科学体现了客观性和唯一性，其解决的是真假的问题，要么真要么假，不存在既真又假的事物。如果将美国的物理学和中国的物理学予以区分，未免有点儿可笑。因为物理学就是物理学，在美国或中国都是一样的学问。而哲学则不然，哲学中主要范畴所代表的价值观并不是科学的定理，哲学既要面对真假问题，更要解决善恶的问题，而对善恶的价值评判又是多元的，往往带有很强的民族特点和文化色彩。故此，中国哲学或美国哲学的提法是能够讲得通的。因为它们所包含的核心价值、所研究的基本范畴、所采用的方式方法都是不一样的。或者说，不能将物理学区分为中国的或美国的，是由于这是一个事实（科学）领域的问题，而可以将哲学区分为中国的或美国的，在于它是一个价值（文化）领域的问题。

　　近代以来，中国法学的研究基本上从欧美法学汲取灵感、移植问题并照搬解决问题的方法，根本原因是我们尚不具备从事自主性研究的理论准备和相应的学术水平。而欧美法学在世界范围内的影响及其话语霸权也不允许弱势文化发展具有自己特色的法学。面对全球所出现的新形势新态势，中国亟待建设和完善自我的学术体系、话语体系，尤其在深入挖掘优秀传统文化资源方面，要具有"为天地立心，为生民立命，为往圣继绝学，为万世开太平"的志向和勇气。

近年来，世界法哲学研究呈现"无王期"的时代特征，为中国法哲学的发展提供了很好的契机。在 21 世纪初以来的法哲学国际舞台上，已经很难分清谁是主流谁是非主流。一个百家争鸣，平起平坐，派别林立，主次不分的状态已然形成。这为中国法学研究彻底摆脱受制于欧美法学、依附于欧美法学的被动局面提供了机会，为我们独辟蹊径开展自主研究，开创构建中国法哲学体系的研究提供了可能。而对中国传统法哲学基本范畴的整理挖掘，并从中厘定哪些概念或范畴是中国传统法哲学的"根概念"，哪些是由这些"根概念"派生出来的"次概念"，不仅对推动中华优秀传统法治文化创造性转化、创新性发展大有裨益，而且是建构具有中国特色、中国风格、中国气派法哲学体系的奠基性工作。

三、本丛书的特点

中国古代虽然没有分化出西方意义或科学意义上的法哲学，但中国人对法的根本看法和价值评判却是一直存在的，只是它没有形成体系化的一种学说而已。既然中国古代没有形成体系化的法哲学，那么，研究中国传统法哲学基本范畴实际上就是在做一种基于传统的建构。这显然是一个非常艰巨的任务，非一人能及之事。因此，本丛书最大的一个特点，首先就在于它是一项集体的努力。本丛书旨在从中国传统文化的资源中寻找建构材料和元素，挖掘历代典籍中关于中国传统文化的主要概念，借以发展具有中国特色的法哲学。这涉及法律著述、历代判例、法律注疏、州县志书、出土文物、铭文、碑刻、文学作品等诸多资源，它是一项浩大的文化工程，意义重大但很有难度。所幸学界对这些资源已有比较系统的整理，而各位作者已经掌握现有的文献检索技术。这是以往的研究无法相比的。

其次，本丛书在方法上也具有比较鲜明的特点。考虑到面对浩繁复杂的文献材料，个人的努力毕竟有限，本丛书除了个人的画龙点睛般的概括和评述，更多是一种注重文献资料的收集、整理和发掘的工作。在一定的意义上来说，本丛书也是一套中国古代法哲学基本范畴的文献资料汇辑。最低限度，本丛书提供了进一步研究中国传统法哲学基本范畴的基础材料。有兴趣的学者可以在本丛书的基础上，进一步挖掘、收集更广泛的材料，从事更进一步、更深入的研究。

本丛书的另一个特点在于，它是一次历史研究方面的新的努力。本丛书所收集的材料，除了官修史书、志书，也就是主要的典籍里面的内容，还注重收集历代律法条疏对一些基本概念的体现，以及判牍案例和文学作品中的一些内容。律法条疏、判牍案例是为了证明当时存在过这样一种概念，且被裁判者所接受。从某种意义上来说，文学作品反映了大众对于某种法律概念或者某一种法律制度的态度。合而观之，这些都从不同侧面构成了中国古代法哲学或者法传统的基本面貌。

中国传统法哲学基本范畴研究，是全面复兴传统文化的国家重大战略需求在法学领域的重要体现。长期以来，法学研究中对传统文化重视不足，西方话语体系充斥在法学研究的各个方面，急需通过深入挖掘传统文化中可资治国理政的优秀文化遗产，梳理和提炼出具有中国气派和中国文化特色的法学话语体系，积极汲取中华法系中的治理智慧，为国家治理体系现代化奠定文化基础。

　　从文化和政治的角度来说，本丛书也具有非常重要的意义。它为中国学界寻回文化自信铺垫一个良好的开端。众所周知，中国自鸦片战争以来失去了文化的自信，甚至一度对中国传统文化是否存在继承性和民族性产生了质疑。在学术研究上随西方学者身后亦步亦趋，长久以来没有能够建立起自己的学术传统。法国人、德国人从来不会在乎美国人、英国人说什么，因为他们有文化上的自信。他们自己内部进行的学术讨论本身就足以支撑他们的文化传统不断地衍更。而文化自信首先体现在对自己文化的概念范畴上的自信。中国现在国力逐渐强大，自信心重回的可能性也已经受到了民族文化复兴政策的支持。这种民族文化的复兴应该是全方位的，遍及各个领域的。但概念范畴的复兴式的重构乃是民族文化复兴的开端。法哲学方面的研究应该位列其中。相信其他领域里也有同样的项目正在进行。

　　长期以来，中外学界对中国传统文化多有误读、误解和误译，乃至武断的批判及质疑。在法学领域，中国传统法哲学的基本范畴是什么？这些范畴之间是何种关系？这些基本范畴不同于自由、平等、博爱等为支撑的西方法哲学话语体系的特征有哪些？事实上，传统中国关于治理国家和社会、规范民众行为的整套观念和制度不同于西方意义上的法律、道德或者宗教这样可区分的规范系统，在中国传统文化中不存在西方意义上的纯粹的"法"这样的一种规范系统，简单用西方法哲学中的概念来理解中国的"仁""义""礼""智""信"等终究是缘木求鱼。当然，关于这些概念的诠释和重建是一项艰巨浩大的工程，需要文化界各个领域的共同努力，本项目只能从法哲学的角度作出自己的贡献。

　　基于上述考虑及国际法学发展现状，我们提出对中国传统法哲学范畴的系统建构，进而推动建立中国法哲学发展这一高远目标。但我们清醒地认识到欲速则不达，本着坐十年冷板凳的决心，从基本概念的全面梳理及研究入手，用一本著作研究一个基本范畴。令人欣喜的是，已经完成的五部书稿达到了我们预期目标，为后续研究提供了很好的范例，并增强了信心。

在比较文化研究中一个引人瞩目的问题是，在轴心时代东西方都出现了各自文化中的核心概念，比如两希文化中的正义、权利、自由、法治、平等等概念，中国文化中的仁义礼智信天道神气德等概念，而在此后的过程中，西方有无数的书籍和文章探讨自己文化中的概念，而在中国，探讨关于自己文化中的那些概念的专著至今寥寥无几，为什么？我们认为，其中的一个主要原因在于各自熟知的研究方法不同。大体上，西方文化中通行的是概念分析的方法，而中国文化中被普遍接受的乃是综合的方法。本丛书第一次以概念分析普遍化的研究方式，将中国古代法哲学精神展现给世界学界，期待为打通中国法学界乃至世界法学界交流的渠道作出贡献。

四、本丛书涵盖的范围及前景

本丛书的主要任务是用概念分析普遍化的方法围绕特定的范畴收集史料，其所注重的是中国历史上相关的法哲学范畴如何表现在不同的史料里，而不是就某一概念的理论阐释。具体而言，作者不需要做大量的分析和讨论，而需要把精力放在收集相关材料，整理文献，并把它编辑成册。最后呈现的作品，不是某一个作者或某一个专家的观点，而是原汁原味的传统的存在，即在下述各种资源中某一个具体概念的表述、体现或反映。

主要涉及的文献资源有：历代典籍中关于特定概念和法的关系的论述、历代律典、判例、法律注疏、法律史料，如历代《刑法志》、州县志、出土文物、铭文、帛书、碑刻、文学作品、中外学者对中国法律传统的研究成果以及不同解释，等等。

收集材料不一定要全。材料收集当然越多越好，尤其是时间跨度上的历时性要有代表或标志意义，不能只是一个或两个朝代的资料。"全"指的是不要遗漏重要的节点或不能跨越的律典、文献或判例。尽量避免重复收集。如果同一个内容在不同的书里多次出现，只选取一个出处即可。

就具体题目而言，最后的"产品"应该是中国文化中关于该题目的论述、描述、解释、刻画、反映、展现、运用的综合或整合，而不是某一学者或作者个人对该题目的精深的研究。书的主要内容应该是史料，而不是作者的论述，简言之，就是关于某一题目的有组织的资料汇编。作者的任务是识别并选择自己认为某一题目最为重要的资料，将它们分门别类，加上导言或适量的说明、评注，汇编成辑。

在写作过程中，每位作者都明确采取了相应步骤：第一步，选取与某一概念有关的段落，可长可短，视具体情况而定。第二步，注明该段落的出处，越详细越好，包括作者名、书名、出版社、出版年、版本、页码等细节。第三步，在该段落前加上一两句注释或提示，说明该段落的核心思想。第四步，以此类推，待选够一定数量的段落之后，将所选段落根据其核心思想进行归类总结并加上相应的标题。第五步，将各类段落的核心内容汇总，组织一段总的介绍，作为一章的导言。

在选取相应段落并标以说明时，最重要的是让材料"说话"。力图避免受到先入为主的概念的影响。即，避开儒家、法家、道家这样的分类的影响，也不必在意"德治"与"法治"的分野，等等，更要避免作者自己的建构和评论，对材料的"论"仅以说明其本意为目的。

首批出版的五本著作——《法与礼》《法与气》《法与名》《法与信》《法与刑》——为"中国传统法哲学基本范畴研究"丛书第一阶段研究成果。现已接洽外译工作，期望尽快将中国学界的这一最新研究成果介绍给国际法哲学界、国际汉学家及中国问题专家。

现已开展研究的中国传统法哲学基本范畴，主要由法哲学、法史学界具有实力的中青年学者撰写。后续拟推出"法与中""法与情""法与神""法与仁""法与民""法与圣"等，作为第二阶段研究成果。仍在研究的基本范畴包括："法与天""法与理""法与道""法与德""法与智""法与义""法与君""法与俗""法与律""法与兵""法与贞""法与孝""法与乐"等。这些基本涵盖了中国传统法律文化和法律思想中的经典范畴及核心概念。根据研究写作进展等情况，这一清单还可能有所微调。

应该明确的是本丛书所指中国传统法哲学基本概念乃是"法与×"这样的结合概念，而不是纯粹的单个的哲学概念。比如，"法与德"，重点在于这对概念的关系的阐述，而不是将两者分而述之，指出"法"是什么含义，而"德"又是什么含义。

书的结构大体上可分为典籍、律典、判例、官民报刊、文学作品、学者评论等各章，但不一定每本都采取这个体例。有些概念，比如"气""乐""神"，可能找不到具体案例，那就不必有案例这一章。作者可根据具体题目和内容自己斟酌安排全书章节。

总之，本丛书旨在深入而全面地研究梳理中国传统法哲学的基本范畴，对重要的基本概念追根溯源、正本清源、细考历史流变，探究多重意涵，并将其按照一定的体例系统化、学术化。丛书主要任务及目标是：使用概念分析方法发掘中国传统文化资源，搜罗整理中国传统法哲学的核心元素和主要素材，为推动构建真正意义上的中国（传统）法哲学做好扎实全面的学术积累和文献基础。期望以此为起点与示范，推动建立体现中国特色和水平的中国法哲学，并为中外法治文明交流与对话开拓新领域。

"中国传统法哲学基本范畴研究"丛书从动议、论证、启动、撰写，到第一批著作的出版，历经数年。2015年该丛书入选"十三五"国家重点出版物出版规划项目，2021年入选国家出版基金项目。其间得到诸多专家学者的关心和帮助，没有他们的认同和鼓励，该项目的推进可能会更加缓慢。他们是俞荣根教授、黄源盛教授、梁治平研究员、姜永琳教授，在首批书即将付梓之际，对他们表示衷心的感谢！知识产权出版社领导给予了大力支持，庞从容、薛迎春两位女士付出了大量辛劳，在此谨致谢意！同时，该套丛书在文献梳理、考据和编辑过程中难免出现一些疏漏和差错，也由衷地期盼专家学者和广大读者批评指正。

主编谨识

2022 年 12 月

他 序

　　近日收到陆娟博士的书稿"法与刑"，泛览一过，偶然想起两句话：司马迁之所以"罔罗天下放失旧闻"写《史记》，乃"欲以究天人之际，通古今之变，成一家之言"；司马光于《资治通鉴》成书后，在《进书表》中讲："监前世之兴衰，考当今之得失，嘉善矜恶，取是舍非。"司马迁主要是从著者的角度讲写作目的，司马光则是在提醒读者注意事项，尤其是当国之重位的读者。中国传统史学巅峰的这两大"典午"，为后人著史、读史，树立了理想典范。作为史学和法学交叉的法史学，自不能外。后人虽不能到这种高境界，但不可无向往之心。换句话说，著者和读者都须是有"心"人。二者如能心领神会，自然是好，但特别难得。读者如能从书中读出著者所未见，偃鼠饮河，各充其量，则更是佳事、乐事。

　　近代以来，西学东渐，十年千变。到今日，因中学、西学皆自成体系，莫说是外国人，就是习惯于接受西学教育的一般人，要了解传统中国人的刑、法、礼等基本概念及其关系，都特别困难，更遑论其更深处的治道和人生理念。温故知新、继往开来的前提是要较准确地了解究竟什么是"故"、何者为"往"。不知"故""往"，即便天天念叨，也不过是喊口号应景而已。

　　自法史学作为一独立学科问世以来，学者多习惯于按照西方法学的分类，就相关概念到传统中国典籍中寻找相应史料，形成了中国古代的宪法、民法、行政法、经济法等方面的认知。凡是西方法学有的，我们都有，差别只在程度不同，是较发达还是欠发达乃至不发达。这种做法，其流弊在削足适履。

20 世纪以降，在学术上求新求奇蔚为风气，新奇成为先进的代名词。学者多喜欢拿些外来的新名词，从固有典籍中摘抄吻合自己观点的史料，将材料选择等同于学理证明。前几天翻《明儒学案》，聂豹针对王学左派好谈玄说妙言本体而不著实做工夫，玩弄光景，有这样的批评："今之为良知之学者……驾空立笼罩语，似切近而实渺茫，终日逐外而自以为得手也。"这个评论亦适用于今日理论、概念先行的研究模式。此类研究，其流弊在断章取义。

前述两类研究，看似笃实，实则取巧。削足适履，断章取义，真相难究。如此，非但完全不能彰显传统中国人关于法律、秩序和人生之看法，反而使明镜蒙尘。正所谓"抛弃自家无尽藏，沿门托钵效贫儿"。

如何才可能找到"自家无尽藏"？

我个人受赐于清代学者所归纳的义理—考据—辞章—经济的学问研究路数。凡是学问，必须把其间的道理讲透彻。如何才能明其理？那就需要拿出坚实可靠成系统的证据来。证据确凿，从中讲出的道理才有望可靠；沙上建塔，难期久远。辞章的好坏、经世济民的考量，尚在其次。易言之，是论从史出，而不是以论代史。

中国古代典籍，浩如烟海。司马谈于《论六家要旨》中即评论儒家"博而寡要，劳而少功"，其原因在它"以六艺为法，六艺经传以千万数，累世不能通其学，当年不能究其礼"。随时推移，尽管其间文祸不绝，但时愈后，文益繁，则为显见的事实。传统中国的学问，不论其为经、为史、为子、为集，皆不同程度关乎如何经纶家国天下。礼与法、法与刑，皆为经纶家国天下之具。相关载籍，浩繁可知。如何从中寻觅指南，实为今人了解传统法观念所必需。

本书作者根据自己的学养，从传统典籍中选择了一些颇具代表性的著述，再从这些著述中摘出最能反映其精华内容的文句，按照特定的主题，予以汇辑，在必要处予以扼要的注解说明。尽管作者所选择典籍、具体文句，未必都可人心意，注解也非无可挑剔，但致力方向，有其意义和价值。

几年前，我给黄源盛老师的《中国法史导论》写过一篇书评，题目叫"过渡津梁"。我想，对于中国传统法文化，尤其是对法与刑等传统法基本概念之含义，有兴趣的读者，本书也可说是"过渡津梁"之一。（陆）象山先生曾自信地讲：

> 涓涓之流，积成江河。泉源方动，虽只有涓涓之微，去江河尚远，却有成江、河之理。若能混混不舍昼夜，如今虽未盈科，将来自盈科，如今虽未放乎四海，将来自放乎四海；如今虽未会其有极、归其有极，将来自会其有极、归其有极。然学者不能自信，见夫标末之盛者，便自荒忙，舍其涓涓而趋之，却自坏了。曾不知我之涓涓虽微，却是真；彼之标末虽多，却是伪。恰似檐水来相似，其涸可立而待也。

通过本书这个"津梁"，哪怕是"涓涓之微"，但方向对头，如能引发读者兴趣来读读相关原典，"过渡"并非毫无把握。

却不过作者和编辑之盛情，拉拉杂杂写下这些感想以塞责。

李启成
癸卯初春于京西寓所

自　序

刑为盛世所不能废，而亦盛世所不尚。

——《四库全书总目·史部·政书类·法令》

　　自三皇设言、五帝画象开始，"刑"便以其羞辱性与残酷性成为传统中国的重要惩治工具，"大者陈之原野，小者致之市朝"，"以威民也"。至周代，虽然其以"礼"为治，但仍以"刑"为威，失礼则入刑，两者"相为表里"。自汉以降，儒家思想成为传统中国的正统思想，德刑关系也在"天人感应"与阴阳学说的理论下，被界定为大德而小刑、先德而后刑的主次关系。随着春秋决狱的产生与发展，德礼逐渐渗入刑律的制定中，形成了"德礼为政教之本，刑罚为政教之用"的中华法系所特有的治道观。在这一礼刑分治至礼法交融的治理脉络中，德礼成为法制（刑制）设立的基本原则与规则标尺，也决定着各朝君主对于"刑罚世轻世重"的体悟与践行。

　　然而从最基本的法理角度出发，当刑由最朴素的威慑性工具转化为德礼的辅助性工具后，礼与刑都成为刑律（法）中不可或缺的要素，那么此时刑与法规范间的关系是什么？又是否存在如同西方法哲学中法律与道德、法律与刑罚等对偶性概念的比较，以及应然模式的建构？这些都是本书作为传统法哲学研究的问题意识所在。

　　2015年秋，在俞荣根教授的引荐下，我参加了由康奈尔大学於兴中教授主持、西北政法大学主办的"中国传统法哲学基本范畴研究"丛书第一次编写会议,并荣幸地被邀请撰写"法与刑"论题的一部分内容。由此契机,我开始对传统法中基本概念尤其是"法与刑"的探索,从而有了对传统律(法)学理论和传统中国的治道的更深层次的理解与领悟。

然荣幸之余,仍感压力重重。首先,"刑"字看似简单,其本却精深邃博。《国语•鲁语》记载:"刑五而已……大刑用甲兵,其次用斧钺,中刑用刀锯,其次用钻笮,薄刑用鞭扑,以威民也。故大者陈之原野,小者致之市朝,五刑三次,是无隐也。"刑因其残酷性,在原始社会被作为威慑性的统治工具,刑罚措施被编订成册,进而逐渐定型为法。因此在传统中国,刑书即为法书,法制即主要体现为刑制,刑与法混同。如果以此为线索进行研究,就会让法与刑的关系陷入一种无限循环的同义解释,让研究流于形式。其次,若将法的概念放至儒家法视域内,则以儒家思想为主要内容的德礼规范也应被视作法的范畴,那么刑就会被限缩为具有定罪量刑功能的行为规范,而法与刑的关系也就成为法律与刑罚——这一总体法规范与以"正罪名"为功用的刑规范的关系,似乎与法史研究中法与刑的关系相左,故而准确定义"法"与"刑"是本书撰写急需解决的难题之一。再次,古代文献浩如烟海,哪些应作为重点加以引证与分析,哪些又应该予以舍弃,也决定了本书写作的方向性。就这些疑惑,我在2017年的第二次丛书编撰会议上再次向於兴中教授和俞荣根教授请教,在两位老师的指导下,我对本书的基本素材、写作体例与研究范围做了如下规范和限缩,以更符合丛书之立意以及写作内容的规范:本书中"法"的含义将从传统中国的叙述中,依据每个文献本身的含义去定位和探讨。在不同的文献中,"法"或为将德礼政刑全部囊括的行为规范的总称,或为抛开德礼而仅为"政刑"范畴的法规范,又或为以定罪量刑为内容的传统中国惩罚性规范,即"正刑定罪"之刑律;以及不同场域下,刑所呈现的"刑罚"或"刑律"的样态，与"法"（规范）之间的关系及各自应然的原则与规律。这样一种就语境本身含义所得出的结论，也更符合"德礼政刑"相互为用的传统治道运行范式。

除此之外，为囊括更多的基础素材，探寻多语境下法和刑的联系，本书将从传统法制思想文献、史书文本、传世法律典籍、司法案例及文学作品等多种素材中进行考证，研究法与刑在治理思想和治理方式上的建构，以期对传统中国法中法与刑概念以及两者的关联进行真实的反馈，也为未来法史学研究提供专业性素材的参考。

陆 娓

戊戌年于江北

目　录

总　序 _____ I

他　序 _____ XIII

自　序 _____ XVII

第一章　先秦儒法思想中的法与刑 _____ 001
　一、先秦儒家思想中的法与刑　　　　　　　　　002
　　（一）先秦儒家法思想的前提　　　　　　　　002
　　（二）仁政之法　　　　　　　　　　　　　　007
　　（三）仁政之法中的刑　　　　　　　　　　　015
　二、先秦法家思想中的法与刑　　　　　　　　　023
　　（一）先秦法家思想中的法与治　　　　　　　023
　　（二）"法术之国"下法与刑的关系　　　　　032
　　（三）刑的功能　　　　　　　　　　　　　　038
　　（四）治刑的原则　　　　　　　　　　　　　042

第二章　经典史书中的法与刑 _____ 055
　一、《周礼》　　　　　　　　　　　　　　　　056
　　（一）治法的主要官吏及其职责　　　　　　　056
　　（二）治刑的主要官吏及其职责　　　　　　　058

（三）治法方式及内容 061

（四）治刑的典章与主要规则 069

（五）司刑的主要规则 075

二、《汉书》 078

（一）法刑关系的前提——仁义治国 078

（二）法的功能与原则 083

三、《贞观政要》 092

（一）君道与法刑 093

（二）制法的原则 094

（三）治刑的规则 096

四、《朱子语类》《晦庵先生朱文公文集》《论语集注》 100

（一）法刑的起源：理与气 100

（二）"理"范畴下的德礼政刑 102

（三）"存理灭欲"愿景下的政刑思想：明刑以弼教 105

（四）以严为本，而以宽济之 106

五、《清史稿》 111

（一）法刑理论的前提 111

（二）治法之道 112

（三）司刑的原则 121

（四）治刑之道 131

第三章　传世法典中的法与刑 143

一、汉晋律典 144

（一）制法原则：礼律并用、大德小刑 145

（二）省刑之制：刑制改革与废除肉刑 146

（三）用刑标准：急盗贼与重尊卑 148

（四）经义治刑：春秋决狱与引经注律 150

二、唐代律典 154

（一）《名例律》中的法刑观 155

（二）以恤为怀的刑制设置　159

（三）以礼为准的刑名定制　162

（四）治刑执中的罪刑规定　169

三、宋代律典　177

（一）《进刑统表》中的法刑原则　178

（二）由恩及威的刑制变化　179

（三）义利并重的罪名设置　182

四、明清律典　187

（一）治法的思想与功能　188

（二）治法的原则　192

（三）治刑的原则　195

（四）慎刑与恤刑　204

（五）旗人刑制特权　207

第四章　古代案例中的法与刑　209

一、秦汉案例　210

（一）《奏谳书》中所见秦代案例　210

（二）《奏谳书》中所见汉代案例　221

（三）《后汉书》中案例　236

二、唐宋案例　244

（一）《龙筋凤髓判》　244

（二）《名公书判清明集》　254

三、明清判牍　265

（一）明人文集所载判牍　265

（二）《判语录存》　270

第五章　古典文学作品中的法与刑　291

一、唐宋诗词　292

（一）儒家思想与法刑　292

（二）制法的原则　　　　　　　　　　　　　　295

（三）治刑的原则　　　　　　　　　　　　　　296

（四）法刑的功能　　　　　　　　　　　　　　297

二、《水浒传》　　　　　　　　　　　　　　　　300

（一）治法齐一：断刑　　　　　　　　　　　　300

（二）治刑为中：情理法的结合　　　　　　　　301

（三）法弊与时弊：法刑功能的偏废　　　　　　303

（四）乌托邦世界中的法刑：杀人者死与罪有应得　307

三、《三国演义》　　　　　　　　　　　　　　　309

（一）宽严相济　　　　　　　　　　　　　　　309

（二）法不徇情　　　　　　　　　　　　　　　310

（三）刑法世轻世重　　　　　　　　　　　　　312

（四）军政与法刑　　　　　　　　　　　　　　313

参考文献　　　　　　　　　　　　　　　　　　317

后　记　　　　　　　　　　　　　　　　　　　321

第一章

先秦儒法思想中的法与刑

自日本学者穗积陈重引入"法族"一词,将世界法律分为五大法族开始,以唐律为代表的中华法系即一直位于世界重要法系之列。[1]自汉以降,儒家思想成为传统中国正统思想,其内容虽因时而变,但儒与法之间的关系却一直保持德主刑辅、以儒入法的形式,由此形成中华法系独特的,以儒法两家为治理运行机理的"德礼为政教之本,刑罚为政教之用"治道之说。故而在探寻传统法、刑关系时,必以儒法两家内容为主要线索,本章亦循此进路,以传统儒法两家思想为纲,以述法、刑之义。

一、先秦儒家思想中的法与刑

先秦儒家以孔子、孟子与荀子为代表,其主要思想记录于《论语》《孟子》《荀子》三本典籍中。[2]先秦儒家以仁为起点,以仁政之国为理念框架,在继受天命的前提下,强调君主本人的修为与德行,认为君主以仁政治国、教民以礼的治理策略应重于治民于刑的措施,从而形成"仁政之法"下对礼与刑两个不同层次规畴的需求。荀子则是创造性地提出了"礼法"的概念,将礼与法融合,以为治国之用。其中,礼是以亲伦、君臣关系为准则的行为规范,而刑则是以刑罚为内容的行为准则,故而法与刑的交互更体现为对礼规范、刑规范,以及仁政之法与刑规范关系的追问,从而延伸出刑书制定和刑罚执行原则的内容。

(一)先秦儒家法思想的前提

先秦儒家从仁出发,将仁描绘为包含孝、悌等品质的"众德之

---

〔1〕 俞荣根:《儒家法思想通论》,商务印书馆 2018 年版,第 5 页。

〔2〕 本节主要以此三本书为依据撰写,"仁"与"仁政"部分亦引用了《大学》和《中庸》中的句段。

总"[1]。仁由礼而达,具备仁品德的君主以仁政施于天下,以礼导民,以刑束民,使国家成为仁政之国。

1. 仁:儒家法思想的逻辑起点

(1)仁的内涵

仁为包含孝、悌、爱、忠信、恭、宽、信、敏、惠等品德的状态。

> 有子曰:"其为人也孝弟,而好犯上者,鲜矣;不好犯上而好作乱者,未之有也。君子务本,本立而道生。孝弟也者,其为仁之本欤!"[2]

> 樊迟问仁。子曰:"爱人。"问知。子曰:"知人。"樊迟未达。子曰:"举直错诸枉,能使枉者直。"[3]

> 樊迟问知。子曰:"务民之义,敬鬼神而远之,可谓知矣。"问仁。曰:"仁者先难而后获,可谓仁矣。"[4]

> 樊迟问仁。子曰:"居处恭,执事敬,与人忠。虽之夷狄,不可弃也。"[5]

> 子张问仁于孔子。孔子曰:"能行五者于天下为仁矣。""请问之。"曰:"恭、宽、信、敏、惠。恭则不侮,

---

[1] 俞荣根:《儒家法思想通论》,商务印书馆2018年版,第224页。
[2] 《论语·学而》,见《论语·大学·中庸》,陈晓芬、徐儒宗译注,中华书局2015年版,第8页。
[3] 《论语·颜渊》,见《论语·大学·中庸》,陈晓芬、徐儒宗译注,中华书局2015年版,第147页。
[4] 《论语·雍也》,见《论语·大学·中庸》,陈晓芬、徐儒宗译注,中华书局2015年版,第70页。
[5] 《论语·子路》,见《论语·大学·中庸》,陈晓芬、徐儒宗译注,中华书局2015年版,第158页。

宽则得众，信则人任焉，敏则有功，惠则足以使人。"[1]

（2）仁与礼

在儒家法思想中，仁的精神是通过礼的"节""文"来体现的。仁为内在精神，礼为外在规约，"以仁为本、为主、为精神；以礼为用、为辅、为载体"，是"仁—礼"结构的要义。[2]

> 颜渊问仁。子曰："克己复礼为仁。一日克己复礼，天下归仁焉。为仁由己，而由人乎哉？"颜渊曰："请问其目。"子曰："非礼勿视，非礼勿听，非礼勿言，非礼勿动。"颜渊曰："回虽不敏，请事斯语矣。"[3]

> 宰我问："三年之丧，期已久矣！君子三年不为礼，礼必坏；三年不为乐，乐必崩。旧谷既没，新谷既升，钻燧改火，期可已矣。"子曰："食夫稻，衣夫锦，于女安乎？"曰："安！""女安则为之！夫君子之居丧，食旨不甘，闻乐不乐，居处不安，故不为也。今女安，则为之！"宰我出，子曰："予之不仁也！子生三年，然后免于父母之怀。夫三年之丧，天下之通丧也，予也有三年之爱于其父母乎！"[4]

> 子曰："人而不仁，如礼何？人而不仁，如乐何？"[5]

〔1〕《论语·阳货》，见《论语·大学·中庸》，陈晓芬、徐儒宗译注，中华书局2015年版，第209页。

〔2〕俞荣根：《儒家法思想通论》，商务印书馆，2018年版，238页。

〔3〕《论语·颜渊》，见《论语·大学·中庸》，陈晓芬、徐儒宗译注，中华书局2015年版，第138页。

〔4〕《论语·阳货》，见《论语·大学·中庸》，陈晓芬、徐儒宗译注，中华书局2015年版，第215页。

〔5〕《论语·八佾》，见《论语·大学·中庸》，陈晓芬、徐儒宗译注，中华书局2015年版，第27页。

2. 为政在人

先秦儒家倡导通过礼达到仁，再由仁人治国，即"为政在人"，从而达至仁政之国。《中庸》则更加具体，强调"仁"中的"诚"是治国理政最重要的品德。

（1）仁人

> 子贡曰："如有博施于民而能济众，何如？可谓仁乎？"子曰："何事于仁，必也圣乎！尧舜其犹病诸！夫仁者，己欲立而立人，己欲达而达人，以近取譬，可谓仁之方也已。[1]

> 为人臣者怀仁义以事其君，为人子者怀仁义以事其父，为人弟者怀仁义以事其兄；是君臣、父子、兄弟，去利怀仁义以相接也。[2]

> 古之欲明明德于天下者，先治其国；欲治其国者，先齐其家；欲齐其家者，先修其身；欲修其身者，先正其心；欲正其心者，先诚其意；欲诚其意者，先致其知；致知在格物。[3]

> 诚者，天之道也；诚之者，人之道也。诚者，不勉而中，不思而得，从容中道，圣人也；诚之者，择善而固执之者也。博学之，审问之，慎思之，明辨之，笃行之。有弗学，学之弗能，弗措也；有弗问，问之弗知，弗措也；有

---

[1]《论语·雍也》，见《论语·大学·中庸》，陈晓芬、徐儒宗译注，中华书局2015年版，第72页。

[2]《孟子·告子下》，见《孟子》，方勇译注，中华书局2015年版，第239页。

[3]《大学》，见《论语·大学·中庸》，陈晓芬、徐儒宗译注，中华书局2015年版，第250页。

弗思，思之弗得，弗措也；有弗辨，辨之弗明，弗措也；有弗行，行之弗笃，弗措也。人一能之，己百之；人十能之，己千之。果能此道矣，虽愚必明，虽柔必强。"[1]

天地之道，可一言而尽也：其为物不贰，则其生物不测。天地之道：博也，厚也，高也，明也，悠也，久也。今夫天，斯昭昭之多，及其无穷也，日月星辰系焉，万物覆焉；今夫地，一撮土之多，及其广厚，载华岳而不重，振河海而不泄，万物载焉；今夫山，一卷石之多，及其广大，草木生之，禽兽居之，宝藏兴焉；今夫水，一勺之多，及其不测，鼋鼍、蛟龙、鱼鳖生焉，货财殖焉。[2]

（2）为政在人，修道以仁

孟子曰："君仁，莫不仁；君义，莫不义；君正，莫不正。一正君而国定矣。"[3]

有乱君，无乱国；有治人，无治法。羿之法非亡也，而羿不世中；禹之法犹存，而夏不世王。故法不能独立，类不能自行，得其人则存，失其人则亡。[4]

物格而后知至；知至而后意诚；意诚而后心正；心正而后身修；身修而后家齐；家齐而后国治；国治而后天下平。自天子以至于庶人，壹是皆以修身为本。其本乱而末治者，

---

[1]《中庸》，见《论语·大学·中庸》，陈晓芬、徐儒宗译注，中华书局 2015 年版，第 331 页。

[2]《中庸》，见《论语·大学·中庸》，陈晓芬、徐儒宗译注，中华书局 2015 年版，第 340—341 页。

[3]《孟子·离娄上》，见《孟子》，方勇译注，中华书局 2015 年版，第 144 页。

[4]《荀子·君道》，见《荀子》，方达评注，商务印书馆 2016 年版，第 209 页。

否矣；其所厚者薄，而其所薄者厚，未之有也！[1]

哀公问政。子曰："文武之政，布在方策。其人存，则其政举；其人亡，则其政息。人道敏政，地道敏树。夫政也者，蒲卢也。故为政在人，取人以身，修身以道，修道以仁。仁者，人也，亲亲为大；义者，宜也，尊贤为大。亲亲之杀，尊贤之等，礼所生也。（在下位不获乎上，民不可得而治矣。）故君子不可以不修身；思修身，不可以不事亲；思事亲，不可以不知人；思知人，不可以不知天。"[2]

3. 礼刑并用

先秦儒家认为仁政以推行德礼为主，并不靠政令、刑罚驱使，但也需要政刑相助，对仁政加以确认和规定。

国家闲暇，及是时明其政刑，虽大国必畏之矣。[3]

孟子曰："仁则荣，不仁则辱。今恶辱而居不仁，是犹恶湿而居下也。如恶之，莫如贵德而尊士，贤者在位，能者在职。"[4]

（二）仁政之法

先秦儒家法理论的前提为"仁政"，在此基础上，将"礼"与"刑"作为两个截然相对的社会规范进行阐述，并提出仁政之国所用

---

[1]《大学》，见《论语·大学·中庸》，陈晓芬、徐儒宗译注，中华书局 2015 年版，第250 页。

[2]《中庸》，见《论语·大学·中庸》，陈晓芬、徐儒宗译注，中华书局 2015 年版，第324 页。

[3]《孟子·公孙丑上》，见《孟子》，方勇译注，中华书局 2015 年版，第 57 页。

[4]《孟子·公孙丑上》，见《孟子》，方勇译注，中华书局 2015 年版，第 56 页。

的治理法则为礼刑并用、导礼齐刑。此处的"刑"为刑罚或刑书之意，强调其使人痛苦、惩罚性的特征，其作为惩治工具与通过教化方式实施的"礼"相对。两者之关系在"仁政之法"的前提下亦为先教后刑，且应约法省刑。

1. 仁政之法的依据：先王之法

仁政之法为仁政之国所行的治理法则，其以"先王之法"作为"理想法"的依据。《中庸》将其概括为"九经"。

> 曰："子不通功易事，以羡补不足，则农有余粟，女有余布；子如通之，则梓匠轮舆皆得食于子。于此有人焉，入则孝，出则悌，守先王之道，以待后之学者，而不得食于子。子何尊梓匠轮舆而轻为仁义者哉？"[1]

> 孟子曰："离娄之明，公输子之巧，不以规矩，不能成方圆；师旷之聪，不以六律，不能正五音；尧舜之道，不以仁政，不能平治天下。今有仁心仁闻而民不被其泽，不可法于后世者，不行先王之道也。故曰：徒善不足以为政，徒法不能以自行。《诗》云：'不愆不忘，率由旧章。'遵先王之法而过者，未之有也。"[2]

> 王者之制：道不过三代，法不贰后王。道过三代谓之荡，法贰后王谓之不雅。衣服有制，宫室有度，人徒有数，丧祭械用皆有等宜。声则凡非雅声者举废，色则凡非旧文者举息，械用则凡非旧器者举毁。夫是之谓复古。是王者之制也。[3]

---

〔1〕《孟子·滕文公下》，见《孟子》，方勇译注，中华书局 2015 年版，第 112 页。
〔2〕《孟子·离娄上》，见《孟子》，方勇译注，中华书局 2015 年版，第 128 页。
〔3〕《荀子·王制》，见《荀子》，方达评注，商务印书馆 2016 年版，第 138 页。

《诗》云："於戏！前王不忘。"君子贤其贤而亲其亲，小人乐其乐而利其利，此以没世不忘也。[1]

凡为天下国家有九经，曰：修身也，尊贤也，亲亲也，敬大臣也，体群臣也，子庶民也，来百工也，柔远人也，怀诸侯也。修身则道立，尊贤则不惑；亲亲则诸父昆弟不怨，敬大臣则不眩，体群臣则士之报礼重，子庶民则百姓劝，来百工则财用足，柔远人则四方归之，怀诸侯则天下畏之。齐明盛服，非礼不动，所以修身也；去谗远色，贱货而贵德，所以劝贤也；尊其位，重其禄，同其好恶，所以劝亲亲也；官盛任使，所以劝大臣也；忠信重禄，所以劝士也；时使薄敛，所以劝百姓也；日省月试，既廪称事，所以劝百工也；送往迎来，嘉善而矜不能，所以柔远人也；继绝世，举废国，治乱持危，朝聘以时，厚往而薄来，所以怀诸侯也。凡为天下国家有九经，所以行之者一也。[2]

仲尼祖述尧、舜，宪章文、武；上律天时，下袭水土。辟如天地之无不持载，无不覆帱；辟如四时之错行，如日月之代明。万物并育而不相害，道并行而不相悖。小德川流，大德敦化。此天地之所以为大也。[3]

2. 仁政之法的核心：仁义与孝悌

仁政之法将礼规范中的"仁义""孝悌"作为君主治理的标准，

---

[1]《大学》，见《论语·大学·中庸》，陈晓芬、徐儒宗译注，中华书局2015年版，第257页。

[2]《中庸》，见《论语·大学·中庸》，陈晓芬、徐儒宗译注，中华书局2015年版，第327—328页。

[3]《中庸》，见《论语·大学·中庸》，陈晓芬、徐儒宗译注，中华书局2015年版，第352页。

《中庸》中称之为达道与达德,《大学》则通过修齐治平的内在逻辑来强调"仁义"与"孝悌"的重要性。

> 人伦明于上,小民亲于下。有王者起,必来取法,是为王者师也。[1]

> 仁之于父子也,义之于君臣也,礼之于宾主也,知之于贤者也,圣人之于天道也,命也。[2]

> 仁之实,事亲是也;义之实,从兄是也;智之实,知斯二者弗去是也。[3]

> 孟子曰:"人之所不学而能者,其良能也;所不虑而知者,其良知也。孩提之童,无不知爱其亲者;及其长也,无不知敬其兄也。亲亲,仁也;敬长,义也;无他,达之天下也。[4]

> 《诗》云:"邦畿千里,惟民所止。"《诗》云:"缗蛮黄鸟,止于丘隅。"子曰:"于止,知其所止,可以人而不如鸟乎?"《诗》云:"穆穆文王,于缉熙敬止。"为人君,止于仁;为人臣,止于敬;为人子,止于孝;为人父,止于慈;与国人交,止于信。[5]

> 所谓齐其家在修其身者,人之其所亲爱而辟焉,之其所贱恶而辟焉,之其所畏敬而辟焉,之其所哀矜而辟焉,

---

[1]《孟子·滕文公上》,见《孟子》,方勇译注,中华书局 2015 年版,第 91 页。

[2]《孟子·尽心下》,见《孟子》,方勇译注,中华书局 2015 年版,第 294 页。

[3]《孟子·离娄上》,见《孟子》,方勇译注,中华书局 2015 年版,第 147 页。

[4]《孟子·尽心上》,见《孟子》,方勇译注,中华书局 2015 年版,第 264 页。

[5]《大学》,见《论语·大学·中庸》,陈晓芬、徐儒宗译注,中华书局 2015 年版,第 256—257 页。

之其所敖惰而辟焉。故好而知其恶，恶而知其美者，天下鲜矣。故谚有之曰："人莫知其子之恶，莫知其苗之硕。"此谓身不修，不可以齐其家。[1]

所谓治国必先齐其家者，其家不可教，而能教人者，无之。故君子不出家而成教于国：孝者，所以事君也；弟者，所以事长也；慈者，所以使众也。《康诰》曰："如保赤子。"心诚求之，虽不中，不远矣。未有学养子而后嫁者也。一家仁，一国兴仁；一家让，一国兴让；一人贪戾，一国作乱。其机如此，此谓一言偾事，一人定国。[2]

所谓平天下在治其国者，上老老，而民兴孝；上长长，而民兴弟；上恤孤，而民不倍。是以君子有絜矩之道也。所恶于上，毋以使下；所恶于下，毋以事上；所恶于前，毋以先后；所恶于后，毋以从前；所恶于右，毋以交左；所恶于左，毋以交于右：此之谓絜矩之道。[3]

天下之达道五，所以行之者三，曰：君臣也，父子也，夫妇也，昆弟也，朋友之交也。五者天下之达道也。知、仁、勇三者，天下之达德也。所以行之者一也。或生而知之，或学而知之，或困而知之，及其知之，一也；或安而行之，或利而行之，或勉强而行之，及其成功，一也。（子曰：）"好学近乎知，力行近乎仁，知耻近乎勇。知斯三者，则知所以修身；知所以修身，则知所以治人；知所以治

---

[1]《论语·大学·中庸》，陈晓芬、徐儒宗译注，中华书局 2015 年版，第 268 页。

[2]《大学》，见《论语·大学·中庸》，陈晓芬、徐儒宗译注，中华书局 2015 年版，第 270—271 页。

[3]《大学》，见《论语·大学·中庸》，陈晓芬、徐儒宗译注，中华书局 2015 年版，第 274 页。

人，则知所以治天下国家矣。[1]

3.仁政之法的手段：礼与刑

孔孟的仁政之法是以礼刑规范为主要手段，以礼为主，先教而后刑的治国之法。荀子则是在此基础上创造性地提出"礼法"的概念，将礼作为行为规范的同时，更强调对不符合礼的行为以刑进行处罚，将礼刑在功用上进行了衔接。

（1）重礼轻刑

> 子曰："道之以政，齐之以刑，民免而无耻。道之以德，齐之以礼，有耻且格。"[2]

> 子曰："野哉，由也！君子于其所不知，盖阙如也。名不正，则言不顺；言不顺，则事不成；事不成，则礼乐不兴；礼乐不兴，则刑罚不中；刑罚不中，则民无所措手足。故君子名之必可言也，言之必可行也。君子于其言，无所苟而已矣。"[3]

> 礼者，治辨之极也，强国之本也，威行之道也，功名之总也。王公由之，所以得天下也；不由，所以陨社稷也。故坚甲利兵不足以为胜，高城深池不足以为固，严令繁刑不足以为威，由其道则行，不由其道则废。楚人鲛革犀兕以为甲，鞈如金石，宛钜铁钝，惨如蜂虿，轻利僄遨，卒如飘风，然而兵殆于垂沙，唐蔑死，庄蹻起，楚分而为

---

[1]《中庸》，见《论语·大学·中庸》，陈晓芬、徐儒宗译注，中华书局2015年版，第326页。

[2]《论语·为政》，见《论语·大学·中庸》，陈晓芬、徐儒宗译注，中华书局2015年版，第16页。

[3]《论语·子路》，见《论语·大学·中庸》，陈晓芬、徐儒宗译注，中华书局2015年版，第151页。

三四。是岂无坚甲利兵也哉？其所以统之者非其道故也。汝、颍以为险，江、汉以为池，限之以邓林，缘之以方城，然而秦师至而鄢、郢举，若振槁然。是岂无固塞隘阻也哉？其所以统之者非其道故也。纣刳比干，囚箕子，为炮烙刑，杀戮无时，臣下懔然莫必其命，然而周师至而令不行乎下，不能用其民。是岂令不严、刑不繁也哉？其所以统之者非其道故也。古之兵，戈矛弓矢而已矣，然而敌国不待试而诎；城郭不辨，沟池不拑，固塞不树，机变不张，然而国晏然不畏外而明内者，无它故焉，明道而分钧之，时使而诚爱之，下之和上也如影响，有不由令者然后诛之以刑。故刑一人而天下服，罪人不邮其上，知罪之在己也。是故刑罚省而威流，无它故焉，由其道故也。古者帝尧之治天下也，盖杀一人、刑二人而天下治。传曰："威利而不试，刑错而不用。"此之谓也。[1]

（2）先教而后刑

　　子张曰："何谓四恶？"子曰："不教而杀谓之虐；不戒视成谓之暴；慢令致期谓之贼；犹之与人也，出纳之吝谓之有司。"[2]

　　凡人之动也，为赏庆为之，则见害伤焉止矣。故赏庆、刑罚、势诈不足以尽人之力，致人之死。为人主上者也，其所以接下之百姓者无礼义忠信，焉虑率用赏庆、刑罚、势诈除阨其下，获其功用而已矣。大寇则至，使之持危城则必畔，遇敌处战则必北，劳苦烦辱则必奔，霍焉离

---

〔1〕《荀子·议兵》，见《荀子》，方达评注，商务印书馆2016年版，第265—266页。

〔2〕《论语·尧曰》，见《论语·大学·中庸》，陈晓芬、徐儒宗译注，中华书局2015年版，第240页。

耳，下反制其上。故赏庆、刑罚、势诈之为道者，佣徒鬻卖之道也，不足以合大众，美国家，故古之人羞而不道也。故厚德音以先之，明礼义以道之，致忠信以爱之，尚贤能以次之，爵服庆赏以申之，时其事、轻其任以调齐之，长养之，如保赤子。政令以定，风俗以一，有离俗不顺其上，则百姓莫不敦恶，莫不毒孽，若祓不祥，然后刑于是起矣。是大刑所以加也，辱孰大焉？将以为利焉？则大刑加焉，身苟不狂惑戆陋，谁睹是而不改也哉？然后百姓晓然皆知修上之法，像上之志而安乐之。于是有能化善、修身、正行、积礼义、尊道德，百姓莫不贵敬，莫不亲誉，然后赏于是起矣。是高爵丰禄之所加也，荣孰大焉？将以为害邪？则高爵丰禄以持养之，生民之属，孰不愿也？雕雕焉县贵爵重赏于其前，县明刑大辱于其后，虽欲无化，能乎哉？故民归之如流水，所存者神，所为者化而顺。暴悍勇力之属为之化而愿，旁辟曲私之属为之化而公，矜纠收缭之属为之化而调，夫是之谓大化至一。《诗》曰："王犹允塞，徐方既来。"此之谓也。[1]

（3）礼法

> 故非礼，是无法也。……故学也者，礼法也。[2]

> 然后皆内自省以谨于分，是百王之所以同也，而礼法之枢要也。出若入若，天下莫不平均，莫不治辨，是百王之所同也，而礼法之大分也。[3]

> 故圣人化性而起伪，伪起而生礼义，礼义生而制法度。

---

[1]《荀子·议兵》，见《荀子》，方达评注，商务印书馆 2016 年版，第 268—269 页。

[2]《荀子·劝学》，见《荀子》，方达评注，商务印书馆 2016 年版，第 25 页。

[3]《荀子·王霸》，见《荀子》，方达评注，商务印书馆 2016 年版，第 192 页。

然则礼义法度者，是圣人之所生也。故圣人之所以同于众，其不异于众者，性也；所以异而过众者，伪也。[1]

故绳墨诚陈矣，则不可欺以曲直；衡诚县矣，则不可欺以轻重；规矩诚设矣，则不可欺以方圆；君子审于礼，则不可欺以诈伪。故绳者，直之至；衡者，平之至；规矩者，方圆之至；礼者，人道之极也。然而不法礼，不足礼，谓之无方之民；法礼足礼，谓之有方之士。[2]

（三）仁政之法中的刑

刑在先秦一向有两种解释，一为法律，二为刑罚。[3]法律意指以刑罚为惩罚方式的成文法，而刑罚则指惩罚工具。但无论是哪种意涵，其本质都与刑的惩罚性相关，因此刑是仁政之法的惩罚性工具，其以威吓的方式达到规范的目的。也正是在此理论基础上，儒家法理论对于刑的论述更关注其与礼相对的、在仁政下所具有的功用和应然的状态。

1. 刑的概念

先秦儒家之"刑"的用法皆因循其惩罚性的特征，因此"刑"虽一字，却具有名词"刑罚规则""刑罚"及动词"用刑"的含义。

（1）刑罚规则

子曰："君子怀德，小人怀土；君子怀刑，小人怀惠。"[4]

---

〔1〕《荀子·性恶》，见《荀子》，方达评注，商务印书馆 2016 年版，第 414 页。

〔2〕《荀子·礼论》，见《荀子》，方达评注，商务印书馆 2016 年版，第 337 页。

〔3〕俞荣根：《儒家法思想通论》，商务印书馆 2018 年版，455 页。

〔4〕《论语·里仁》，见《论语·大学·中庸》，陈晓芬、徐儒宗译注，中华书局 2015 年版，第 43 页。

国家闲暇，及是时明其政刑，虽大国必畏之矣。[1]

大甲颠覆汤之典刑，伊尹放之于桐。[2]

（2）刑罚

孟子对曰："地方百里而可以王。王如施仁政于民，省刑罚，薄税敛，深耕易耨。"[3]

故善战者服上刑，连诸侯者次之，辟草莱、任土地者次之。[4]

上无道揆也，下无法守也，朝不信道，工不信度，君子犯义，小人犯刑，国之所存者幸也。[5]

故奸言、奸说、奸事、奸能、遁逃反侧之民，职而教之，须而待之，勉之以庆赏，惩之以刑罚，安职则畜，不安职则弃。[6]

听政之大分：以善至者待之以礼，以不善至者待之以刑。[7]

（3）用刑

诗云："刑于寡妻，至于兄弟，以御于家邦。"言举斯心加诸彼而已。[8]

---

[1]《孟子·公孙丑上》，见《孟子》，方勇译注，中华书局 2015 年版，第 57 页。
[2]《孟子·万章上》，见《孟子》，方勇译注，中华书局 2015 年版，第 184 页。
[3]《孟子·梁惠王上》，见《孟子》，方勇译注，中华书局 2015 年版，第 8 页。
[4]《孟子·离娄上》，见《孟子》，方勇译注，中华书局 2015 年版，第 140 页。
[5]《孟子·离娄上》，见《孟子》，方勇译注，中华书局 2015 年版，第 128 页。
[6]《荀子·王制》，见《荀子》，方达评注，商务印书馆 2016 年版，第 129 页。
[7]《荀子·王制》，见《荀子》，方达评注，商务印书馆 2016 年版，第 130 页。
[8]《孟子·梁惠王上》，见《孟子》，方勇译注，中华书局 2015 年版，第 12 页。

及陷于罪，然后从而刑之，是罔民也。[1]

天子之丧动四海，属诸侯；诸侯之丧动通国，属大夫；大夫之丧动一国，属修士；修士之丧动一乡，属朋友；庶人之丧合族党，动州里。刑余罪人之丧，不得合族党，独属妻子，棺椁三寸，衣衾三领，不得饰棺，不得昼行，以昏殣，凡缘而往埋之，反无哭泣之节，无衰麻之服，无亲疏月数之等，各反其平，各复其始，已葬埋，若无丧者而止，夫是之谓至辱。[2]

逐贤相而罪孝兄，身为刑戮，然而不知，此蔽塞之祸也。[3]

2. 刑罚适用的原因

对于一国使用刑罚的原因，即犯罪产生的原因，先秦儒家从为民和为君两个角度进行了探讨：一为民无产业则无恒心，易为邪侈而被定罪用刑；二是为上不善，品德不端，则为下也不会守法，易犯罪而被用刑。

（1）无恒产则易犯刑

子曰："贫而无怨难，富而无骄易。"[4]

滕文公问为国。孟子曰："民事不可缓也。《诗》云：'昼尔于茅，宵尔索绹；亟其乘屋，其始播百谷。'民之为道也，有恒产者有恒心，无恒产者无恒心。苟无恒心，放

---

[1]《孟子·梁惠王上》，见《孟子》，方勇译注，中华书局 2015 年版，第 13 页。

[2]《荀子·礼论》，见《荀子》，方达评注，商务印书馆 2016 年版，第 339—340 页。

[3]《荀子·解蔽》，见《荀子》，方达评注，商务印书馆 2016 年版，第 373 页。

[4]《论语·宪问》，见《论语·大学·中庸》，陈晓芬、徐儒宗译注，中华书局 2015 年版，第 167 页。

辟邪侈，无不为已。及陷乎罪，然后从而刑之，是罔民也。焉有仁人在位罔民而可为也？是故贤君必恭俭礼下，取于民有制。"[1]

礼起于何也？曰：人生而有欲，欲而不得，则不能无求；求而无度量分界，则不能不争；争则乱，乱则穷。先王恶其乱也，故制礼义以分之，以养人之欲，给人之求，使欲必不穷于物，物必不屈于欲，两者相持而长，是礼之所起也。故礼者，养也。[2]

（2）上无道则易擅刑

季康子问政于孔子曰："如杀无道，以就有道，何如？"孔子对曰："子为政，焉用杀？子欲善而民善矣。君子之德风，小人之德草，草上之风，必偃。"[3]

不仁而在高位，是播其恶于众也。上无道揆也，下无法守也，朝不信道，工不信度，君子犯义，小人犯刑，国之所存者幸也。故曰，城郭不完，兵甲不多，非国之灾也；田野不辟，货财不聚，非国之害也。上无礼，下无学，贼民兴，丧无日矣。《诗》云："天之方蹶，无然泄泄。"泄泄犹沓沓也。事君无义，进退无礼，言则非先王之道者，犹沓沓也。故曰，责难于君谓之恭，陈善闭邪谓之敬，吾君不能谓之贼。[4]

---

〔1〕《孟子·滕文公上》，见《孟子》，方勇译注，中华书局 2015 年版，第 90 页。

〔2〕《荀子·礼论》，见《荀子》，方达评注，商务印书馆 2016 年版，第 331 页。

〔3〕《论语·颜渊》，见《论语·大学·中庸》，陈晓芬、徐儒宗译注，中华书局 2015 年版，第 146 页。

〔4〕《孟子·离娄上》，见《孟子》，方勇译注，中华书局 2015 年版，第 128 页。

今之世而不然：厚刀布之敛以夺之财，重田野之税以夺之食，苛关市之征以难其事。不然而已矣，有掎挈伺诈，权谋倾覆，以相颠倒，以靡敝之，百姓晓然皆知其污漫暴乱而将大危亡也。是以臣或弑其君，下或杀其上，粥其城，倍其节而不死其事者，无它故焉，人主自取之。《诗》曰："无言不雠，无德不报。"此之谓也。[1]

3. 刑罚适用原则

在"仁政之法"的要求下，刑作为惩罚的工具，应贯彻约法省刑及谨慎用刑的原则。

（1）省刑

孟子对曰："地方百里而可以王。王如施仁政于民，省刑罚，薄税敛，深耕易耨；壮者以暇日修其孝弟忠信，入以事其父兄，出以事其长上，可使制梃以挞秦、楚之坚甲利兵矣。彼夺其民时，使不得耕耨以养其父母，父母冻饿，兄弟妻子离散。彼陷溺其民，王往而征之，夫谁与王敌？故曰'仁者无敌'。王请勿疑。"[2]

仲弓为季氏宰，问政。子曰："先有司，赦小过，举贤才。"曰："焉知贤才而举之？"子曰："举尔所知。尔所不知，人其舍诸？"[3]

赏不欲僭，刑不欲滥，赏僭则利及小人，刑滥则害及君子。若不幸而过，宁僭勿滥；与其害善，不若

〔1〕《荀子·富国》，见《荀子》，方达评注，商务印书馆2016年版，第162页。

〔2〕《孟子·梁惠王上》，见《孟子》，方勇译注，中华书局2015年版，第8页。

〔3〕《论语·子路》，见《论语·大学·中庸》，陈晓芬、徐儒宗译注，中华书局2015年版，第150—151页。

利淫。[1]

彼王者则不然。致贤而能以救不肖，致强而能以宽弱，战必能殆之而羞与之斗，委然成文以示之天下，而暴国安自化矣，有灾缪者然后诛之。故圣王之诛也，綦省矣。文王诛四，武王诛二，周公卒业，至于成王则安以无诛矣。故道岂不行矣哉！文王载百里地而天下一，桀、纣舍之，厚于有天下之势而不得以匹夫老。故善用之，则百里之国足以独立矣；不善用之，则楚六千里而为仇人役。故人主不务得道而广有其势，是其所以危也。[2]

（2）慎刑
①刑罚为中

子路曰："卫君待子而为政，子将奚先？"子曰："必也正名乎！"子路曰："有是哉，子之迂也！奚其正？"子曰："野哉由也！君子于其所不知，盖阙如也。名不正，则言不顺；言不顺，则事不成；事不成，则礼乐不兴；礼乐不兴，则刑罚不中；刑罚不中，则民无所措手足。故君子名之必可言也，言之必可行也。君子于其言，无所苟而已矣。"[3]

②因罪而刑，罚当其罪

舜流共工于幽州，放驩兜于崇山，杀三苗于三危，殛鲧于羽山，四罪而天下咸服，诛不仁也。[4]

---

〔1〕《荀子·致士》，见《荀子》，方达评注，商务印书馆 2016 年版，第 248—249 页。

〔2〕《荀子·仲尼》，见《荀子》，方达评注，商务印书馆 2016 年版，第 94—95 页。

〔3〕《论语·子路》，见《论语·大学·中庸》，陈晓芬、徐儒宗译注，中华书局 2015 年版，第 151 页。

〔4〕《孟子·万章上》，见《孟子》，方勇译注，中华书局 2015 年版，第 177 页。

争地以战，杀人盈野；争城以战，杀人盈城。此所谓率土地而食人肉，罪不容于死。故善战者服上刑，连诸侯者次之，辟草莱、任土地者次之。[1]

孟子曰："无罪而杀士，则大夫可以去！无罪而戮民，则士可以徙。"[2]

王子垫问曰："士何事？"孟子曰："尚志。"曰："何谓尚志？"曰："仁义而已矣。杀一无罪，非仁也；非其有而取之，非义也。居恶在？仁是也；路恶在？义是也。居仁由义，大人之事备矣。"[3]

王者之论：无德不贵，无能不官，无功不赏，无罪不罚。[4]

刑称罪则治；不称罪则乱。故治则刑重，乱则刑轻，犯治之罪固重，犯乱之罪固轻也。《书》曰："刑罚世轻世重。"此之谓也。[5]

故刑当罪则威，不当罪则侮；爵当贤则贵，不当贤则贱。古者刑不过罪，爵不踰德。故杀其父而臣其子，杀其兄而臣其弟。刑罚不怒罪，爵赏不踰德，分然各以其诚通。是以为善者劝，为不善者沮，刑罚綦省而威行如流，政令致明，而化易如神。传曰："一人有庆，兆民赖之。"此之谓也。[6]

———————————————————

[1]《孟子·离娄上》，见《孟子》，方勇译注，中华书局2015年版，第140页。
[2]《孟子·离娄下》，见《孟子》，方勇译注，中华书局2015年版，第152页。
[3]《孟子·尽心上》，见《孟子》，方勇译注，中华书局2015年版，第274页。
[4]《荀子·王制》，见《荀子》，方达评注，商务印书馆2016年版，第139页。
[5]《荀子·正论》，见《荀子》，方达评注，商务印书馆2016年版，第313页。
[6]《荀子·君子》，见《荀子》，方达评注，商务印书馆2016年版，第429页。

③以"生道"用刑

孟子曰："以佚道使民，虽劳不怨。以生道杀民，虽死不怨杀者。"[1]

孟子曰："人皆有不忍人之心。先王有不忍人之心，斯有不忍人之政矣。以不忍人之心，行不忍人之政，治天下可运之掌上。所以谓'人皆有不忍人之心'者，今人乍见孺子将入于井，皆有怵惕恻隐之心，非所以内交于孺子之父母也，非所以要誉于乡党朋友也，非恶其声而然也。由是观之，无恻隐之心，非人也；无羞恶之心，非人也；无辞让之心，非人也；无是非之心，非人也。恻隐之心，仁之端也；羞恶之心，义之端也；辞让之心，礼之端也；是非之心，智之端也。人之有是四端也，犹其有四体也。有是四端而自谓不能者，自贼者也。谓其君不能者，贼其君者也。凡有四端于我者，知皆扩而充之矣，若火之始然，泉之始达。苟能充之，足以保四海；苟不充之，不足以事父母。"[2]

④谨慎施刑

左右皆曰可杀，勿听。诸侯大夫皆曰可杀，勿听。国人皆曰可杀，然后察之；见可杀焉，然后杀之。故曰，国人杀之也。如此，然后可以为民父母。[3]

听之经，明其请，参伍明谨施赏刑。显者必得，隐者复显，民反诚。[4]

---

〔1〕《孟子·尽心上》，见《孟子》，方勇译注，中华书局2015年版，第262页。
〔2〕《孟子·公孙丑上》，见《孟子》，方勇译注，中华书局2015年版，第59页。
〔3〕《孟子·梁惠王下》，见《孟子》，方勇译注，中华书局2015年版，第32页。
〔4〕《荀子·成相》，见《荀子》，方达评注，商务印书馆2016年版，第452页。

二、先秦法家思想中的法与刑

自秦以"霸道"称王六国，并将法家学说用于治理，"以法治国""以吏为师"的准则也逐渐在社会运行中得以贯彻和执行。虽汉以降，儒学被定为正统思想，但其政治理念中仍融入了法家的理论，后人将此传统治理模式评价为"外儒而内法"。因此在研读儒家法理论后，再较以法家学说，是研究传统中国治道理论的不二法则。保存较为完好的法家代表性著作包括记述商鞅、韩非言论的《商君书》与《韩非子》，因此本节也以这两本书为基础，并辅以《管子》一书的思想[1]，以探先秦法家对法与刑阐述的精要。

（一）先秦法家思想中的法与治

在治国理政的方法上，先秦法家主张"缘法而治"，法术兼具，"法"是治国理政的重要手段之一。法家提倡用刑与赏来引导和规制臣民，从而否定儒家"有治人，无治法""仁人治国""任人唯贤"的理论。法家强调君主独权，起用法术之士，"以吏为师"，以此作为推行"法治"的方式。同时，法家也很重视治官之术，强调任法而不任智、贵法而不贵义，通过治官以治其民。

1. 圣人制法

法家学说亦承认理想中圣人的存在。圣人创造了法律与度量，使得天下安定有序。

> 古者未有君臣上下之时，民乱而不治。是以圣人列贵贱，制爵位，立名号，以别君臣上下之义。地广，民众，

---

[1]《管子》所涉内容广泛，虽名为"管子"，但据今人考证，其中代表法家思想的部分则是由战国中后期齐国学者所编著，大部分为齐国法家思想，而非管仲思想。参见李贵连、李启成：《中国法律思想史》，北京大学出版社 2010 年版，第 73 页。

万物多，故分五官而守之。民众而奸邪生；故立法制、为度量以禁之。是故有君臣之义、五官之分、法制之禁，不可不慎也。〔1〕

夫圣人之立法化俗，而使民朝夕从事于农也，不可不知也。〔2〕

用一之道，以名为首。名正物定，名倚物徙。故圣人执一以静，使名自命，令事自定。〔3〕

2. 以法治天下

法家认为君王治理天下，应"缘法而治，按功而赏"，则可使臣忠于君，使法制于民，天下方能治。

明王之治天下也，缘法而治，按功而赏。凡民之所疾战不避死者，以求爵禄也。明君之治国也，士有斩首、捕虏之功，必其爵足荣也，禄足食也；农不离廛者，足以养二亲，治军事。故军士死节，而农民不偷也。〔4〕

国之所以治者三：一曰法，二曰信，三曰权。法者，君臣之所共操也；信者，君臣之所共立也；权者，君之所独制也。人主失守则危。君臣释法任私必乱。故立法明分，而不以私害法，则治。权制独断于君则威。〔5〕

昔之能制天下者，必先制其民者也；能胜强敌者，必

---

〔1〕《商君书·君臣》，见《商君书》，石磊译注，中华书局 2022 年版，第 161 页。

〔2〕《商君书·壹言》，见《商君书》，石磊译注，中华书局 2022 年版，第 76 页。

〔3〕《韩非子·扬权》，见《韩非子》，高华平、王齐洲等译，中华书局 2014 年版，第 50 页。

〔4〕《商君书·君臣》，见《商君书》，石磊译注，中华书局 2022 年版，第 162 页。

〔5〕《商君书·修权》，见《商君书》，石磊译注，中华书局 2022 年版，第 103 页。

先胜其民者也。故胜民之本在制民，若冶于金、陶于土也。本不坚，则民如飞鸟禽兽，其孰能制之？民本，法也。故善治者塞民以法，而名地作矣。[1]

奉法者强，则国强；奉法者弱，则国弱。[2]

3. 任法不任智贤

法家认为，智贤者会取巧，笼络人心，故而生奸邪，应而生"党"，使得君弱而臣强。而法是恒定不变的，是万全之道，可避免用智之"失"，因此需任法以治。

夫举贤能，世之所治也，而治之所以乱。世之所谓贤者，善正也；所以为善正也，党也。听其言也，则以为能；问其党，以为然。故贵之不待其有功，诛之不待其有罪也。此其势正使污吏有资而成其奸险，小人有资而施其巧诈。初假吏民奸诈之本，而求端悫其末，禹不能以使十人之众，庸主安能以御一国之民？彼而党与人者，不待我而有成事者也。上举一与民，民倍主位而向私交。民倍主位而向私交，则君弱而臣强。君人者不察也，非侵于诸侯，必劫于百姓。彼言说之势，愚智同学之，士学于言说之人，则民释实事而诵虚词。民释实事而诵虚词，则力少而非多。君人者不察也，以战必损其将；以守必卖其城。故有明主忠臣产于今世，而欲领其国者，不可以须臾忘于法。破胜党任，节去言谈，任法而治矣。使吏非法无以守，则虽巧不得为奸。使民非战无以效其能，则虽险不得为诈。夫以法

---

〔1〕《商君书·画策》，见《商君书》，石磊译注，中华书局 2022 年版，第 131 页。

〔2〕《韩非子·有度》，见《韩非子》，高华平、王齐洲等译注，中华书局 2014 年版，第 36 页。

相治，以数相举。誉者不能相益；訾者不能相损。民见相誉无益，习相爱不相阿；见訾言无损，习相憎不相害也。夫爱人者，不阿；憎人者，不害。爱恶各以其正，治之至也。臣故曰：法任而国治矣。[1]

故先王以道为常，以法为本。本治者名尊，本乱者名绝。凡智能明通，有以则行，无以则止。故智能单道，不可传于人。而道法万全，智能多失。夫悬衡而知平，设规而知圆，万全之道也。明主使民饰于道之故，故佚而有功。释规而任巧，释法而任智，惑乱之道也。乱主使民饰于智，不知道之故，故劳而无功。释法禁而听请谒，群臣卖官于上，取赏于下，是以利在私家而威在群臣。故民无尽力事主之心，而务为交于上。民好上交，则货财上流，而巧说者用。若是，则有功者愈少。奸臣愈进而材臣退，则主惑而不知所行，民聚而不知所道。此废法禁、后功劳、举名誉、听请谒之失也。凡败法之人，必设诈托物以来亲，又好言天下之所希有，此暴君乱主之所以惑也，人臣贤佐之所以侵也。故人臣称伊尹、管仲之功，则背法饰智有资；称比干、子胥之忠而见杀，则疾强谏有辞。夫上称贤明，不称暴乱，不可以取类，若是者禁。君之立法，以为是也，今人臣多立其私智以法为非者，是邪以智，过法立智。如是者禁，主之道也。[2]

夫治法之至明者，任数不任人。是以有术之国，不用誉则毋适，境内必治，任数也。亡国使兵公行乎其地，而

---

[1]《商君书·慎法》，见《商君书》，石磊译注，中华书局 2022 年版，第 169—171 页。

[2]《韩非子·饰邪》，见《韩非子》，高华平、王齐洲等译注，中华书局 2014 年版，第 152—154 页。

弗能围禁者，任人而无数也。自攻者人也，攻人者数也。故有术之国，去言而任法。[1]

4. 不贵义而贵法

法家认为，"义"如忠君、孝父、男女有别等内容，是执行法律后的常态，并不是因为人习"仁"而得。所以，一方面统治者应该贵"法"——这一美好事务的逻辑起点，而不是贵法所产生的结果——"义"。另一方面，如果国君贵"义"，则可能会导致君"贵其臣"，而最终产生"彼将代之"的后果。因此，"法"是统治长久的根本。当然，法家此处说的法，为"利害之道"，即刑与赏。

圣人见本然之政，知必然之理，故其制民也，如以高下制水，如以燥湿制火。故曰：仁者能仁于人，而不能使人仁；义者能爱于人，而不能使人爱。是以知仁义之不足以治天下也。圣人有必信之性，又有使天下不得不信之法。所谓义者，为人臣忠，为人子孝，少长有礼，男女有别。非其义也，饿不苟食，死不苟生。此乃有法之常也。圣王者，不贵义而贵法。法必明，令必行，则已矣。[2]

明主之道，必明于公私之分，明法制，去私恩。夫令必行，禁必止，人主之公义也；必行其私，信于朋友，不可为赏劝，不可为罚沮，人臣之私义也。私义行则乱，公义行则治，故公私有分。[3]

[1]《韩非子·制分》，见《韩非子》，高华平、王齐洲等译注，中华书局2014年版，第622页。

[2]《商君书·画策》，见《商君书》，石磊译注，中华书局2022年版，第138页。

[3]《韩非子·饰邪》，见《韩非子》，高华平、王齐洲等译注，中华书局2014年版，第154页。

故度量之立，主之宝也；党与之具，臣之宝也。臣之所不弑其君者，党与不具也。故上失扶寸，下得寻常。有国之君，不大其都；有道之臣，不贵其家。有道之君，不贵其臣；贵之富之，彼将代之。备危恐殆，急置太子，祸乃无从起。内索出圉，必身自执其度量。厚者亏之，薄者靡之。亏靡有量，毋使民比周，同欺其上。亏之若月，靡之若热。简令谨诛，必尽其罚。[1]

从是观之，则圣人之治国也，固有使人不得不爱我之道，而不恃人之以爱为我也。恃人之以爱为我者危矣，恃吾不可不为者安矣。夫君臣非有骨肉之亲，正直之道可以得利，则臣尽力以事主；正直之道不可以得安，则臣行私以干上。明主知之，故设利害之道以示天下而已矣。[2]

5. 君主独势，赏罚并用

法家认为君主应独掌刑赏二柄，用刑赏来治民和治臣。[3] 因为人皆有趋利避害的本性，无论是臣还是民，皆"畏诛罚而利庆赏"。因此，若刑赏仅为君所有，则臣民将畏其威而归其利，国家也会"事功成"和"奸无端"。

圣君知物之要，故其治民有至要，故执赏罚以辅壹教。仁者，心之续也。圣君之治人也，必得其心，故能用其力。力生强，强生威，威生德，德生于力。圣君独有之，故能

---

[1] 《韩非子·扬权》，见《韩非子》，高华平、王齐洲等译注，中华书局2014年版，第56页。

[2] 《韩非子·奸劫弑臣》，见《韩非子》，高华平、王齐洲等译注，中华书局2014年版，第112页。

[3] 商鞅认为，刑赏仅用以"治民"；韩非认为，刑赏也是"导制其臣"的手段。

述仁义于天下。[1]

　　民信其赏，则事功成；信其刑，则奸无端。惟明主爱权重信，而不以私害法。故上多惠言而不克其赏，则下不用；数加严令而不致其刑，则民傲死。凡赏者，文也；刑者，武也。文武者，法之约也。故明主任法。明主不蔽之谓明，不欺之谓察。故赏厚而信，刑重而必；不失疏远，不违亲近，故臣不蔽主，而下不欺上。[2]

　　故王者以赏禁，以刑劝。求过不求善，藉刑以去刑。[3]

　　明主之所导制其臣者，二柄而已矣。二柄者，刑德也。何谓刑德？曰：杀戮之谓刑，庆赏之谓德。为人臣者畏诛罚而利庆赏，故人主自用其刑德，则群臣畏其威而归其利矣。故世之奸臣则不然，所恶，则能得之其主而罪之；所爱，则能得之其主而赏之。今人主非使赏罚之威利出于己也，听其臣而行其赏罚，则一国之人皆畏其臣而易其君，归其臣而去其君矣。此人主失刑德之患也。[4]

　　赏罚者，利器也，君操之以制臣，臣得之以拥主。故君先见所赏，则臣鬻之以为德；君先见所罚，则臣鬻之以为威。故曰："国之利器，不可以示人。"[5]

---

[1]《商君书·靳令》，见《商君书》，石磊译注，中华书局 2022 年版，第 103 页。

[2]《商君书·修权》，见《商君书》，石磊译注，中华书局 2022 年版，第 105 页。

[3]《商君书·开塞》，见《商君书》，石磊译注，中华书局 2022 年版，第 75 页。

[4]《韩非子·二柄》，见《韩非子》，高华平、王齐洲等译注，中华书局 2014 年版，第 44 页。

[5]《韩非子·内储说下》，见《韩非子》，高华平、王齐洲等译注，中华书局 2014 年版，第 292 页。

赏罚共则禁令不行。何以明之？[1]

6. 法术皆具

今申不害言术而公孙鞅为法。术者，因任而授官，循名而责实，操杀生之柄，课群臣之能者也。此人主之所执也。法者，宪令著于官府，刑罚必于民心，赏存乎慎法，而罚加乎奸令者也。此臣之所师也。君无术则弊于上，臣无法则乱于下，此不可一无，皆帝王之具也。[2]

7. 启用法术之士

法家崇尚智术能法之人，智术之人可明察秋毫、洞察私情，而能法之人则果敢刚毅、查明奸邪。两者以君所制之法来纠正、压制大臣的权势，则君主之道可明也。

且法术之士与当涂之臣，不相容也。何以明之？主有术士，则大臣不得制断，近习不敢卖重；大臣、左右权势息，则人主之道明矣。[3]

智术之士，必远见而明察，不明察，不能烛私；能法之士，必强毅而劲直，不劲直，不能矫奸。……智术之士明察，听用，且烛重人之阴情；能法之士劲直，听用，且矫重人之奸行。故智术能法之士用，则贵重之臣必在绳之

---

〔1〕《韩非子·外储说右下》，见《韩非子》，高华平、王齐洲等译注，中华书局 2014 年版，第 404 页。

〔2〕《韩非子·定法》，见《韩非子》，高华平、王齐洲等译注，中华书局 2014 年版，第 502 页。

〔3〕《韩非子·人主》，见《韩非子》，高华平、王齐洲等译注，中华书局 2014 年版，第 608 页。

外矣。是智法之士与当涂之人，不可两存之仇也。[1]

治国之有法术赏罚，犹若陆行之有犀车良马也，水行之有轻舟便楫也，乘之者遂得其成。伊尹得之，汤以王；管仲得之，齐以霸；商君得之，秦以强。此三人者，皆明于霸王之术，察于治强之数，而不以牵于世俗之言；适当世明主之意，则有直任布衣之士，立为卿相之处；处位治国，则有尊主广地之实：此之谓足贵之臣。[2]

人主者说辩察之言，尊贤抗之行，故夫作法术之人，立取舍之行，别辞争之论，而莫为之正。是以儒服、带剑者众，而耕战之士寡；坚白、无厚之词章，而宪令之法息。故曰："上不明，则辩生焉。"[3]

8.治官以治民

法家强调君主应通过治官来治民，提高治理效率，巩固君权。

人主者，守法责成以立功者也。闻有吏虽乱而有独善之民，不闻有乱民而有独治之吏，故明主治吏不治民。说在摇木之本与引网之纲。故失火之啬夫，不可不论也。救火者，吏操壶走火，则一人之用也；操鞭使人，则役万夫。故所遇术者，如造父之遇惊马，牵马推车则不能进，代御执辔持策则马咸骛矣。是以说在椎锻平夷，榜檠矫直。不

---

[1]《韩非子·孤愤》，见《韩非子》，高华平、王齐洲等译注，中华书局2014年版，第88页。

[2]《韩非子·奸劫弑臣》，见《韩非子》，高华平、王齐洲等译注，中华书局2014年版，第118页。

[3]《韩非子·问辩》，见《韩非子》，高华平、王齐洲等译注，中华书局2014年版，第496页。

然，败在淖齿用齐戮闵王，李兑用赵饿主父也。

摇木者——摄其叶，则劳而不遍；左右拊其本，而叶遍摇矣。临渊而摇木，鸟惊而高，鱼恐而下。善张网者引其纲，若——摄万目而后得，则是劳而难；引其纲，而鱼已囊矣。故吏者，民之本、纲者也，故圣人治吏不治民。[1]

救火者，令吏挈壶瓮而走火，则一人之用也；操鞭箠指麾而趣使人，则制万夫。是以圣人不亲细民，明主不躬小事。

造父方耨，时有子父乘车过者，马惊而不行，其子下车牵马，父子推车，请造父助我推车。造父因收器，辍而寄载之，援其子之乘。乃始检辔持策，未之用也，而马咸骛矣。使造父而不能御，虽尽力劳身助之推车，马犹不肯行也。今身使佚，且寄载，有德于人者，有术而御之也。故国者，君之车也；势者，君之马也。无术以御之，身虽劳，犹不免乱；有术以御之，身处佚乐之地，又致帝王之功也。

椎锻者，所以平不夷也；榜檠者，所以矫不直也。圣人之为法也，所以平不夷、矫不直也。淖齿之用齐也，擢闵王之筋；李兑之用赵也，饿杀主父。此二君者，皆不能用其椎锻榜檠，故身死为戮而为天下笑。[2]

（二）"法术之国"下法与刑的关系

先秦法家认为君主治国理政的要道一为法，二为术。术为治官，

---

[1]《韩非子·外储说右下》，见《韩非子》，高华平、王齐洲等译注，中华书局2014年版，第418页。

[2]《韩非子·外储说右下》，见《韩非子》，高华平、王齐洲等译注，中华书局2014年版，第420页。

而法为治民，如此之国，被法家称为"有术之国"，并在此基础上定义法的概念以及法与刑的关系。

1. 法者为何

对于"法术之国"中的"法"字，法家并未提出明确的定义，而是在治国方略中，将其与"术""赏""罚"或"信""权"并提而论，并基于对儒家"仁政""任人唯贤"，重智、重义的批驳，建立起一个具有客观性、规则性，不被私欲所撼动的，符合万全之道的"法"概念。

> 治国之有法术赏罚，犹若陆行之有犀车良马也，水行之有轻舟便楫也，乘之者遂得其成。[1]

> 国之所以治者三：一曰法，二曰信，三曰权。法者，君臣之所共操也；信者，君臣之所共立也；权者，君之所独制也，人主失守则危。[2]

> 夫治法之至明者，任数不任人。是以有术之国，不用誉则毋适，境内必治，任数也。[3]

> 故先王以道为常，以法为本。本治者名尊，本乱者名绝。凡智能明通，有以则行，无以则止。故智能单道，不可传于人。而道法万全，智能多失。夫悬衡而知平，设规而知圆，万全之道也。[4]

---

〔1〕《韩非子·奸劫弑臣》，见《韩非子》，高华平、王齐洲等译注，中华书局 2014 年版，第 118 页。

〔2〕《商君书·修权》，见《商君书》，石磊译注，中华书局 2022 年版，第 105 页。

〔3〕《韩非子·制分》，见《韩非子》，高华平、王齐洲等译注，中华书局 2014 年版，第 622 页。

〔4〕《商君书·画策》，见《商君书》，高华平、王齐洲等译，中华书局 2014 年版，第 131 页

> 民本，法也。故善治者塞民以法，而名地作矣。[1]

正因为"法"的规则是客观的，不以人的意志为转移，其必须由君主制定，为君主所掌握。由不徇私情、明察秋毫的智术能法者执法，臣下才能无以为奸。当臣民皆以法为威时，天下则安定已治，而作为治法的结果，仁义也可显现。

> 圣君独有之，故能述仁义于天下。[2]

> 且法术之士与当涂之臣，不相容也。何以明之？主有术士，则大臣不得制断，近习不敢卖重；大臣、左右权势息，则人主之道明矣。[3]

> 所谓义者，为人臣忠，为人子孝，少长有礼，男女有别。非其义也，饿不苟食，死不苟生。此乃有法之常也。圣王者，不贵义而贵法。法必明，令必行，则已矣。[4]

> 法者，宪令著于官府，刑罚必于民心，赏存乎慎法，而罚加乎奸令者也。此臣之所师也。君无术则弊于上，臣无法则乱于下，此不可一无，皆帝王之具也。[5]

2. 法与刑的关系

当法作为一种客观规则存在时，其内容也随着治理语境的不同

---

[1]《韩非子·饰邪》，见《韩非子》，高华平、王齐洲等译注，中华书局 2014 年版，第 152 页。

[2]《商君书·靳令》，见《商君书》，石磊译注，中华书局 2022 年版，第 103 页。

[3]《韩非子·人主》，见《韩非子》，高华平、王齐洲等译注，中华书局 2014 年版，第 608 页。

[4]《商君书·画策》，见《商君书》，石磊译注，中华书局 2022 年版，第 138 页。

[5]《韩非子·定法》，见《韩非子》，高华平、王齐洲等译注，中华书局 2014 年版，第 502 页。

而变化，此时法与刑的地位也随之变化，例如在某些语境下，法与刑为平等的关系，两者皆属治国不可或缺的方法：

> 治国之有法术赏罚，犹若陆行之有犀车良马也，水行之有轻舟便楫也，乘之者遂得其成。[1]

而有时刑又被包含在法之中，如：

> 凡赏者，文也；刑者，武也。文武者，法之约也。故明主任法。[2]

> 法者，宪令著于官府，刑罚必于民心，赏存乎慎法，而罚加乎奸令者也。[3]

但无论是否被包含于法的范围中，刑作为惩罚性措施，其特殊的功用也是显而易见的。也正因如此，刑被认为是君主权威的治国工具，常与"赏"并提而论、相互为用。即便如此，刑赏也需有一定的规则予以指导和约束，才能使君主的政令具有可信度，而这一规则的载体就是"法"。法作为一个客观的规则性的概念，又需要刑的惩罚功能来威慑百姓，使其趋利避害，遵守法的各项规定。

（1）"刑"表示惩罚性的规则时，具有法律的形态，为"刑罚之法"，此时法之重轻也体现为刑之重轻。

> 故诛暴国必以兵，禁辟民必以刑。然则兵者外以诛暴，内以禁邪。故兵者尊主安国之经也，不可废也。若夫世主

---

[1]《韩非子·奸劫弑臣》，见《韩非子》，高华平、王齐洲等译注，中华书局 2014 年版，第 118 页。

[2]《商君书·修权》，见《商君书》，石磊译注，中华书局 2022 年版，第 105 页。

[3]《韩非子·定法》，见《韩非子》，高华平、王齐洲等译注，中华书局 2014 年版，第 502 页。

则不然。外不以兵，而欲诛暴，则地必亏矣；内不以刑，而欲禁邪，则国必乱矣。[1]

制断五刑，各当其名。罪人不怨，善人不惊，曰刑。[2]

今国立爵而民羞之，设刑而民乐之。此盖法术之患也。[3]

夫凡国博君尊者，未尝非法重而可以至乎令行禁止于天下者也。是以君人者分爵制禄，则法必严以重之。夫国治则民安，事乱则邦危。法重者得人情，禁轻者失事实。且夫死力者，民之所有者也，情莫不出其死力以致其所欲；而好恶者，上之所制也，民者好利禄而恶刑罚。上掌好恶以御民力，事实不宜失矣，然而禁轻事失者，刑赏失也。其治民不秉法为善也，如是，则是无法也。[4]

（2）当强调刑惩罚的功用性，当刑作为治国不可或缺的工具时，刑与法在表述中相互区分。

法行而不苛，刑廉而不赦，有司宽而不凌。菀浊困滞，皆法度不亡，往行不来，而民游世矣，此为天下也。[5]

然而法令之所以备，刑罚之所以诛，常于卑贱，是以其民绝望，无所告诉。[6]

---

[1]《管子·参患》，见《管子》，李山、轩新丽译注，中华书局 2019 年版，第 486 页。

[2]《管子·正》，见《管子》，李山、轩新丽译注，中华书局 2019 年版，第 690 页。

[3]《商君书·算地》，见《商君书》，石磊译注，中华书局 2022 年版，第 66 页。

[4]《韩非子·制分》，见《韩非子》，高华平、王齐洲等译注，中华书局 2014 年版，第 620 页。

[5]《管子·中匡》，见《管子》，李山、轩新丽译注，中华书局 2019 年版，第 362 页。

[6]《韩非子·备内》，见《韩非子》，高华平、王齐洲等译注，中华书局 2014 年版，第 138 页。

故其法不用，而刑罚不加乎僇人。如此，则刑赏安得不容其二？

务不与事相得，则法安得无失，而刑安得无烦？[1]

治国之有法术赏罚，犹若陆行之有犀车良马也，水行之有轻舟便楫也，乘之者遂得其成。[2]

治国刑多而赏少。故王者刑九而赏一，削国赏九而刑一。[3]

故怯民使之以刑，则勇；勇民使之以赏，则死。故贫者益之以刑，则富；富者损之以赏，则贫。刑生力，力生强，强生威，威生德，德生于刑。故刑多，则赏重；赏少，则刑重。[4]

故王者刑赏断于民心，器用断于家。[5]

（3）将法作为一套规则体系来理解，则刑为法的主要惩治方式，其与赏共同作用，两者同为治国体系中的重要组成部分。

凡赏者，文也；刑者，武也。文武者，法之约也。故明主任法。[6]

明赏不费，明刑不暴。赏罚明，则德之至者也，故先

---

〔1〕《韩非子·制分》，见《韩非子》，高华平、王齐洲等译注，中华书局2014年版，第622页。

〔2〕《韩非子·奸劫弑臣》，见《韩非子》，高华平、王齐洲等译注，中华书局2014年版，第118页。

〔3〕《商君书·开塞》，见《商君书》，石磊译注，中华书局2022年版，第73页。

〔4〕《商君书·说民》，见《商君书》，石磊译注，中华书局2022年版，第54页。

〔5〕《商君书·说民》，见《商君书》，石磊译注，中华书局2022年版，第51—52页。

〔6〕《商君书·修权》，见《商君书》，石磊译注，中华书局2022年版，第105页。

王贵明。[1]

> 法者，宪令著于官府，刑罚必于民心，赏存乎慎法，而罚加乎奸令者也。[2]

在此意义上，法、刑既相区别，又相混同，故而才有"明王之治天下也，缘法而治，按功而赏"的主张。在弄清了两者的含义和关联后，再将刑放置于这一客观的、规则性的、不为人的私情所改变的"治法"与"法术之国"体系中进行研读，那么法家所主张的刑的功能、刑的应然状态和原则便可以理解。

（三）刑的功能

在"法术之国"体系中，刑与赏相互为用，使君主的政令及政治主张得以实现。

1. 劫民以刑，驱民以赏

刑作为"民畏"的威慑性工具，在法体系中以禁止性的惩罚规则促进农战及其他政策推行，防止奸邪。

> 自此观之，国之所以重、主之所以尊者，力也。于此二者本于力，而世主莫能致力者，何也？使民之所苦者无耕，危者无战。二者，孝子难以为其亲，忠臣难以为其君。今欲驱其众民，与之孝子忠臣之所难，臣以为非劫以刑而驱以赏莫可。[3]

> 人主之所以禁使者，赏罚也。赏随功，罚随罪。故论

---

[1]《管子·枢言》，见《管子》，李山、轩新丽译注，中华书局2019年版，第232页。
[2]《韩非子·定法》，见《韩非子》，高华平、王齐洲等译注，中华书局2014年版，第502页。
[3]《商君书·慎法》，见《商君书》，石磊译注，中华书局2022年版，第172页。

赏人不为仁者，国法明也。圣人以功授官予爵，故贤者不忧。圣人不宥过，不赦刑，故奸无起。圣人治国也，审壹而已矣。[1]

故明王慎之，不为亲戚故贵易其法，吏不敢以长官威严危其命，民不以珠玉重宝犯其禁。故主上视法严于亲戚，吏之举令敬于师长，民之承教重于神宝。故法立而不用，刑设而不行也。夫施功而不钧，位虽高，为用者少。[2]

刑过不辟大臣，赏善不遗匹夫。故矫上之失，诘下之邪，治乱决缪，绌羡齐非，一民之轨，莫如法。厉官威民，退淫殆，止诈伪，莫如刑。[3]

势足以行法，奉足以给事，而私无所生，故民劳苦而轻官。任事者毋重，使其宠必在爵；处官者毋私，使其利必在禄；故民尊爵而重禄。爵禄，所以赏也；民重所以赏也，则国治。[4]

2. 重刑而少赏

故曰：重刑，连其罪，则民不敢试。民不敢试，故无刑也。夫先王之禁，刺杀，断人之足，黥人之面，非求伤民也，以禁奸止过也。故禁奸止过，莫若重刑。刑重而必

〔1〕《商君书·赏刑》，见《商君书》，石磊译注，中华书局 2022 年版，第 120—128 页。

〔2〕《管子·禁藏》，见《管子》，李山、轩新丽译注，中华书局 2019 年版，第 766 页。

〔3〕《韩非子·有度》，见《韩非子》，高华平、王齐洲等译注，中华书局 2014 年版，第 42 页。

〔4〕《韩非子·八经》，见《韩非子》，高华平、王齐洲等译注，中华书局 2014 年版，第 562 页。

得，则民不敢试，故国无刑民。[1]

重罚轻赏，则上爱民，民死上；重赏轻罚，则上不爱民，民不死上。兴国行罚，民利且畏；行赏，民利且爱。国无力而行知巧者，必亡。怯民使以刑，必勇；勇民使以赏，则死。怯民勇，勇民死，国无敌者，强。强，必王。贫者使以刑，则富；富者使以赏，则贫。治国能令贫者富，富者贫，则国多力，多力者王。王者刑九赏一，强国刑七赏三，削国刑五赏五。[2]

是上法古而得其塞，下修令而不时移，而不明世俗之变，不察治民之情。故多赏以致刑，轻刑以去赏。夫上设刑而民不服，赏匮而奸益多。[3]

重刑少赏，上爱民，民死赏。重赏轻刑，上不爱民，民不死赏。利出一空者其国无敌，利出二空者其国半利；利出十空者其国不守。重刑，明大制；不明者，六虱也。六虱成群，则民不用。[4]

国皆有禁奸邪刑盗贼之法，而无使奸邪盗贼必得之法，为奸邪盗贼者死刑，而奸邪盗贼不止者，不必得。必得而尚有奸邪盗贼者，刑轻也。刑轻者，不得诛也。必得者，刑者众也。故善治者，刑不善，而不赏善，故不刑而民善。不刑而民善，刑重也。刑重者，民不敢犯，故无刑也；而民莫敢为非，是一国皆善也。故不赏善而民善。赏善之不可也，犹赏不盗。故善治者，使跖可信，而况伯夷乎？不

---

[1]《商君书·赏刑》，见《商君书》，石磊译注，中华书局2022年版，第124页。

[2]《商君书·去强》，见《商君书》，石磊译注，中华书局2022年版，第41页。

[3]《商君书·壹言》，见《商君书》，石磊译注，中华书局2022年版，第79页。

[4]《商君书·靳令》，见《商君书》，石磊译注，中华书局2022年版，第102—103页。

能治者，使伯夷可疑，而况跖乎？势不能为奸，虽跖可信也；势得为奸，虽伯夷可疑也。[1]

罚重，爵尊；赏轻，刑威。爵尊，上爱民；刑威，民死上。故兴国行罚，则民利；用赏，则上重。法详，则刑繁；法繁，则刑省。民不治则乱，乱而治之又乱。故治之于其治，则治；治之于其乱，则乱。民之情也治，其事也乱。故行刑，重其轻者，轻者不生，则重者无从至矣，此谓治之于其治者。行刑，重其重者，轻其轻者，轻者不止，则重者无从止矣，此谓治之于其乱也。故重轻，则刑去事成，国强；重重而轻轻，则刑至而事生，国削。[2]

刑生力，力生强，强生威，威生德，德生于刑。故刑多，则赏重；赏少，则刑重。民之有欲有恶也，欲有六淫，恶有四难。从六淫，国弱；行四难，兵强。故王者刑于九而赏出一。刑于九，则六淫止；赏出一，则四难行。六淫止，则国无奸；四难行，则兵无敌。[3]

治国刑多而赏少，故王者刑九而赏一，削国赏九而刑一。夫过有厚薄，则刑有轻重；善有大小，则赏有多少。此二者，世之常用也。刑加于罪所终，则奸不去；赏施于民所义，则过不止。刑不能去奸而赏不能止过者，必乱。[4]

是以赏莫如厚而信，使民利之；罚莫如重而必，使民畏之；法莫如一而固，使民知之。故主施赏不迁，行

〔1〕《商君书·画策》，见《商君书》，石磊译注，中华书局 2022 年版，第 133—134 页。
〔2〕《商君书·说民》，见《商君书》，石磊译注，中华书局 2022 年版，第 50 页。
〔3〕《商君书·去强》，见《商君书》，石磊译注，中华书局，2022 年版，第 52 页。
〔4〕《商君书·开塞》，见《商君书》，石磊译注，中华书局 2022 年版，第 73—74 页。

诛无赦，誉辅其赏，毁随其罚，则贤、不肖俱尽其力矣。[1]

民毋重罪，过不大也，民毋大过，上毋赦也。上赦小过，则民多重罪，积之所生也。故曰：赦出则民不敬，惠行则过日益。[2]

今使人君行逆不修道，诛杀不以理，重赋敛，得民财，急使令，罢民力。财竭则不能毋侵夺，力罢则不能毋堕偄。民已侵夺堕偄，因以法随而诛之，则是诛罚重而乱愈起。[3]

重刑少赏，上爱民，民死赏；多赏轻刑，上不爱民，民不死赏。[4]

商君说秦孝公以变法易俗而明公道，赏告奸，困末作而利本事。当此之时，秦民习故俗之有罪可以得免，无功可以得尊显也，故轻犯新法。于是犯之者其诛重而必，告之者其赏厚而信，故奸莫不得而被刑者众，民疾怨而众过日闻。孝公不听，遂行商君之法。民后知有罪之必诛，而告私奸者众也，故民莫犯，其刑无所加。是以国治而兵强，地广而主尊。[5]

---

〔1〕《韩非子·五蠹》，见《韩非子》，高华平、王齐洲等译注，中华书局 2014 年版，第 572—574 页。

〔2〕《管子·法法》，见《管子》，李山、轩新丽译注，中华书局 2019 年版，第 281 页。

〔3〕《管子·正世》，见《管子》，李山、轩新丽译注，中华书局 2019 年版，第 710 页。

〔4〕《韩非子·饬令》，见《韩非子》，高华平、王齐洲等译注，中华书局 2014 年版，第 614 页。

〔5〕《韩非子·奸劫弑臣》，见《韩非子》，高华平、王齐洲等译注，中华书局 2014 年版，第 112 页。

夫严刑重罚者，民之所恶也，而国之所以治也；哀怜百姓轻刑罚者，民之所喜，而国之所以危也。圣人为法国者，必逆于世而顺于道德。知之者，同于义而异于俗；弗知之者，异于义而同于俗。天下知之者少，则义非矣。[1]

吾以是明仁义爱惠之不足用，而严刑重罚之可以治国也。无棰策之威，衔橛之备，虽造父不能以服马；无规矩之法，绳墨之端，虽王尔不能以成方圆；无威严之势，赏罚之法，虽尧舜不能以为治。今世主皆轻释重罚严诛，行爱惠，而欲霸王之功，亦不可几也。故善为主者，明赏设利以劝之，使民以功赏而不以仁义赐；严刑重罚以禁之，使民以罪诛而不以爱惠免。是以无功者不望，而有罪者不幸矣。[2]

简公在上位，罚重而诛严，厚赋敛而杀戮民。田成恒设慈爱，明宽厚。简公以齐民为渴马，不以恩加民，而田成恒以仁厚为圃池也。[3]

吾以此知威势之可以禁暴，而德厚之不足以止乱也。[4]

---

〔1〕《韩非子·奸劫弒臣》，见《韩非子》，高华平、王齐洲等译注，中华书局2014年版，第114页。

〔2〕《韩非子·奸劫弒臣》，见《韩非子》，高华平、王齐洲等译注，中华书局2014年版，第118页。

〔3〕《韩非子·外储说右下》，见《韩非子》，高华平、王齐洲等译注，中华书局2014年版，第406页。

〔4〕《韩非子·显学》，见《韩非子》，高华平、王齐洲等译注，中华书局2014年版，第594页。

3. 先刑后赏

故民之于上也，先刑而后赏。[1]

凡人臣者，有罪固不欲诛，无功者皆欲尊显。而圣人之治国也，赏不加于无功，而诛必行于有罪者也。[2]

4. 以刑去刑

刑重而必得，则民不敢试，故国无刑民。……故天下知用刀锯于周庭，而海内治。故曰：明刑之犹至于无刑也。[3]

以刑去刑，国治；以刑致刑，国乱。故曰：行刑重轻，刑去事成，国强；重重而轻轻，刑至事生，国削。刑生力，力生强，强生威，威生惠，惠生于力。举力以成勇战，战以成知谋。[4]

行罚，重其轻者，轻者不至，重者不来。此谓以刑去刑，刑去事成。罪重刑轻，刑至事生。此谓以刑致刑，其国必削。[5]

故王者以赏禁，以刑劝。求过不求善，藉刑以去刑。[6]

---

〔1〕《商君书·壹言》，见《商君书》，石磊译注，中华书局 2022 年版，第 79 页。

〔2〕《韩非子·奸劫弑臣》，见《韩非子》，高华平、王齐洲等译注，中华书局 2014 年版，第 116 页。

〔3〕《商君书·赏刑》，见《商君书》，石磊译注，中华书局 2022 年版，第 121—124 页。

〔4〕《商君书·去强》，见《商君书》，石磊译注，中华书局 2022 年版，第 44 页。

〔5〕《商君书·靳令》，见《商君书》，石磊译注，中华书局 2022 年版，第 103 页。

〔6〕《商君书·开塞》，见《商君书》，石磊译注，中华书局 2022 年版，第 75 页。

古之善守者，以其所重禁其所轻，以其所难止其所易，故君子与小人俱正，盗跖与曾、史俱廉。何以知之？夫贪盗不赴溪而掇金，赴溪而掇金则身不全。贲、育不量敌，则无勇名，盗跖不计可，则利不成。[1]

利出一空者，其国无敌；利出二空者，其兵半用；利出十空者，民不守。重刑明民，大制使人，则上利。行刑，重其轻者，轻者不至，重者不来，此谓以刑去刑。[2]

一曰：公孙鞅曰："行刑重其轻者，轻者不至，重者不来，是谓以刑去刑也。"[3]

5. 令民连坐

又曰："失法离令，若死我死乡治之。行间无所逃，迁徙无所入。"行间之治，连以五，辨之以章，束之以令，拙无所处，罢无所生。是以三军之众，从令如流，死而不旋踵。[4]

国治：断家王，断官强，断君弱。重轻，刑去。常官，则治。省刑，要保，赏不可倍也。有奸必告之，则民断于心。上令而民知所以应。器成于家而行于官，则事断于家。故王者刑赏断于民心，器用断于家。治明，则同；治暗，

---

[1]《韩非子·守道》，见《韩非子》，高华平、王齐洲等译注，中华书局 2014 年版，第 243 页。

[2]《韩非子·饬令》，见《韩非子》，高华平、王齐洲等译注，中华书局 2014 年版，第 614 页。

[3]《韩非子·内储说上》，见《韩非子》，高华平、王齐洲等译注，中华书局 2014 年版，第 272 页。

[4]《商君书·画策》，见《商君书》，石磊译注，中华书局 2022 年版，第 132 页。

则异。同则行，异则止。行则治，止则乱。治，则家断；乱，则君断。治国者贵不断，故以十里断者弱，以五里断者强。家断则有余，故曰：日治者王。[1]

是故夫至治之国，善以止奸为务。是何也？其法通乎人情，关乎治理也。然则去微奸之道奈何？其务令之相规其情者也。则使相窥奈何？曰：盖里相坐而已。禁尚有连于己者，理不得不相窥，唯恐不得免。有奸心者不令得忘，窥者多也。如此，则慎己而窥彼，发奸之密。告过者免罪受赏，失奸者必诛连刑。如此，则奸类发矣。奸不容细，私告任坐使然也。[2]

明君之道，贱得议贵，下必坐上，决诚以参，听无门户，故智者不得诈欺。计功而行赏，程能而授事，察端而观失，有过者罪，有能者得，故愚者不任事。智者不敢欺，愚者不得断，则事无失矣。[3]

6. 赏罚分明，不宥刑

故不赦死，不宥刑，赦死宥刑，是谓威淫。社稷将危，国家偏威。[4]

景公过晏子，曰："子宫小，近市，请徙子家豫章之

---

〔1〕《商君书·说民》，见《商君书》，石磊译注，中华书局 2022 年版，第 54 页。

〔2〕《韩非子·制分》，见《韩非子》，高华平、王齐洲等译注，中华书局 2014 年版，第 620—622 页。

〔3〕《韩非子·八说》，见《韩非子》，高华平、王齐洲等译注，中华书局 2014 年版，第 542 页。

〔4〕《韩非子·爱臣》，见《韩非子》，高华平、王齐洲等译注，中华书局 2014 年版，第 26 页。

圃。"晏子再拜而辞曰："且婴家贫，待市食，而朝暮趋之，不可以远。"景公笑曰："子家习市，识贵贱乎？"是时景公繁于刑。晏子对曰："踊贵而屦贱。"景公曰："何故？"对曰："刑多也。"景公造然变色曰："寡人其暴乎！"于是损刑五。或曰：晏子之贵踊，非其诚也，欲便辞以止多刑也。此不察治之患也。夫刑当无多，不当无少。无以不当闻，而以太多说，无术之患也。败军之诛以千百数，犹北不止；即治乱之刑如恐不胜，而奸尚不尽。今晏子不察其当否，而以太多为说，不亦妄乎？夫惜草茅者耗禾穗，惠盗贼者伤良民。今缓刑罚，行宽惠，是利奸邪而害善人也，此非所以为治也。[1]

齐桓公饮酒醉，遗其冠，耻之，三日不朝。管仲曰："此非有国之耻也，公胡其不雪之以政？"公曰："胡其善！"因发仓囷赐贫穷，论囹圄出薄罪。外三日而民歌之曰："公胡不复遗冠乎！"或曰：管仲雪桓公之耻于小人，而生桓公之耻于君子矣。使桓公发仓囷而赐贫穷，讼囹圄而出薄罪，非义也，不可以雪耻；使之而义也，桓公宿义，须遗冠而后行之，则是桓公行义非为遗冠也？是虽雪遗冠之耻于小人，而亦生遗义之耻于君子矣。且夫发囷仓而赐贫穷者，是赏无功也；论囹圄而出薄罪者，是不诛过也。夫赏无功，则民偷幸而望于上；不诛过，则民不惩而易为非。此乱之本也，安可以雪耻哉？[2]

以赏莫如厚而信，使民利之；罚莫如重而必，使民畏

---

〔1〕《韩非子·难二》，见《韩非子》，高华平、王齐洲等译注，中华书局2014年版，第444页。

〔2〕《韩非子·难二》，见《韩非子》，高华平、王齐洲等译注，中华书局，2014年版，第444—446页。

之；法莫如一而固，使民知之。故主施赏不迁，行诛无赦，誉辅其赏，毁随其罚，则贤、不肖俱尽其力矣。[1]

臣故曰：明于治之数，则国虽小，富；赏罚敬信，民虽寡，强。赏罚无度，国虽大，兵弱者，地非其地，民非其民也。无地无民，尧、舜不能以王，三代不能以强。人主又以过予，人臣又以徒取。舍法律而言先王明君之功者，上任之以国。臣故曰：是愿古之功，以古之赏赏今之人也。主以是过予，而臣以此徒取矣。主过予，则臣偷幸；臣徒取，则功不尊。无功者受赏，则财匮而民望；财匮而民望，则民不尽力矣。故用赏过者失民，用刑过者民不畏。有赏不足以劝，有刑不足以禁，则国虽大，必危。[2]

安术有七，危道有六。安术：一曰赏罚随是非；二曰祸福随善恶；三曰死生随法度；四曰有贤不肖而无爱恶；五曰有愚智而无非誉；六曰有尺寸而无意度；七曰有信而无诈。[3]

圣人之治也，审于法禁，法禁明著，则官法；必于赏罚，赏罚不阿，则民用。……霸王者，人主之大利也。人主挟大利以听治，故其任官者当能，其赏罚无私。[4]

上掌好恶以御民力，事实不宜失矣，然而禁轻事失者，

〔1〕《韩非子·五蠹》，见《韩非子》，高华平、王齐洲等译注，中华书局2014年版，第572页。

〔2〕《韩非子·饰邪》，见《韩非子》，高华平、王齐洲等译注，中华书局2014年版，第148—150页。

〔3〕《韩非子·安危》，见《韩非子》，高华平、王齐洲等译注，中华书局2014年版，第238页。

〔4〕《韩非子·六反》，见《韩非子》，高华平、王齐洲等译注，中华书局2014年版，第530页。

刑赏失也。其治民不秉法为善也，如是，则是无法也。故治乱之理，宜务分刑赏为急。治国者莫不有法，然而有存有亡；亡者，其制刑赏不分也。治国者，其刑赏莫不有分：有持异以为分，不可谓分；至于察君之分，独分也。是以其民重法而畏禁，愿毋抵罪而不敢胥赏。故曰：不待刑赏而民从事矣。[1]

法者，将用民之死命者也。用民之死命者，则刑罚不可不审；刑罚不审，则有辟就；有辟就，则杀不辜而赦有罪；杀不辜而赦有罪，则国不免于贼臣矣。故夫爵服贱、禄赏轻、民闲其治、贼臣首难，此谓败国之教也。[2]

正法直度，罪杀不赦；杀僇必信，民畏而惧。武威既明，令不再行。顿卒怠倦以辱之，罚罪宥过以惩之，杀僇犯禁以振之。植固不动，倚邪乃恐。[3]

明君之道，臣不得陈言而不当。是故明君之行赏也，暖乎如时雨，百姓利其泽；其行罚也，畏乎如雷霆，神圣不能解也。故明君无偷赏，无赦罚。[4]

士无幸赏，无逾行，杀必当，罪不赦，则奸邪无所容其私。[5]

———————

〔1〕《韩非子·制分》，见《韩非子》，高华平、王齐洲等译，中华书局2014年版，第620页。

〔2〕《管子·权修》，见《管子》，李山、轩新丽译注，中华书局2019年版，第42页。

〔3〕《管子·版法解》，见《管子》，李山、轩新丽译注，中华书局2019年版，第120页。

〔4〕《韩非子·主道》，见《韩非子》，高华平、王齐洲等译注，中华书局2014年版，第34页。

〔5〕《韩非子·备内》，见《韩非子》，高华平、王齐洲等译注：中华书局2014年版，第136页。

第二章

经典史书中的法与刑

一、《周礼》

《周礼》又名《周官》，为儒家经典之一，世传为周公旦所著，记述了作者对于一国建制设官之构想。其内容"大至天下九州，天文历象；小至沟洫道路，草木虫鱼"[1]，无所不包。《周礼》中的"法""典"为一国制度、规范的含义，为广义的"法"的概念，而其中"刑"则为刑罚、刑罚规范。依照《周礼》中法刑之本义，其对于法、刑内容的记载主要包括治法，治刑官吏的名称、职责，以及相关治国之法的方式和内容。

（一）治法的主要官吏及其职责

《周礼》中的"法"在广义上有国家制度的含义，其涵纳了德、礼、政、刑四个方面的内容。其所涉及事类以大宰所掌为代表，包括治、教、礼、政、刑、事六方面的规范，无论在中央还是地方，皆有相关官职，以负责相应的事务。

1. 天官之大宰、小宰、宰夫

> 大宰之职，掌建邦之六典，以佐王治邦国。一曰治典，以经邦国，以治官府，以纪万民。二曰教典，以安邦国，以教官府，以扰万民。三曰礼典，以和邦国，以统百官，以谐万民。四曰政典，以平邦国，以正百官，以均万民。五曰刑典，以诘邦国，以刑百官，以纠万民。六曰事典，以富邦国，以任百官，以生万民。[2]

> 小宰之职，掌建邦之官刑，以治王官之政令，凡官之

---

[1]《周礼》，徐正英等译注，中华书局 2014 年版，第 9 页。

[2]《天官冢宰第一·大宰》，见《周礼》，徐正英等译注，中华书局 2014 年版，第 27 页。

纠禁。掌邦之六典、八法、八则之贰，以逆邦国、都鄙、官府之治。执邦之九贡、九赋、九式之贰，以均财节邦用。[1]

宰夫之职，掌治朝之法，以正王及三公、六卿、大夫、群吏之位，掌其禁令。叙群吏之治，以待宾客之令，诸臣之复，万民之逆。

掌百官府之征令，辨其八职。一曰正，掌官法以治要。二曰师，掌官成以治凡。三曰司，掌官法以治目。四曰旅，掌官常以治数。五曰府，掌官契以治藏。六曰史，掌官书以赞治。七曰胥，掌官叙以治叙。八曰徒，掌官令以征令。

掌治法，以考百官府、群都、县鄙之治，乘其财用之出入。凡失财用、物辟名者，以官刑诏冢宰而诛之。其足用、长财、善物者，赏之。[2]

2. 地官之大司徒、小司徒、乡师、乡大夫

大司徒之职，掌建邦之土地之图与其人民之数，以佐王安扰邦国。[3]

小司徒之职，掌建邦之教法，以稽国中及四郊都鄙之夫家九比之数，以辨其贵贱、老幼、废疾，凡征役之施舍，与其祭祀、饮食、丧纪之禁令。[4]

---

[1]《天官冢宰第一·小宰》，见《周礼》，徐正英等译注，中华书局2014年版，第49页。

[2]《天官冢宰第一·宰夫》，见《周礼》，徐正英等译注，中华书局2014年版，第65页。

[3]《地官司徒第二·大司徒》，见《周礼》，徐正英等译注，中华书局2014年版，第213页。

[4]《地官司徒第二·小司徒》，见《周礼》，徐正英等译注，中华书局2014年版，第231页。

乡师之职，各掌其所治乡之教，而听其治。[1]

乡大夫之职，各掌其乡之政教禁令。[2]

3. 夏官之大司马、小司马、司勋

大司马之职，掌建邦国之九法，以佐王平邦国。制畿封国，以正邦国；设仪辨位，以等邦国；进贤兴功，以作邦国；建牧立监，以维邦国；制军诘禁，以纠邦国；施贡分职，以任邦国；简稽乡民，以用邦国；均守平则，以安邦国；比小事大，以和邦国。[3]

小司马之职掌……凡小祭祀、会同、飨、射、师、田、丧纪，掌其事，如大司马之法。[4]

司勋掌六乡赏地之法，以等其功。[5]

（二）治刑的主要官吏及其职责

刑在《周礼》中主要为刑罚规范、刑制和执刑（审判）三种含义。据此，《周礼》中官员所掌与治刑相关的职责也正为此三类，如

---

[1]《地官司徒第二·乡师》，见《周礼》，徐正英等译注，中华书局2014年版，第243页。

[2]《地官司徒第二·乡大夫》，见《周礼》，徐正英等译注，中华书局2014年版，第250页。

[3]《夏官司马第四·大司马》，见《周礼》，徐正英等译注，中华书局2014年版，第610页。

[4]《夏官司马第四·小司马》，见《周礼》，徐正英等译注，中华书局2014年版，第625页。

[5]《夏官司马第四·司勋》，见《周礼》，徐正英等译注，中华书局2014年版，第626页。

中央大司寇所掌刑制规范为三典，所掌审判和刑制的权责为"以五刑治万民"。中央官员所司职责包含全部三种类型，而基层官员则主要以司法，即执行刑事规范为主。

1. 大司寇

　　大司寇之职，掌建邦之三典，以佐王刑邦国，诘四方：一曰刑新国用轻典，二曰刑平国用中典，三曰刑乱国用重典。以五刑纠万民：一曰野刑，上功纠力；二曰军刑，上命纠守；三曰乡刑，上德纠孝；四曰官刑，上能纠职；五曰国刑；上愿纠暴。[1]

2. 小司寇

　　小司寇之职，掌外朝之政，以致万民而询焉：一曰询国危，二曰询国迁，三曰询立君。其位：王南乡，三公及州长、百姓北面，群臣西面，群吏东面，小司寇摈以叙进而问焉，以众辅志而弊谋。[2]

3. 士　师

　　士师之职，掌国之五禁之法，以左右刑罚：一曰宫禁，二曰官禁，三曰国禁，四曰野禁，五曰军禁。皆以木铎徇之于朝，书而县于门闾。[3]

---

〔1〕《秋官司寇第五·大司寇》，见《周礼》，徐正英等译注，中华书局2014年版，第735页。

〔2〕《秋官司寇第五·小司寇》，见《周礼》，徐正英等译注，中华书局2014年版，第742页。

〔3〕《秋官司寇第五·士师》，见《周礼》，徐正英等译注，中华书局2014年版，第749页。

4. 乡士、遂士、县士、方士、讶士、朝士

乡士掌国中，各掌其乡之民数而纠戒之，听其狱讼，察其辞，辨其狱讼，异其死、刑之罪而要之。[1]

遂士掌四郊，各掌其遂之民数，而纠其戒命，听其狱讼，察其辞，辨其狱讼，异其死、刑之罪而要之。[2]

县士掌野，各掌其县之民数，纠其戒令，而听其狱讼，察其辞，辨其狱讼，异其死、刑之罪而要之。[3]

方士掌都家，听其狱讼之辞，辨其死、刑之罪而要之。[4]

讶士掌四方之狱讼，谕罪刑于邦国。[5]

朝士掌建邦外朝之法。[6]

---

[1]《秋官司寇第五·乡士》，见《周礼》，徐正英等译注，中华书局 2014 年版，第755 页。

[2]《秋官司寇第五·遂士》，见《周礼》，徐正英等译注，中华书局 2014 年版，第757 页。

[3]《秋官司寇第五·县士》，见《周礼》，徐正英等译注，中华书局 2014 年版，第759 页。

[4]《秋官司寇第五·方士》，见《周礼》，徐正英等译注，中华书局 2014 年版，第761 页。

[5]《秋官司寇第五·讶士》，见《周礼》，徐正英等译注，中华书局 2014 年版，第763 页。

[6]《秋官司寇第五·朝士》，见《周礼》，徐正英等译注，中华书局 2014 年版，第764 页。

5. 司刑、司约、司厉、司圜、掌囚、掌戮

> 司刑掌五刑之法，以丽万民之罪。[1]

> 司约掌邦国及万民之约剂。[2]

> 司厉掌盗贼之任器、货贿。[3]

> 司圜掌收教罢民。[4]

> 掌囚掌守盗贼。[5]

> 掌戮掌斩杀贼谍而搏之。[6]

（三）治法方式及内容

《周礼》对于官员治法职责所涉及的"法"规范的内容与作用，其所应使用的方式和方法都进行了详细的列举。与上文所述官职相对应，中央统管"六典"，地方职责则是"六典"所涉工作的具体化，以下分而述之。

---

[1]《秋官司寇第五·司刑》，见《周礼》，徐正英等译注，中华书局 2014 年版，第 769 页。

[2]《秋官司寇第五·司约》，见《周礼》，徐正英等译注，中华书局 2014 年版，第 771 页。

[3]《秋官司寇第五·司厉》，见《周礼》，徐正英等译注，中华书局 2014 年版，第 776 页。

[4]《秋官司寇第五·司圜》，见《周礼》，徐正英等译注，中华书局 2014 年版，第 778 页。

[5]《秋官司寇第五·掌囚》，见《周礼》，徐正英等译注，中华书局 2014 年版，第 779 页。

[6]《秋官司寇第五·掌戮》，见《周礼》，徐正英等译注，中华书局 2014 年版，第 780 页。

1. 大宰所掌之"六典""八法""八则""八柄""八统""九职""九赋""九式""九贡"

大宰之职，掌建邦之六典，以佐王治邦国。一曰治典，以经邦国，以治官府，以纪万民。二曰教典，以安邦国，以教官府，以扰万民。三曰礼典，以和邦国，以统百官，以谐万民。四曰政典，以平邦国，以正百官，以均万民。五曰刑典，以诘邦国，以刑百官，以纠万民。六曰事典，以富邦国，以任百官，以生万民。

以八法治官府。一曰官属，以举邦治。二曰官职，以辨邦治。三曰官联，以会官治。四曰官常，以听官治。五曰官成，以经邦治。六曰官法，以正邦治。七曰官刑，以纠邦治。八曰官计，以弊邦治。

以八则治都鄙。一曰祭祀，以驭其神。二曰法则，以驭其官。三曰废置，以驭其吏。四曰禄位，以驭其士。五曰赋贡，以驭其用。六曰礼俗，以驭其民。七曰刑赏，以驭其威。八曰田役，以驭其众。

以八柄诏王驭群臣。一曰爵，以驭其贵。二曰禄，以驭其富。三曰予，以驭其幸。四曰置，以驭其行。五曰生，以驭其福。六曰夺，以驭其贫。七曰废，以驭其罪。八曰诛，以驭其过。

以八统诏王驭万民。一曰亲亲，二曰敬故，三曰进贤，四曰使能，五曰保庸，六曰尊贵，七曰达吏，八曰礼宾。

以九职任万民。一曰三农，生九谷。二曰园圃，毓草木。三曰虞衡，作山泽之材。四曰薮牧，养蕃鸟兽。五曰百工，饬化八材。六曰商贾，阜通货贿。七曰嫔妇，化治丝枲。八曰臣妾，聚敛疏材。九曰闲民，无常职，转移执事。

以九赋敛财贿。一曰邦中之赋，二曰四郊之赋，三曰邦甸之赋，四曰家削之赋，五曰邦县之赋，六曰邦都之赋，七曰关市之赋，八曰山泽之赋，九曰币余之赋。

以九式均节财用。一曰祭祀之式，二曰宾客之式，三曰丧荒之式，四曰羞服之式，五曰工事之式，六曰币帛之式，七曰刍秣之式，八曰匪颁之式，九曰好用之式。

以九贡致邦国之用。一曰祀贡，二曰嫔贡，三曰器贡，四曰币贡，五曰材贡，六曰货贡，七曰服贡，八曰斿贡，九曰物贡。

以九两系邦国之民。一曰牧，以地得民。二曰长，以贵得民。三曰师，以贤得民。四曰儒，以道得民。五曰宗，以族得民。六曰主，以利得民。七曰吏，以治得民。八曰友，以任得民。九曰薮，以富得民。[1]

2. 小宰所掌之"宫刑""六叙""六属""六职""六联""八成""六计"

小宰之职，掌建邦之宫刑，以治王宫之政令，凡宫之纠禁。

以官府之六叙正群吏。一曰以叙正其位，二曰以叙进其治，三曰以叙作其事，四曰以叙制其食，五曰以叙受其会，六曰以叙听其情。

以官府之六属举邦治。一曰天官，其属六十，掌邦治，大事则从其长，小事则专达。二曰地官，其属六十，掌邦

---

〔1〕《天官冢宰第一·大宰》，见《周礼》，徐正英等译注，中华书局 2014 年版，第 27 页。

教，大事则从其长，小事则专达。三曰春官，其属六十，掌邦礼，大事则从其长，小事则专达。四曰夏官，其属六十，掌邦政，大事则从其长，小事则专达。五曰秋官，其属六十，掌邦刑，大事则从其长，小事则专达。六曰冬官，其属六十，掌邦事，大事则从其长，小事则专达。

以官府之六职辨邦治。一曰治职，以平邦国，以均万民，以节财用。二曰教职，以安邦国，以宁万民，以怀宾客。三曰礼职，以和邦国，以谐万民，以事鬼神。四曰政职，以服邦国，以正万民，以聚百物。五曰刑职，以诘邦国，以纠万民，以除盗贼。六曰事职，以富邦国，以养万民，以生百物。

以官府之六联合邦治。一曰祭祀之联事，二曰宾客之联事，三曰丧荒之联事，四曰军旅之联事，五曰田役之联事，六曰敛弛之联事。凡小事皆有联。

以官府之八成经邦治。一曰听政役以比居，二曰听师田以简稽，三曰听闾里以版图，四曰听称责以傅别，五曰听禄位以礼命，六曰听取予以书契，七曰听卖买以质剂，八曰听出入以要会。

以听官府之六计，弊群吏之治。一曰廉善，二曰廉能，三曰廉敬，四曰廉正，五曰廉法，六曰廉辨。[1]

3. 宰夫所掌之"治朝之法""群吏之治""百官府之征令""治法""式法""牢礼之法""戒令"

宰夫之职，掌治朝之法，以正王及三公、六卿、大夫、群吏之位，掌其禁令。

---

[1]《天官冢宰第一·小宰》，见《周礼》，钱玄等译注，岳麓书社2001年版，第21页。

叙群吏之治，以待宾客之令，诸臣之复，万民之逆。

掌百官府之征令，辨其八职。一曰正，掌官法以治要。二曰师，掌官成以治凡。三曰司，掌官法以治目。四曰旅，掌官常以治数。五曰府，掌官契以治藏。六曰史，掌官书以赞治。七曰胥，掌官叙以治叙。八曰徒，掌官令以征令。

掌治法以考百官府、群都、县、鄙之治，乘其财用之出入。凡失财用物、辟名者，以官刑诏冢宰而诛之。其足用、长财、善物者，赏之。

以式法掌祭祀之戒具，与其荐羞，从大宰而视涤濯。凡礼事，赞小宰比官府之具。凡朝觐、会同、宾客，以牢礼之法，掌其牢礼、委积、膳献、饮食、宾赐之飧牵，与其陈数。凡邦之吊事，掌其戒令，与其币、器、财用，凡所共者。大丧、小丧，掌小官之戒令，帅执事而治之。三公、六卿之丧，与职丧帅官有司而治之。凡诸大夫之丧，使其旅帅有司而治之。岁终则令群吏正岁会，月终则令正月要，旬终则令正日成，而以考其治。[1]

4. 大司徒所掌之"土会之法""十有二教""土宜之法""土均之法""土圭之法""以地为法""荒政之法""保息之法""本俗之法""教法""编户之法""职事之法""乡三物""乡八刑""五礼""狱讼之法""荒札之法""致事之法"

以土会之法，辨五地之物生。一曰山林，其动物宜毛物，其植物宜早物，其民毛而方。二曰川泽，其动物宜鳞

---

[1]《天官冢宰第一·宰夫》，见《周礼》，徐正英等译注，中华书局 2014 年版，第 48 页。

物，其植物宜膏物，其民黑而津。三曰丘陵，其动物宜羽物，其植物宜核物，其民专而长。四曰坟衍，其动物宜介物，其植物宜荚物，其民皙而瘠。五曰原隰，其动物宜裸物，其植物宜丛物，其民丰肉而庳。

因此五物者民之常，而施十有二教焉。一曰以祀礼教敬，则民不苟。二曰以阳礼教让，则民不争。三曰以阴礼教亲，则民不怨。四曰以乐礼教和，则民不乖。五曰以仪辨等，则民不越。六曰以俗教安，则民不偷。七曰以刑教中，则民不暴。八曰以誓教恤，则民不怠。九曰以度教节，则民知足。十曰以世事教能，则民不失职。十有一曰以贤制爵，则民慎德。十有二曰以庸制禄，则民兴功。

以土宜之法，辨十有二土之名物，以相民宅，而知其利害，以阜人民，以蕃鸟兽，以毓草木，以任土事。辨十有二壤之物，而知其种，以教稼穑树蓺。

以土均之法，辨五物九等，制天下之地征，以作民职，以令地贡，以敛财赋，以均齐天下之政。

以土圭之法测土深，正日景，以求地中。日南则景短，多暑。日北则景长，多寒。日东则景夕，多风。日西则景朝，多阴。日至之景，尺有五寸，谓之地中，天地之所合也，四时之所交也，风雨之所会也，阴阳之所和也。然则百物阜安，乃建王国焉。制其畿方千里，而封树之。

凡建邦国，以土圭土其地而制其域。诸公之地，封疆方五百里，其食者半。诸侯之地，封疆方四百里，其食者参之一。诸伯之地，封疆方三百里，其食者参之一。诸子之地，封疆方二百里，其食者四之一。诸男之地，封疆方百里，其食者四之一。

凡造都鄙，制其地域，而封沟之，以其室数制之。不易之地，家百亩。一易之地，家二百亩。再易之地，家三百亩。

乃分地职，奠地守，制地贡，而颁职事焉，以为地法，而待政令。

以荒政十有二聚万民：一曰散利，二曰薄征，三曰缓刑，四曰弛力，五曰舍禁，六曰去几，七曰眚礼，八曰杀哀，九曰蕃乐，十曰多昏，十有一曰索鬼神，十有二曰除盗贼。

以保息六养万民：一曰慈幼，二曰养老，三曰振穷，四曰恤贫，五曰宽疾，六曰安富。

以本俗六安万民：一曰媺宫室，二曰族坟墓，三曰联兄弟，四曰联师儒，五曰联朋友，六曰同衣服。

正月之吉，始和布教于邦国都鄙，乃县教象之法于象魏，使万民观教象，挟日而敛之。乃施教法于邦国都鄙，使之各以教其所治民。

令五家为比，使之相保。五比为闾，使之相受。四闾为族，使之相葬。五族为党，使之相救。五党为州，使之相赒。五州为乡，使之相宾。

颁职事十有二于邦国都鄙，使以登万民：一曰稼穑，二曰树艺，三曰作材，四曰阜蕃，五曰饬材，六曰通财，七曰化材，八曰敛材，九曰生材，十曰学艺，十有一曰世事，十有二曰服事。

以乡三物教万民，而宾兴之。一曰六德：知、仁、圣、义、忠、和。二曰六行：孝、友、睦、姻、任、恤。三曰六艺：礼、乐、射、御、书、数。

以乡八刑纠万民：一曰不孝之刑，二曰不睦之刑，三曰不姻之刑，四曰不弟之刑，五曰不任之刑，六曰不恤之刑，七曰造言之刑，八曰乱民之刑。

以五礼防万民之伪而教之中，以六乐防万民之情而教之和。凡万民之不服教而有狱讼者，与有地治者听而断之，其附于刑者，归于士。

大荒、大札，则令邦国移民、通财、舍禁、弛力、薄征、缓刑。

岁终，则令教官正治而致事。[1]

5. 小司徒所掌之"教法""小比法"

小司徒之职，掌建邦之教法，以稽国中及四郊都鄙之夫家九比之数，以辨其贵贱、老幼、废疾，凡征役之施舍，与其祭祀、饮食、丧纪之禁令。

乃颁比法于六乡之大夫，使各登其乡之众寡、六畜、车辇，辨其物，以岁时入其数，以施政教，行征令。及三年则大比。大比则受邦国之比要。[2]

6. 乡师所掌之"田法""征令"

凡四时之田，前期出田法于州里，简其鼓铎、旗物、兵器，修其卒伍。及期，以司徒之大旗致众庶，而陈之以旗物，辨乡邑而治其政令刑禁，巡其前后之屯，而戮其犯命者。断其争禽之讼。

凡四时之征令有常者，以木铎徇于市朝。以岁时巡国及野，而赒万民之艰厄，以王命施惠。[3]

---

[1]《地官司徒第二·大司徒》，见《周礼》，徐正英等译注，中华书局2014年版，第234页。

[2]《地官司徒第二·小司徒》，见《周礼》，徐正英等译注，中华书局2014年版，第235页。

[3]《地官司徒第二·乡师》，见《周礼》，徐正英等译注，中华书局2014年版，第248页。

7. 乡大夫所掌之"举荐之法"

　　三年则大比，考其德行、道艺，而兴贤者、能者。乡老及乡大夫帅其吏兴其众寡，以礼礼宾之。厥明，乡老及乡大夫群吏献贤能之书于王，王再拜受之，登于天府，内史贰之。退而以乡射之礼五物询众庶：一曰和，二曰容，三曰主皮，四曰和容，五曰兴舞。此谓使民兴贤，出使长之；使民兴能，入使治之。[1]

（四）治刑的典章与主要规则

　　治刑典章是指以刑罚为主要惩治手段的法律，如五刑、五禁。除此之外，《周礼》还记述了相关罪名、刑制和一些用刑原则。虽然《周礼》仅涉及官职所属的治刑职责，并非系统性地罗列所有治刑的规则，但仅观这部分规则，也可以体会到周代所奉以礼治国、省刑治狱的治国理念。

1. 刑制典章

（1）法典的名称与种类

　　以五刑纠万民：一曰野刑，上功纠力；二曰军刑，上命纠守；三曰乡刑，上德纠孝；四曰官刑，上能纠职；五曰国刑；上愿纠暴。[2]

　　士师之职，掌国之五禁之法，以左右刑罚：一曰宫禁，

---

[1]《地官司徒第二·乡大夫》，见《周礼》，徐正英等译注，中华书局2014年版，第252页。

[2]《秋官司寇第五·大司寇》，见《周礼》，徐正英等译注，中华书局2014年版，第735页。

二曰官禁，三曰国禁，四曰野禁，五曰军禁。[1]

以五戒先后刑罚，毋使罪丽于民：一曰誓，用之于军旅；二曰诰，用之于会同；三曰禁，用诸田役；四曰纠，用诸国中；五曰宪，用诸都鄙。[2]

司刑掌五刑之法，以丽万民之罪：墨罪五百，劓罪五百，宫罪五百，刖罪五百，杀罪五百。[3]

（2）典章的公布与保存

正月之吉，始和布刑于邦国都鄙，乃县刑象之法于象魏，使万民观刑象，挟日，而敛之。[4]

正岁，帅其属而观刑象，令以木铎曰："不用法者，国用常刑。"令群士。乃宣布于四方，宪刑禁。乃命其属入会，乃致事。[5]

皆以木铎徇之于朝，书而县于门闾。[6]

---

[1]《秋官司寇第五·士师》，见《周礼》，徐正英等译注，中华书局 2014 年版，第 749 页。

[2]《秋官司寇第五·士师》，见《周礼》，徐正英等译注，中华书局 2014 年版，第 750 页。

[3]《秋官司寇第五·司民》，见《周礼》，徐正英等译注，中华书局 2014 年版，第 769 页。

[4]《秋官司寇第五·大司寇》，见《周礼》，徐正英等译注，中华书局 2014 年版，第 739 页。

[5]《秋官司寇第五·小司寇》，见《周礼》，徐正英等译注，中华书局 2014 年版，第 749 页。

[6]《秋官司寇第五·士师》，见《周礼》，徐正英等译注，中华书局 2014 年版，第 749 页。

（3）治典原则：刑罚世轻世重

一曰刑新国用轻典，二曰，刑平国用中典，三曰，刑乱国用重典。[1]

（4）主要罪名

掌士之八成：一曰邦汋，二曰邦贼，三曰邦谍，四曰犯邦令，五曰挢邦令，六曰为邦盗，七曰为邦朋，八曰为邦诬。[2]

2. 刑制规则

（1）圜土之制：以悔罪态度治刑狱

以圜土聚教罢民。凡害人者，置之圜土而施职事焉，以明刑耻之。其能改者，反于中国，不齿三年。其不能改而出圜土者，杀。[3]

凡害人者弗使冠饰，而加明刑焉，任之以事而收教之，能改者，上罪三年而舍，中罪二年而舍，下罪一年而舍。其不能改而出圜土者，杀。虽出，三年不齿。凡圜土之刑人也，不亏体；其罚人也，不亏财。[4]

---

〔1〕《秋官司寇第五·大司寇》，见《周礼》，徐正英等译注，中华书局 2014 年版，第734 页。

〔2〕《秋官司寇第五·士师》，见《周礼》，徐正英等译注，中华书局 2014 年版，第752 页。

〔3〕《秋官司寇第五·大司寇》，见《周礼》，徐正英等译注，中华书局 2014 年版，第736 页。

〔4〕《秋官司寇第五·司圜》，见《周礼》，徐正英等译注，中华书局 2014 年版，第778 页。

（2）嘉石之制：以罪行轻重定刑罚

以嘉石平罢民，凡万民之有罪过而未丽于法，而害于州里者，桎梏而坐诸嘉石，役诸司空。重罪，旬有三日坐，期役；其次九日坐，九月役；其次七日坐，七月役；其次五日坐，五月役；其下罪三日坐，三月役。使州里任之，则宥而舍之。[1]

（3）梏刑之制：以罪刑及身份定刑责

掌囚掌守盗贼，凡囚者。上罪梏、拲而桎，中罪桎梏，下罪梏。王之同族拲，有爵者桎，以待弊罪。及刑杀，告刑于王，奉而适朝士，加明梏，以适市而刑、杀之。[2]

（4）特殊罪行的处刑规则

凡民同货财者，令以国法行之，犯令者刑罚之。……凡盗贼军乡、邑及家人，杀之无罪。凡报仇雠者，书于士，杀之无罪。[3]

司厉掌盗贼之任器、货贿，辨其物，皆有数量，贾而楬之，入于司兵。其奴，男子入于罪隶，女子入于春、槁。[4]

---

〔1〕《秋官司寇第五·大司寇》，见《周礼》，徐正英等译注，中华书局2014年版，第737页。

〔2〕《秋官司寇第五·掌囚》，见《周礼》，徐正英等译注，中华书局2014年版，第780页。

〔3〕《秋官司寇第五·朝士》，见《周礼》，徐正英等译注，中华书局2014年版，第768页。

〔4〕《秋官司寇第五·司厉》，见《周礼》，徐正英等译注，中华书局2014年版，第776页。

凡杀其亲者焚之，杀王之亲者辜之。凡杀人者踣诸市，肆之三日。刑盗于市。凡罪之丽于法者，亦如之。唯王之同族与有爵者，杀之于甸师氏。凡军旅、田、役斩杀刑戮，亦如之。墨者使守门，劓者使守关，宫者使守内，刖者使守囿，髡者使守积。[1]

3. 特殊群体与特殊时期的恤刑规则

（1）肺石之法

以肺石达穷民，凡远近惸独老幼之欲有复于上，而其长弗达者，立于肺石三日，士听其辞，以告于上，而罪其长。[2]

（2）命夫、命妇不躬坐

凡命夫、命妇，不躬坐狱讼。[3]

（3）三宥之法

壹宥曰不识，再宥曰过失，三宥曰遗忘。[4]

（4）三赦之法

壹赦曰幼弱，再赦曰老旄，三赦曰蠢愚。以此三法者

---

[1]《秋官司寇第五·掌戮》，见《周礼》，徐正英等译注，中华书局2014年版，第780页。

[2]《秋官司寇第五·大司寇》，见《周礼》，徐正英等译注，中华书局2014年版，第738页。

[3]《秋官司寇第五·小司寇》，见《周礼》，徐正英等译注，中华书局2014年版，第741页。

[4]《秋官司寇第五·司刺》，见《周礼》，徐正英等译注，中华书局2014年版，第770页。

求民情，断民中，而施上服、下服之罪，然后刑、杀。[1]

凡有爵者与七十者，与未龀者，皆不为奴。[2]

（5）荒辩之法

若邦凶荒，则以荒辩之法治之：令移民，通财，纠守缓刑。[3]

若邦凶荒、札丧、寇戎之故，则令邦国、都家、县鄙虑刑贬。[4]

4. 特殊群体的处刑规则

（1）八辟丽邦之法

凡王之同族有罪，不即市。[5]

凡有爵者与王之同族，奉而适甸师氏以待刑、杀。[6]

以八辟丽邦法，附刑罚：一曰议亲之辟，二曰议故之辟，三曰议贤之辟，四曰议能之辟，五曰议功之辟，六曰

---

〔1〕《秋官司寇第五·司刺》，见《周礼》，徐正英等译注，中华书局2014年版，第770页。

〔2〕《秋官司寇第五·司厉》，见《周礼》，徐正英等译注，中华书局2014年版，第777页。

〔3〕《秋官司寇第五·士师》，见《周礼》，徐正英等译注，中华书局2014年版，第753页。

〔4〕《秋官司寇第五·朝士》，见《周礼》，徐正英等译注，中华书局2014年版，第768页。

〔5〕《秋官司寇第五·小司寇》，见《周礼》，徐正英等译注，中华书局2014年版，第743页。

〔6〕《秋官司寇第五·掌囚》，见《周礼》，徐正英等译注，中华书局2014年版，第780页。

议贵之辟，七曰议勤之辟，八曰议宾之辟。[1]

（2）什伍刑赏关联之法

掌乡合州、党、族、闾、比之联，与其民人之什伍，使之相安、相受，以比追胥之事，以施刑罚庆赏。掌官中之政令，察狱讼之辞，以诏司寇断狱弊讼，致邦令。[2]

（五）司刑的主要规则

司刑指审判中的规则，周代已有对于诉讼名称、程序、证据规则等相关规定，以下分述之。

1. 以两造禁民讼，以两剂禁民狱

以两造禁民讼，入束矢于朝，然后听之；以两剂禁民狱，入钧金。三日乃致于朝，然后听之。[3]

2. 审断的标准：因人而异法

凡诸侯之狱讼，以邦典定之。凡卿大夫之狱讼，以邦法断之。凡庶民之狱讼，以邦成弊之。[4]

---

[1]《秋官司寇第五·小司寇》，见《周礼》，徐正英等译注，中华书局，2014年版，第745页。

[2]《秋官司寇第五·士师》，见《周礼》，徐正英等译注，中华书局2014年版，第751页。

[3]《秋官司寇第五·大司寇》，见《周礼》，徐正英等译注，中华书局2014年版，第736页。

[4]《秋官司寇第五·大司寇》，见《周礼》，徐正英等译注，中华书局2014年版，第740页。

3. 审断的依据：依情审断，依法量刑，众议狱讼

以五刑听万民之狱讼，附于刑，用情讯之，至于旬乃弊之，读书则用法。[1]

乡士掌国中，各掌其乡之民数而纠戒之，听其狱讼，察其辞，辨其狱讼，异其死、刑之罪而要之，旬而职听于朝。司寇听之，断其狱，弊其讼于朝。群士、司刑皆在，各丽其法，以议狱讼。狱讼成，士师受中。协日刑、杀，肆之三日。若欲免之，则王会其期。[2]

遂士掌四郊，各掌其遂之民数，而纠其戒命，听其狱讼，察其辞，辨其狱讼，异其死、刑之罪而要之，二旬而职听于朝。司寇听之，断其狱，弊其讼于朝，群士、司刑皆在，各丽其法以议狱讼。狱讼成，士师受中，协日就郊而刑、杀，各于其遂肆之三日。若欲免之，则王令三公会其期。[3]

县士掌野，各掌其县之民数，纠其戒令，而听其狱讼，察其辞，辨其狱讼，异其死、刑之罪而要之。三旬而职听于朝。司寇听之，断其狱，弊其讼于朝，群士、司刑皆在，各丽其法以议狱讼。狱讼成，士师受中，协日刑、杀，各就其县肆之三日。若欲免之，则王命六卿会

---

〔1〕《秋官司寇第五·小司寇》，见《周礼》，徐正英等译注，中华书局 2014 年版，第743 页。

〔2〕《秋官司寇第五·乡士》，见《周礼》，徐正英等译注，中华书局 2014 年版，第755 页。

〔3〕《秋官司寇第五·遂士》，见《周礼》，徐正英等译注，中华书局 2014 年版，第758 页。

其期。[1]

4.受理诉讼期限

凡士之治有期日：国中一旬，郊二旬，野三旬，都三月，邦国期。期内之治听，期外不听。[2]

5.证据规则

凡有责者，有判书以治则听。……凡属责者，以其地傅，而听其辞。[3]

司盟掌盟载之法。凡邦国有疑会同，则掌其盟约之载及其礼仪，北面诏明神。既盟则贰之。盟万民之犯命者，诅其不信者，亦如之。凡民之有约剂者，其贰在司盟。有狱讼者，则使之盟诅。凡盟诅，各以其地域之众庶共其牲，而致焉。既盟，则为司盟共祈酒脯。[4]

6.以五声听狱讼

以五声听狱讼，求民情：一曰辞听，二曰色听，三曰气听，四曰耳听，五曰目听。[5]

---

〔1〕《秋官司寇第五·县士》，见《周礼》，徐正英等译注，中华书局2014年版，第760页。

〔2〕《秋官司寇第五·朝士》，见《周礼》，徐正英等译注，中华书局2014年版，第766页。

〔3〕《秋官司寇第五·朝士》，见《周礼》，徐正英等译注，中华书局2014年版，第767页。

〔4〕《秋官司寇第五·司盟》，见《周礼》，徐正英等译注，中华书局2014年版，第774页。

〔5〕《秋官司寇第五·小司寇》，见《周礼》，徐正英等译注，中华书局2014年版，第744页。

7. 以三刺求刑中

> 以三刺断庶民狱讼之中：一曰讯群臣，二曰讯群吏，三曰讯万民，听民之所刺宥，以施上服、下服之刑。[1]

二、《汉书》

《汉书》为汉代班固所撰，其妹班昭续成，有"纪""表""志""传"凡百篇。其中《刑法志》一篇为正史中首次单列"刑法"篇，系统地叙述了周秦直至西汉末年的法律制度和具体律令措施，为汉代法律研究提供了珍贵的史料。除记述史实外，作者也对其中法制得失加以评论，主张礼刑互用、复礼慎刑，反对尚武滥刑。

（一）法刑关系的前提——仁义治国

《汉书》以儒家治国理论为衡量标准，对汉代历史事件和治理方式加以叙述和评论。其中观点是：国家的统治者应该是一位具有高尚品德的仁者，仁者通过仁政对国家进行统治，而礼与刑皆为统治的重要工具。在德刑的关系上，著者认为文德和威武应相辅相成，文德为主要治国工具，而刑罚（法）为乱世所生，是锥刀之末，不可轻易使用。民众也只有教之以礼，才能够知荣辱，从而杜绝犯罪，达至刑措。因此，德刑在适用顺位上应为先德后刑，且制礼可止刑。

1. 仁者为王

> 夫人宵天地之貌，怀五常之性，聪明精粹，有生之最

---

[1]《秋官司寇第五·小司寇》，见《周礼》，徐正英等译注，中华书局 2014 年版，第746 页。

灵者也。爪牙不足以供耆欲，趋走不足以避利害，无毛羽以御寒暑，必将役物以为养，用仁智而不恃力，此其所以为贵也。故不仁爱则不能群，不能群则不胜物，不胜物则养不足。群而不足，争心将作，上圣卓然先行敬让博爱之德者，众心说而从之。从之成群，是为君矣；归而往之，是为王矣。[1]

2. 法刑的产生——圣人制礼刑

《洪范》曰："天子作民父母，为天下王。"圣人取类以正名，而谓群为父母，明仁、爱、德、让，王道之本也。爱待敬而不败，德须威而久立，故制礼以崇敬，作刑以明威也。圣人既躬明哲之性，必通天地之心，制礼作教，立法设刑，动缘民情，而则天象地。故曰：先王立礼，"则天之明，因地之性"也。刑罚威狱，以类天之震曜杀戮也；温慈惠和，以效天之生殖长育也。《书》云"天秩有礼"，"天讨有罪"。故圣人因天秩而制五礼，因天讨而作五刑。大刑用甲兵，其次用斧钺；中刑用刀锯，其次用钻凿；薄刑用鞭扑。大者陈诸原野，小者致之市朝，其所繇来者上矣。[2]

3. 仁义治国，为政在人

春秋之后，灭弱吞小，并为战国，稍增讲武之礼，以为戏乐，用相夸视。而秦更名角抵，先王之礼没于淫乐中矣。雄桀之士因势辅时，作为权诈以相倾覆，吴有孙武，

---

〔1〕《汉书·刑法志》，见《汉书》，中华书局 2016 年版，第 1079 页。

〔2〕《汉书·刑法志》，见《汉书》，中华书局 2016 年版，第 1079 页。

齐有孙膑，魏有吴起，秦有商鞅，皆擒敌立胜，垂著篇籍。当此之时，合纵连衡，转相攻伐，代为雌雄。齐愍以技击强，魏惠以武卒奋，秦昭以锐士胜。世方争于功利，而驰说者以孙、吴为宗。时唯孙卿明于王道，而非之曰："彼孙、吴者，上势利而贵变诈；施于暴乱昏嫚之国，君臣有间，上下离心，政谋不良，故可变而诈也。夫仁人在上，为下所卬，犹子弟之卫父兄，若手足之扞头目，何可当也？邻国望我，欢若亲戚，芬若椒兰，顾视其上，犹焚灼仇雠。人情岂肯为其所恶而攻其所好哉？故以桀攻桀，犹有巧拙；以桀诈尧，若卵投石，夫何幸之有！《诗》曰：'武王载斾，有虔秉钺，如火烈烈，则莫我敢遏。'言以仁谊绥民者，无敌于天下也。若齐之技击，得一首则受赐金。事小敌脆，则偷可用也；事巨敌坚，则焕然离矣。是亡国之兵也。魏氏武卒，衣三属之甲，操十二石之弩，负矢五十个，置戈其上，冠胄带剑，赢三日之粮，日中而趋百里，中试则复其户，利其田宅。如此，则其地虽广，其税必寡，其气力数年而衰。是危国之兵也。秦人，其生民也狭厄，其使民也酷烈。劫之以势，隐之以厄，狃之以赏庆，道之以刑罚，使其民所以要利于上者，非战无由也。功赏相长，五甲首而隶五家，是最为有数，故能四世有胜于天下。然皆干赏蹈利之兵，庸徒鬻卖之道耳，未有安制矜节之理也。故虽地广兵强，鳃鳃常恐天下之一合而共轧己也。至乎齐桓、晋文之兵，可谓入其域而有节制矣。然犹未本仁义之统也。故齐之技击不可以遇魏之武卒，魏之武卒不可以直秦之锐士，秦之锐士不可以当桓、文之节制，桓、文之节制不可以敌汤、武之仁义。"[1]

---

[1]《汉书·刑法志》，见《汉书》，中华书局 2016 年版，第 1085—1086 页。

4.德主而刑辅

古人有言："天生五材，民并用之，废一不可，谁能去兵？"鞭扑不可弛于家，刑罚不可废于国，征伐不可偃于天下；用之有本末，行之有逆顺耳。孔子曰："工欲善其事，必先利其器。"文德者，帝王之利器；威武者，文德之辅助也。夫文之所加者深，则武之所服者大；德之所施者博，则威之所制者广。三代之盛，至于刑错兵寝者，其本末有序，帝王之极功也。[1]

春秋之时，王道浸坏，教化不行，子产相郑而铸刑书。晋叔向非之曰："昔先王议事以制，不为刑辟。惧民之有争心也，犹不可禁御，是故闲之以谊，纠之以政，行之以礼，守之以信，奉之以仁；制为禄位以劝其从，严断刑罚以威其淫。惧其未也，故诲之以忠，竦之以行，教之以务，使之以和，临之以敬，莅之以强，断之以刚。犹求圣哲之上，明察之官，忠信之长，慈惠之师。民于是乎可任使也，而不生祸乱。民知有辟，则不忌于上，并有争心，以征于书，而侥幸以成之，弗可为矣。夏有乱政而作禹刑，商有乱政而作汤刑，周有乱政而作九刑。三辟之兴，皆叔世也。今吾子相郑国，制参辟，铸刑书，将以靖民，不亦难乎！《诗》曰：'仪式刑文王之德，日靖四方。'又曰：'仪刑文王，万邦作孚。'如是，何辟之有？民知争端矣，将弃礼而征于书。锥刀之末，将尽争之，乱狱滋丰，货赂并行。终子之世，郑其败乎！"子产报曰："若吾子之言，侨不材，不能及子孙，吾以救世也。"偷薄之政，自是滋矣。孔子伤之，曰："导之以德，齐之以礼，有耻且格；导之以

---

[1]《汉书·刑法志》，见《汉书》，中华书局 2016 年版，第 1091 页。

政，齐之以刑，民免而无耻。""礼乐不兴，则刑罚不中；刑罚不中，则民无所错手足。"孟氏使阳肤为士师，问于曾子，亦曰："上失其道，民散久矣。如得其情，则哀矜而勿喜。"[1]

5. 制礼止刑

孔子曰："如有王者，必世而后仁；善人为国百年，可以胜残去杀矣。"言圣王承衰拨乱而起，被民以德教，变而化之，必世然后仁道成焉；至于善人，不入于室，然犹百年胜残去杀矣。此为国者之程式也。[2]

原狱刑所以蕃若此者，礼教不立，刑法不明，民多贫穷，豪杰务私，奸不辄得，狱犴不平之所致也。《书》云"伯夷降典，哲民惟刑"，言制礼以止刑，犹堤之防溢水也。今堤防凌迟，礼制未立；死刑过制，生刑易犯；饥寒并至，穷斯滥溢；豪杰擅私，为之囊橐，奸有所隐，则狃而浸广：此刑之所以蕃也。孔子曰："古之知法者能省刑，本也；今之知法者不失有罪，末矣。"又曰："今之听狱者，求所以杀之；古之听狱者，求所以生之。"与其杀不辜，宁失有罪。今之狱吏，上下相驱，以刻为明，深者获功名，平者多患害。谚曰："鬻棺者欲岁之疫。"非憎人欲杀之，利在于人死也。今治狱吏欲陷害人，亦犹此矣。凡此五疾，狱刑所以尤多者也。[3]

自建武、永平，民亦新免兵革之祸，人有乐生之虑，

---

[1]《汉书·刑法志》，见《汉书》，中华书局 2016 年版，第 1093—1094 页。
[2]《汉书·刑法志》，见《汉书》，中华书局 2016 年版，第 1108 页。
[3]《汉书·刑法志》，见《汉书》，中华书局 2016 年版，第 1109—1110 页。

与高、惠之间同，而政在抑强扶弱，朝无威福之臣，邑无豪杰之侠。以口率计，断狱少于成、哀之间什八，可谓清矣。然而未能称意比隆于古者，以其疾未尽除，而刑本不正。[1]

必世而未仁，百年而不胜残，诚以礼乐阙而刑不正也。[2]

（二）法的功能与原则

《汉书》对于"法"的功能更多是从刑罚的法律规范角度进行描述，是狭义的"法"概念的体现。就法律的功能而言，《汉书》强调法律禁暴扶弱的作用，而民众服从法律也是因为畏惧刑罚而不犯法。就刑法制定原则而言，因汉中后期文滋繁密，除产生"典者不可遍睹"的现象外，更是滋生了官吏用刑深刻和徇私擅断的弊端。于是《汉书》在总结前世和当时制定法律的得失后，提出删约法条、使条文精简实用的原则；同时，提出法律应平允，罪与罚应相当。

1. 法的功能：抑暴扶弱，难犯易避

至元帝初立，乃下诏曰："夫法令者，所以抑暴扶弱，欲其难犯而易避也。"[3]

孝文二年，又诏丞相、太尉、御史："法者，治之正，所以禁暴而卫善人也。"[4]

---

〔1〕《汉书·刑法志》，见《汉书》，中华书局 2016 年版，第 1110 页。
〔2〕《汉书·刑法志》，见《汉书》，中华书局 2016 年版，第 1112 页。
〔3〕《汉书·刑法志》，见《汉书》，中华书局 2016 年版，第 1103 页。
〔4〕《汉书·刑法志》，见《汉书》，中华书局 2016 年版，第 1104 页。

2. 治法的原则

（1）约法省刑

汉兴，高祖初入关，约法三章曰："杀人者死，伤人及盗抵罪。"蠲削烦苛，兆民大说。其后四夷未附，兵革未息，三章之法不足以御奸，于是相国萧何攈摭秦法，取其宜于时者，作律九章。

当孝惠、高后时，百姓新免毒蠚，人欲长幼养老。萧、曹为相，填以无为，从民之欲而不扰乱，是以衣食滋殖，刑罚用稀。[1]

及孝文即位，躬修玄默，劝趣农桑，减省租赋。而将相皆旧功臣，少文多质，惩恶亡秦之政，论议务在宽厚，耻言人之过失。化行天下，告讦之俗易。吏安其官，民乐其业，畜积岁增，户口浸息。风流笃厚，禁罔疏阔。选张释之为廷尉，罪疑者予民，是以刑罚大省，至于断狱四百，有刑错之风。[2]

时涿郡太守郑昌上疏言："圣王置谏争之臣者，非以崇德，防逸豫之生也；立法明刑者，非以为治，救衰乱之起也。今明主躬垂明听，虽不置廷平，狱将自正；若开后嗣，不若删定律令。律令一定，愚民知所避，奸吏无所弄矣。今不正其本，而置廷平以理其末也，政衰听息，则廷平将招权而为乱首矣。"宣帝未及修正。[3]

至元帝初立，乃下诏曰："……今律、令烦多而不约，

---

〔1〕《汉书·刑法志》，见《汉书》，中华书局 2016 年版，第 1096—1097 页。

〔2〕《汉书·刑法志》，见《汉书》，中华书局 2016 年版，第 1097 页。

〔3〕《汉书·刑法志》，见《汉书》，中华书局 2016 年版，第 1102 页。

自典文者不能分明，而欲罗元元之不逮，斯岂刑中之意哉！其议律、令可蠲除轻减者，条奏，唯在便安万姓而已。"

至成帝河平中，复下诏曰："《甫刑》云'五刑之属三千，大辟之罚其属二百'，今大辟之刑千有余条，律令烦多，百有余万言，奇请它比，日以益滋，自明习者不知所由，欲以晓喻众庶，不亦难乎！于以罗元元之民，天绝亡辜，岂不哀哉！其与中二千石、二千石、博士及明习律令者议减死刑及可蠲除约省者，令较然易知，条奏。书不云乎？"惟刑之恤哉！其审核之，务准古法，朕将尽心览焉。"〔1〕

（2）法正罪当，罪止一身

孝文二年，又诏丞相、太尉、御史："……今犯法者已论，而使无罪之父、母、妻、子、同产坐之及收，朕甚弗取。其议。"左、右丞相周勃、陈平奏言："父、母、妻、子、同产相坐及收，所以累其心，使重犯法也。收之道，所由来久矣。臣之愚计，以为如其故便。"文帝复曰："朕闻之，法正则民悫，罪当则民从。且夫牧民而道之以善者，吏也；既不能道，又以不正之法罪之，是法反害于民，为暴者也。朕夫见其便，宜熟计之。"平、勃乃曰："陛下幸加大惠于天下，使有罪不收，无罪不相坐，甚盛德，臣等所不及也。臣等谨奉诏，尽除收律、相坐法。"〔2〕

3. 治刑的功能

《汉书》认为，虽礼为主要的治理方式，但逢世道衰落，则需用

---

〔1〕《汉书·刑法志》，见《汉书》，中华书局 2016 年版，第 1103 页。
〔2〕《汉书·刑法志》，见《汉书》，中华书局 2016 年版，第 1104—1105 页。

刑来进行整治，故有"夏有乱政而作禹刑，商有乱政而作汤刑，周有乱政而作九刑"的说法。一方面，国家以刑为手段，达到禁奸止邪的目的；另一方面，刑的出现也配合德礼的功用，维护了统治的威严。

（1）治刑禁奸，惩于未然

> 丞相张仓、御史大夫冯敬奏言："肉刑所以禁奸，所由来者久矣。"[1]

> 凡制刑之本，将以禁暴恶，且惩其未也。[2]

（2）救治衰乱

> 夏有乱政而作禹刑，商有乱政而作汤刑，周有乱政而作九刑。三辟之兴，皆叔世也。今吾子相郑国，制参辟，铸刑书，将以靖民，不亦难乎！

> 时涿郡太守郑昌上疏言："圣王置谏争之臣者，非以崇德，防逸豫之生也；立法明刑者，非以为治，救衰乱之起也。"[3]

> 善乎！孙卿之论刑也，曰："世俗之为说者，以为治古者无肉刑，有象刑、墨黥之属，菲履赭衣而不纯，是不然矣。以为治古，则人莫触罪邪，岂独无肉刑哉，亦不待象刑矣。[4]

（3）确立统治的威严

> 刑罚威狱，以类天之震曜杀戮也；温慈惠和，以效天

---

[1]《汉书·刑法志》，见《汉书》，中华书局 2016 年版，第 1099 页。
[2]《汉书·刑法志》，见《汉书》，中华书局 2016 年版，第 1111 页。
[3]《汉书·刑法志》，见《汉书》，中华书局 2016 年版，第 1102 页。
[4]《汉书·刑法志》，见《汉书》，中华书局 2016 年版，第 1110 页。

之生殖长育也。[1]

劫之以势，隐之以厄，狃之以赏庆，道之以刑罚，使其民所以要利于上者，非战无由也。[2]

鞭扑不可弛于家，刑罚不可废于国，征伐不可偃于天下；用之有本末，行之有逆顺耳。[3]

制为禄位以劝其从，严断刑罚以威其淫。[4]

4.治刑的原则

《汉书》将德刑并用、制礼止刑作为治世的逻辑起点，认为刑非治世之本，而是治理乱世的工具。在治理方法上，统治者应根据世事变迁而做调整，刑罚"世轻世重"；在罪刑关系上，刑应与罪相匹配，以使刑更好地发挥其功用。并且针对汉代刑罚日渐繁多的现象，《汉书》提倡省刑和恤刑，以述刑的正本清源之论。

（1）先教后刑

即位十三年，齐太仓令淳于公有罪当刑，诏狱逮系长安。淳于公无男，有五女，当行会逮，骂其女曰："生子不生男，缓急非有益！"其少女缇萦，自伤悲泣，乃随其父至长安，上书曰："妾父为吏，齐中皆称其廉平，今坐法当刑。妾伤夫死者不可复生，刑者不可复属，虽后欲改过自新，其道亡繇也。妾愿没入为官婢，以赎父刑罪，使得自新。"书奏天子，天子怜悲其意，遂下令曰："制诏御史：

---

[1]《汉书·刑法志》，见《汉书》，中华书局 2016 年版，第 1079 页。
[2]《汉书·刑法志》，见《汉书》，中华书局 2016 年版，第 1086 页。
[3]《汉书·刑法志》，见《汉书》，中华书局 2016 年版，第 1091 页。
[4]《汉书·刑法志》，见《汉书》，中华书局 2016 年版，第 1093 页。

盖闻有虞氏之时，画衣冠异章服以为戮，而民弗犯，何治之至也！今法有肉刑三，而奸不止，其咎安在？非乃朕德之薄，而教不明与！吾甚自愧。故夫训道不纯而愚民陷焉，《诗》曰："恺弟君子，民之父母。"今人有过，教未施而刑已加焉，或欲改行为善，而道亡繇至，朕甚怜之。夫刑至断支体，刻肌肤，终身不息，何其刑之痛而不德也！岂为民父母之意哉！其除肉刑，有以易之；及令罪人各以轻重，不亡逃，有年而免。具为令。"[1]

（2）刑罚世轻世重

昔周之法，建三典以刑邦国，诘四方：一曰，刑新邦用轻典；二曰，刑平邦用中典；三曰，刑乱邦用重典。五刑：墨罪五百，劓罪五百，宫罪五百，刖罪五百，杀罪五百，所谓刑平邦用中典者也。凡杀人者踣诸市，墨者使守门，劓者使守关，宫者使守内，刖者使守囿，完者使守积。其奴，男子入于罪隶，女子入春槁。凡有爵者，与七十者，与未龀者，皆不为奴。

周道既衰，穆王眊荒，命甫侯度时作刑，以诘四方。墨罚之属千，劓罚之属千，髌罚之属五百，宫罚之属三百，大辟之罚其属二百。五刑之属三千，盖多于平邦中典五百章，所谓刑乱邦用重典者也。[2]

故治则刑重，乱则刑轻，犯治之罪故重，犯乱之罪故轻也。《书》云"刑罚世重世轻"此之谓也。

孙卿之言既然，又因俗说而论之曰："禹承尧舜之后，自以德衰而制肉刑，汤武顺而行之者，以俗薄于唐虞故也。

---

〔1〕《汉书·刑法志》，见《汉书》，中华书局 2016 年版，第 1097 页。

〔2〕《汉书·刑法志》，见《汉书》，中华书局 2016 年版，第 1091—1092 页。

今汉承衰周暴秦极敝之流，俗已薄于三代，而行尧舜之刑，是犹以鞿而御駻突，违救时之宜矣。[1]

（3）废除肉刑

丞相张仓、御史大夫冯敬奏言："肉刑所以禁奸，所由来者久矣。陛下下明诏，怜万民之一有过被刑者终身不息，及罪人欲改行为善而道亡繇至，于盛德，臣等所不及也。臣谨议请定律曰：诸当完者，完为城旦春；当黥者，髡钳为城旦春；当劓者，笞三百；当斩左止者，笞五百；当斩右止，及杀人先自告，及吏坐受赇枉法，守县官财物而即盗之，已论命复有笞罪者，皆弃市。罪人狱已决，完为城旦春，满三岁为鬼薪、白粲。鬼薪、白粲一岁，为隶臣妾。隶臣妾一岁，免为庶人。隶臣妾满二岁，为司寇。司寇一岁，及作如司寇二岁，皆免为庶人。其亡逃及有罪耐以上，不用此令。前令之刑城旦春岁而非禁锢者，完为城旦春岁数以免。臣昧死请。"制曰："可。"是后，外有轻刑之名，内实杀人。斩右止者又当死。斩左止者笞五百，当劓者笞三百，率多死。

景帝元年，下诏曰："加笞与重罪无异，幸而不死，不可为人。其定律：笞五百曰三百，笞三百曰二百。"狱尚不全。至中六年，又下诏曰："加笞者，或至死而笞未毕，朕甚怜之。其减笞三百曰二百，笞二百曰一百。"又曰："笞者，所以教之也，其定箠令。"丞相刘舍、御史大夫卫绾请："笞者，箠长五尺，其本大一寸，其竹也，末薄半寸，皆平其节。当笞者笞臀。毋得更人，毕一罪乃更人。"自是笞者得全，然酷吏犹以为威。死刑既重，而生刑又轻，民

---

[1]《汉书·刑法志》，见《汉书》，中华书局 2016 年版，第 1111—1112 页。

易犯之。[1]

（4）老幼减免刑罚（恤刑）

至孝宣元康四年，又下诏曰："朕念夫耆老之人，发齿堕落，血气既衰，亦无暴逆之心，今或罗于文法，执于囹圄，不得终其年命，朕甚怜之。自今以来，诸年八十非诬告杀伤人，它皆勿坐。"至成帝鸿嘉元年，定令："年未满七岁，贼斗杀人及犯殊死者，上请廷尉以闻，得减死。"合于三赦幼弱、老眊之人。此皆法令稍近古而便民者也。[2]

（5）与其杀不辜，宁失有罪

孔子曰："古之知法者能省刑，本也；今之知法者不失有罪，末矣。"又曰："今之听狱者，求所以杀之；古之听狱者，求所以生之。"与其杀不辜，宁失有罪。[3]

（6）刑当其罪

以为人或触罪矣，而直轻其刑，是杀人者不死，而伤人者不刑也。罪至重而刑至轻，民无所畏，乱莫大焉……杀人者不死，伤人者不刑，是惠暴而宽恶也。故象刑非生于治古，方起于乱今也。凡爵列官职，赏庆刑罚，皆以类相从者也。一物失称，乱之端也。德不称位，能不称官，赏不当功，刑不当罪，不祥莫大焉。[4]

---

〔1〕《汉书·刑法志》，见《汉书》，中华书局出版社 2016 年版，第 1099—1100 页。

〔2〕《汉书·刑法志》，见《汉书》，中华书局 2016 年版，第 1106 页。

〔3〕《汉书·刑法志》，见《汉书》，中华书局 2016 年版，第 1109—1110 页。

〔4〕《汉书·刑法志》，见《汉书》，中华书局 2016 年版，第 1111 页。

且除肉刑者，本欲以全民也，今去髡钳一等，转而入于大辟，以死罔民，失本惠矣。故死者岁以万数，刑重之所致也。至乎穿窬之盗，忿怒伤人，男女淫佚，吏为奸臧，若此之恶，髡钳之罚又不足以惩也。故刑者岁十万数，民既不畏，又曾不耻，刑轻之所生也。故俗之能吏，公以杀盗为威，专杀者胜任，奉法者不治，乱名伤制，不可胜条。是以罔密而奸不塞，刑蕃而民愈嫚。……岂宜惟思所以清原正本之论，删定律、令，籑二百章，以应大辟。其余罪次，于古当生，今触死者，皆可募行肉刑。及伤人与盗，吏受赇枉法，男女淫乱，皆复古刑，为三千章。诋欺文致微细之法，悉蠲除。如此，则刑可畏而禁易避，吏不专杀，法无二门，轻重当罪，民命得全，合刑罚之中，殷天人之和，顺稽古之制，成时雍之化。[1]

5. 司刑的规则

"刑当其罪"原则，在司法中体现为对审断公正的要求。这里的公正不仅包括结果上的公正，也包括程序上的公正，即通过程序公正达至结果公正。

（1）决狱平当

宣帝自在间阎而知其若此。及即尊位，廷史路温舒上疏，言秦有十失，其一尚存，治狱之吏是也。语在《温舒传》。上深愍焉，乃下诏曰："间者吏用法，巧文浸深，是朕之不德也。夫决狱不当，使有罪兴邪，不辜蒙戮，父子悲恨，朕甚伤之。今遣廷史与郡鞠狱，任轻禄薄，其为置廷平，秩六百石，员四人。其务平之，以称朕意。"于是选

---

[1]《汉书·刑法志》，见《汉书》，中华书局 2016 年版，第 1112 页。

于定国为廷尉，求明察宽恕黄霸等以为廷平，季秋后请谳。时上常幸宣室，斋居而决事，狱刑号为平矣。[1]

（2）疑罪上报

高皇帝七年，制诏御史："狱之疑者，吏或不敢决，有罪者久而不论，无罪者久系不决。自今以来，县道官狱疑者，各谳所属二千石官，二千石官以其罪名当报之。所不能决者，皆移廷尉，廷尉亦当报之。廷尉所不能决，谨具为奏，傅所当比律令以闻。"上恩如此，吏犹不能奉宣。故孝景中五年复下诏曰："诸狱疑，虽文致于法而于人心不厌者，辄谳之。"其后狱吏复避微文，遂其愚心。至后元年，又下诏曰："狱，重事也。人有愚智，官有上下。狱疑者谳，有令谳者已报谳而后不当，谳者不为失。"[2]

（3）特殊主体免除刑具

自此之后，狱刑益详，近于五听三宥之意。三年复下诏曰："高年老长，人所尊敬也；鳏寡不属逮者，人所哀怜也。其著令：年八十以上，八岁以下，及孕者未乳，师、朱儒当鞫系者，颂系之。"[3]

三、《贞观政要》

《贞观政要》是由唐代官吏吴兢所编著的政论性史书。全书除引

---

[1]《汉书·刑法志》，见《汉书》，中华书局 2016 年版，第 1102 页。

[2] 中国政法大学法律古籍整理研究所主编：《中国历代刑法志注释》，吉林人民出版社 1994 年版，第 1106 页。

[3] 中国政法大学法律古籍整理研究所主编：《中国历代刑法志注释》，吉林人民出版社 1994 年版，第 1106 页。

用《太宗实录》内容外，还采用太宗与群臣问答的方式，分类记述了唐贞观年间太宗与魏徵、房玄龄、杜如晦等大臣就君道、政体等问题的探讨，以及大臣的纳谏之言。唐太宗治国时的良法善政和良言警语数记于书中，因此本书被历代君王视为珍宝，奉为治世圭臬。《贞观政要》中有关法与刑的内容主要记述在《论公平》、《论刑法》与《论赦令》三篇之中，文中既谈及儒家治法用刑的原则，亦强调君道与刑平间的关系，将君与民、德与刑纳入因果逻辑中，充分体现了儒家"上无道揆而下无法守"的治道理念。

（一）君道与法刑

唐代继承了汉代大德小刑、先德后刑的儒家法制思想，将"德"解释为君王之德和教化之德，即君王是具有高尚品德的圣人，其继承天命，以其仁德治理天下。圣人以百姓疾苦为怀，用德化为先念，以刑罚为后教，制刑（法）宽省，任用贤吏，用刑平允，而几至刑措，使得天下安定太平。以此为逻辑，一国若刑（法）不平，则实为其君不仁，因此刑平与君德两者具有着密切的因果关系。《贞观政要》在多个篇目中都强调了这一理论，以警醒君王修身养德。

> 贞观初，太宗谓侍臣曰："为君之道，必须先存百姓。若损百姓以奉其身，犹割股以啖腹，腹饱而身毙。若安天下，必须先正其身，未有身正而影曲，上理而下乱者。朕每思伤其身者不在外物，皆由嗜欲以成其祸。若耽嗜滋味，玩悦声色，所欲既多，所损亦大，既妨政事，又扰生人。且复出一非理之言，万姓为之解体，怨讟既作，离叛亦兴。朕每思此，不敢纵逸。"
> 谏议大夫魏徵对曰："古者圣哲之主，皆亦近取诸身，故能远体诸物。昔楚聘詹何，问其理国之要，詹何对以修

身之术。楚王又问理国何如詹？詹何曰：'未闻身理而国乱者。'陛下所明，实同古义。"[1]

贞观十六年，太宗谓侍臣曰："或君乱于上，臣理于下；或臣乱于下，君理于上。二者苟逢，何者为甚？"

特进魏徵对曰："君心理则照见下非。诛一劝百，谁敢不畏威尽力？若昏暴于上，忠谏不从，虽百里奚、伍子胥之在虞、吴，不救其祸，败亡亦继。"

太宗曰："必如此，齐文宣昏暴，杨遵彦以正道扶之得理，何也？"

徵曰："遵彦弥缝暴主，救理苍生，才得免乱，亦甚危苦。与人主严明，臣下畏法，直言正谏，皆见信用，不可同年而语也。"[2]

贞观十一年，特进魏徵上疏曰："臣闻《书》曰：'明德慎罚'，'惟刑恤哉'！《礼》云：'为上易事，为下易知，则刑不烦矣。上人疑则百姓惑，下难知则君长劳矣。'夫上易事，则下易知，君长不劳，百姓不惑。故君有一德，臣无二心，上播忠厚之诚，下竭股肱之力，然后太平之基不坠，'康哉'之咏斯起。当今道被华戎，功高宇宙，无思不服，无远不臻。"[3]

（二）制法的原则

《贞观政要》中记载，唐太宗对刑法务平极为重视，多篇章均有提及。其所谓"平"即法律稳定、宽猛相济，制法框架以宽省为

---

[1]《君道第一》，见《贞观政要》，骈宇骞译注，中华书局 2022 年版，第 2 页。

[2]《政体第二》，见《贞观政要》，骈宇骞译注，中华书局 2022 年版，第 49 页。

[3]《刑法第三十一》，见《贞观政要》，骈宇骞译注，中华书局 2022 年版，第 538 页。

主。即便如此，对违反儒家价值观的犯罪行为，仍需通过重刑来惩处。

1. 法令简约

　　贞观十年，太宗谓侍臣曰："国家法令，惟须简约，不可一罪作数种条。格式既多，官人不能尽记，更生奸诈。若欲出罪即引轻条，若欲入罪即引重条。数变法者，实不益道理，宜令审细，毋使互文。"[1]

2. 法律详审、稳定

　　贞观十一年，太宗谓侍臣曰："诏令格式，若不常定则人心多惑，奸诈益生。《周易》称'涣汗其大号'，言发号施令，若汗出于体，一出而不复也。《书》曰：'慎乃出令，令出惟行，弗为反。'且汉祖日不暇给，萧何起于小吏，制法之后，犹称画一。今宜详思此义，不可轻出诏令，必须审定，以为永式。"[2]

3. 约法省刑：除监临部署连坐之法

　　贞观十四年，戴州刺史贾崇以所部有犯十恶者，被刺史劾奏。太宗谓侍臣曰："昔陶唐大圣，柳下惠大贤，其子丹朱甚不肖，其弟盗跖为巨恶。夫以圣贤之训，父子兄弟之亲，尚不能使陶染变革，去恶从善。今遣刺史，化被下人，咸归善道，岂可得也？若令缘此皆被贬降，或恐递相掩蔽，罪人斯失。诸州有犯十恶者，刺史不须从坐，但令

---

〔1〕《赦令第三十二》，见《贞观政要》，骈宇骞译注，中华书局 2022 年版，第 552 页。

〔2〕《赦令第三十二》，见《贞观政要》，骈宇骞译注，中华书局 2022 年版，第 553 页。

明加纠访科罪，庶可肃清奸恶。"[1]

4. 对以下犯上罪行的严惩

贞观二年，太宗谓侍臣曰："比有奴告主谋逆，此极弊法，特须禁断。假令有谋反者，必不独成，终将与人计之；众计之事，必有他人论之，岂藉奴告也。自今奴告主者，不须受，尽令斩决。"[2]

（三）治刑的规则

太宗在制法原则中强调法律内容应宽简，这一原则在治刑规则中也得到了深刻体现。此处的宽简既包含对用刑平允的要求，即用刑勿要深刻，也包含了用刑需谨慎的考量，因为用刑程度与人的生死密切相关。当然，依法断刑仍是治刑断狱的基础，《贞观政要》多处提及"理国守法"的理念。《公平》则几乎全篇都在阐释这一观点，即用刑不避亲疏贵贱，一断以法等。

1. 用法务在宽简：任用良吏断狱，建九卿议狱制

贞观元年，太宗谓侍臣曰："死者不可再生，用法须务在宽简。古人云，鬻棺者欲岁之疫，非疾于人，利于棺售故耳。今法司核理一狱，必求深劾，欲成其考课。今作何法，得使平允？"

谏议大夫王珪进曰："但选公直良善人，断狱允当者，增秩赐金，即奸伪自息。"诏从之。

---

[1]《刑法第三十一》，见《贞观政要》，骈宇骞译注，中华书局 2022 年版，第 547 页。
[2]《刑法第三十一》，见《贞观政要》，骈宇骞译注，中华书局 2022 年版，第 527 页。

太宗又曰："古者断狱，必讯于三槐、九棘之官，今三公、九卿，即其职也。自今以后，大辟罪皆令中书、门下四品已上及尚书九卿议之，如此，庶免冤滥。"由是至四年，断死刑，天下二十九人，几致刑措。[1]

2. 慎刑之风：设复奏以矜狱

贞观五年，张蕴古为大理丞。相州人李好德素有风疾，言涉妖妄，诏令鞠其狱。

蕴古言："好德癫病有征，法不当坐。"太宗许将宽宥，蕴古密报其旨，仍引与博戏。

持书侍御史权万纪劾奏之，太宗大怒，令斩于东市。既而悔之，谓房玄龄曰："公等食人之禄，须忧人之忧，事无巨细，咸当留意。今不问则不言，见事都不谏诤，何所辅弼？如蕴古身为法官，与囚博戏，漏泄朕言，此亦罪状甚重。若据常律，未至极刑。朕当时盛怒，即令处置，公等竟无一言，所司又不覆奏，遂即决之，岂是道理。"因诏曰："凡有死刑，虽令即决，皆须五覆奏。"五覆奏，自蕴古始也。又曰："守文定罪，或恐有冤。自今以后，门下省覆，有据法令合死而情可矜者，宜录奏闻。"

　　…………

贞观五年，诏曰："在京诸司，比来奏决死囚，虽云三覆，一日即了，都未暇审思，五奏何益？纵有追悔，又无所及。自今后，在京诸司，奏决死囚，宜三日中五覆奏，天下诸州三覆奏。"

又手诏敕曰："比来有司断狱，多据律文，虽情在可矜

---

[1]《刑法第三十一》，见《贞观政要》，骈宇骞译注，中华书局 2022 年版，第 526 页。

而不敢违法，守文定罪，惑恐有冤。自今门下省复，有据法合死而情在可矜者，宜录状奏闻。"[1]

3.理国守法：不别轻疏贵贱，不轻易赦刑

太宗初即位，中书令房玄龄奏言："秦府旧左右未得官者，并怨前宫及齐府左右处分之先己。"

太宗曰："古称至公者，盖谓平恕无私。丹朱、商均，子也，而尧、舜废之；管叔、蔡叔，兄弟也，而周公诛之。故知君人者，以天下为心，无私于物。昔诸葛孔明，小国之相，犹曰'吾心如称，不能为人作轻重'，况我今理大国乎？朕与公等衣食出于百姓，此则人力已奉于上，而上恩未被于下，今所以择贤才者，盖为求安百姓也。用人但问堪否，岂以新故异情？凡一面尚且相亲，况旧人而顿忘也！才若不堪，亦岂以旧人而先用？今不论其能不能，而直言其怨嗟，岂是至公之道耶？"[2]

贞观元年，吏部尚书长孙无忌尝被召，不解佩刀入东上阁门，出阁门后，监门校尉始觉。尚书右仆射封德彝议以监门校尉不觉，罪当死；无忌误带刀入，徒二年，罚铜二十斤。太宗从之。

大理少卿戴胄驳曰："校尉不觉，无忌带刀入内，同为误耳。夫臣子之于尊极，不得称误，准律云：'供御汤药、饮食、舟船，误不如法者，皆死。'陛下若录其功，非宪司所决；若当据法，罚铜未为得理。"太宗曰："法者非朕一人之法，乃天下之法，何得以无忌国之亲戚，便欲

---

[1]《刑法第三十一》，见《贞观政要》，骈宇骞译注，中华书局 2022 年版，第 536 页。

[2]《公平第十六》，见《贞观政要》，骈宇骞译注，中华书局 2022 年版，第 348 页。

挠法耶?"更令定议。德彝执议如初,太宗将从其议,胄又驳奏曰:"校尉缘无忌以致罪,于法当轻,若论其过误,则为情一也,而生死顿殊,敢以固请。"太宗乃免校尉之死。

是时,朝廷大开选举,或有诈伪阶资者,太宗令其自首,不首,罪至于死。俄有诈伪者事泄,胄据法断流以奏之。太宗曰:"朕初下敕,不首者死,今断从法,是示天下以不信矣。"胄曰:"陛下当即杀之,非臣所及,既付所司,臣不敢亏法。"太宗曰:"卿自守法,而令朕失信耶?"胄曰:"法者,国家所以布大信于天下,言者,当时喜怒之所发耳!陛下发一朝之忿而许杀之。既知不可而置之以法,此乃忍小忿而存大信,臣窃为陛下惜之。"

太宗曰:"法有所失,卿能正之,朕复何忧也?"[1]

贞观七年,太宗谓侍臣曰:"天下愚人者多,智人者少。智者不肯为恶,愚人好犯宪章。凡赦宥之恩,惟及不轨之辈。古语云:'小人之幸,君子之不幸。''一岁再赦,善人喑哑。'凡养稂莠者伤禾稼,惠奸宄者贼良人,昔'文王作罚,刑兹无赦'。又蜀先主尝谓诸葛亮曰:'吾周旋陈元方、郑康成之间,每见启告理乱之道备矣,曾不语赦。'故诸葛亮理蜀十年不赦,而蜀大化。梁武帝每年数赦,卒至倾败。夫谋小仁者,大仁之贼,故我有天下已来,绝不放赦。今四海安宁,礼义兴行,非常之恩,弥不可数。将恐愚人常冀侥幸,惟欲犯法,不能改过。"[2]

---

〔1〕《公平第十六》,见《贞观政要》,骈宇骞译注,中华书局 2022 年版,第 351 页。

〔2〕《赦令第三十二》,见《贞观政要》,骈宇骞译注,中华书局 2022 年版,第 551 页。

四、《朱子语类》《晦庵先生朱文公文集》《论语集注》

朱熹为南宋时期思想家，宋明理学的代表人物之一。他立足于儒学，在儒家伦理与政治思想的基础上，批判性地继承老子及佛教思想，构建出一个以"理"为核心的思想体系。[1]在朱熹的理学思想中，"理"作为一个宇宙间最高的真理准则，其范畴包含了"德""礼""政""刑"四个方面，四者相互为用、不可偏废。同时，在"存天理，灭人欲"的人性论下，朱熹认为约法省刑并不适用于治国的整个阶段，"以严为本，而以宽济之"的治法策略才更为恰当。朱熹认为，"用刑执中"、"慎刑"及"恤刑"的思想是"严"的体现和要求，"三纲五常"则是"严"的标准。

（一）法刑的起源：理与气

理与气是朱熹理学中的一对基本哲学概念，理是永恒不变的，是创造并主宰宇宙与人类社会的最高的本体，是宇宙之准则，其既包含"三纲五常"，也包含"仁义礼智信"。而气则是外在形式的表现和构成万物的具体材料。万物皆由理、气产生，人也不例外。由于人在"气质之性"上有清浊厚薄之分，故"理同而气异"，人性之间存在差异。其中，含有恶的"气"为"人欲"，要求得真理，必须"存天理，灭人欲"，也就是说，依据人们禀赋之异，分别施以德、礼、政、刑四术，以铲除"人欲"。因此，理、气所施就成为法、刑产生的缘由。

1. 理的概念

> 理也者，形而上之道也，生物之本也。[2]

---

〔1〕 参见陈金全：《朱熹法律思想简析》，载《现代法学》1987 年第 3 期。

〔2〕 〔宋〕朱熹：《朱子全书》（第 23 册），上海古籍出版社、安徽教育出版社 2002 年版，第 2755 页。

宇宙之间，一理而已，天得之而为天，地得之而为地，而凡生于天地之间者，又各得之以为性。其张之为三纲，其纪之为五常，盖昔此理之流行，无所适而不在。[1]

以天道言之为元亨利贞，以四时言之为春夏秋冬，以人道言之为仁义礼智，以气候言之为温凉燥湿，以四方言之为东西南北。[2]

2. 理与气的关系

天地之间，有理有气。理也者，形而上之道也，生物之本也；气也者，形而下之器也，生物之具也。是以人物之生，必禀此理然后有性，必禀此气然后有形。[3]

人之所以生，理与气合而已。[4]

然就人之所禀而言，又有昏明清浊之异。故上知生知之资，是气清明纯粹，而无一毫昏浊，所以生知安行，不待学而能，如尧舜是也。其次则亚于生知，必学而后知，必行而后至。又其次者，资禀既偏，又有所蔽，须是痛加工夫……人之所以有善有不善，只缘气质之禀各有清浊。……然而有生下来善底，有生下来便恶底，此是气禀

[1] 〔宋〕朱熹：《朱子全书》（第23册），上海古籍出版社、安徽教育出版社2002年版，第3376页。

[2] 〔宋〕朱熹：《朱子全书》（第16册），上海古籍出版社、安徽教育出版社2002年版，第2264页。

[3] 〔宋〕朱熹：《朱子全书》（第16册），上海古籍出版社、安徽教育出版社2002年版，第2755页。

[4] 〔宋〕朱熹：《朱子全书》（第14册），上海古籍出版社、安徽教育出版社2002年版，第194页。

不同。且如天地之运，万端而无穷，其可见者，日月清明
气候和正之时，人生而禀此气，则为清明浑厚之气，须做
个好人；若是日月昏暗，寒暑反常，皆是天地之戾气，人
若禀此气，则为不好底人……如气禀偏于刚，则一向刚暴；
偏于柔，则一向柔弱之类。人一向推托道气禀不好，不向
前，又不得；一向不察气禀之害，只昏昏地去，又不得。
须知气禀之害，要力去用功克治。[1]

3. 天理与人欲

人之一心，天理存，则人欲亡；人欲胜，则天理灭，
未有天理人欲来杂者。学者须要于此体认省察之。[2]

圣人千言万语，只是教人明天理，灭人欲。[3]

（二）"理"范畴下的德礼政刑

朱子认为，"政"是指法制禁令，也就是"法"，"刑"是指刑
罚措施。"政""法"是治国的方式，而刑则是用来辅助法律的实施
工具，因此无刑则无法。两者在适用上则是先教民以法，民不从时，
再用之以刑。而"德"是指内心的道德品质和自我修养，"礼"则是
外在的社会道德观念和伦理教化方式，其中"三纲五常"为礼之大
体。两者内外相辅，德是礼的内容，而礼是德的外化体现。在治国

〔1〕〔宋〕朱熹：《朱子全书》（第 14 册），上海古籍出版社、安徽教育出版社 2002 年版，
第 194 页。
〔2〕〔宋〕朱熹：《朱子全书》（第 14 册），上海古籍出版社、安徽教育出版社 2002 年版，
第 388 页。
〔3〕〔宋〕朱熹：《朱子全书》（第 14 册），上海古籍出版社、安徽教育出版社 2002 年版，
第 367 页。

的方略上，"德礼政刑"四者相为终始，不可偏废。而其中德礼为治之本，政刑则为政之末。

1. 政（法）、刑的内涵与关联

（1）政（法）、刑的内涵

　　政，谓法制禁令也。[1]

　　愚谓政者为治之具，刑者辅治之法。[2]

　　政者，法度也。法度非刑不立，故欲以政道民者，必以刑齐民。[3]

（2）政（法）、刑的关联

　　号令既明，刑罚亦不可弛。苟不用刑罚，则号令徒挂墙壁尔。[4]

　　道之而不从者，有刑以一之也。[5]

　　先之以法制禁令，是合下有猜疑关防之意，故民不从。又却"齐之以刑"。[6]

---

[1]〔宋〕朱熹：《朱子全书》（第 6 册），上海古籍出版社、安徽教育出版社 2002 年版，第 75 页。

[2]〔宋〕朱熹：《朱子全书》（第 6 册），上海古籍出版社、安徽教育出版社 2002 年版，第 75 页。

[3]〔宋〕朱熹：《朱子全书》（第 22 册），上海古籍出版社、安徽教育出版社 2002 年版，第 1865 页。

[4]〔宋〕朱熹：《朱子全书》（第 17 册），上海古籍出版社、安徽教育出版社 2002 年版，第 3524 页。

[5]〔宋〕朱熹：《朱子全书》（第 6 册），上海古籍出版社、安徽教育出版社 2002 年版，第 75 页。

[6]〔宋〕朱熹：《朱子全书》（第 6 册），上海古籍出版社、安徽教育出版社 2002 年版，第 806 页。

2.德礼的内涵与关联

（1）德、礼的内涵

（德）字从（心）者，以其得之于心也。如为孝，是心中得这个孝；为仁，是心中得这个仁。若只是外面凭地，中心不如此，便不是德。[1]

礼谓制度品节也。[2]

三纲五常，礼之大体，三代相继，皆因之而不能变。[3]

（2）德、礼的关联

德礼则所以出治之本，而德又礼之本也。[4]

德者，义理也。义理非礼不行，故欲以德道民者，必以礼齐民。[5]

言躬行以率之，则民固有所观威而兴起矣，而其浅深厚薄之不一者，又有礼以一之，则民耻于不善，而又有以至于善也。[6]

---

〔1〕〔宋〕朱熹：《朱子全书》（第14册），上海古籍出版社、安徽教育出版社2002年版，第788页。

〔2〕〔宋〕朱熹：《朱子全书》（第6册），上海古籍出版社、安徽教育出版社2002年版，第75页。

〔3〕〔宋〕朱熹：《朱子全书》（第6册），上海古籍出版社、安徽教育出版社2002年版，第81页。

〔4〕〔宋〕朱熹：《朱子全书》（第6册），上海古籍出版社、安徽教育出版社2002年版，第75页。

〔5〕〔宋〕朱熹：《朱子全书》（第22册），上海古籍出版社、安徽教育出版社2002年版，第1865页。

〔6〕〔宋〕朱熹：《朱子全书》（第6册），上海古籍出版社、安徽教育出版社2002年版，第75页。

3.德礼、政刑间的关系

　　愚谓政者为治之具，刑者辅治之法，德、礼则所以出治之本，而德又礼之本也。此其相为终始，虽不可以偏废，然政、刑能使民远罪而已，德、礼之效，则有以使民日迁善而不自知。故治民者不可徒恃其末，又当深探其本也。[1]

　　若夫道德性命之与刑名度数，则其精粗本末虽若有间，然其相为表里如影随形，则又不可得而分别也。[2]

（三）"存理灭欲"愿景下的政刑思想：明刑以弼教

　　朱子提出的"德礼为治本""法刑为治末"的观念是对四者顺位的区分。就其内容来说，四者相为表里。德礼是政刑的标准，政刑是德礼的保障。然而从"灭人欲"的角度出发，因德礼以教化为主要方式，在性质上天然缺乏强制性，相比较而言，政刑在实施效果上更为显著。基于此，朱子在继承儒家德刑并用思想的基础之上，提出了"明刑弼教"的思想，为其"以严为本"的观念提供了依据，更是为明清两朝的重典重刑提供了理论上的支持。

　　若夫道德性命之与刑名度数，则其精粗本末，虽若有间，然其相为表里，如影随形，则又不可得而分别也。

　　问：道之以德，齐之以礼。曰：这"德"字只是适

---

〔1〕〔宋〕朱熹：《朱子全书》（第6册），上海古籍出版社、安徽教育出版社2002年版，第75页。

〔2〕〔宋〕朱熹：《朱子全书》（第23册），上海古籍出版社、安徽教育出版社2002年版，第3382页。

来说底"德"，以身率人。人之气质有浅深厚薄之不同，故感者不能齐一，必有礼以齐之……齐之不从，则刑不可废。[1]

盖三纲五常、天理民彝之大节，而治道之本根也。故圣人之治，为之教以明之，为之刑以弼之。[2]

明刑以弼五教，而期于无刑焉。[3]

（四）以严为本，而以宽济之

朱熹认为，古时"为政以宽"是在"以爱人为本"基础上提出的。而如今"宽"的含义已与古时不同，今日如仍适用"宽"，只会放纵奸邪。因此，若要达"爱人"的本义，则应"以严为本"。在"政"的实施上，古宽今严，看似相反，但其目的却是一致的。朱熹所谓的"严"主要体现在：第一，应严格以"三纲五常"这一"大伦大经"为正刑定罪的标准；其次，今时之"严"应与古时"宽纵"相对，所以强调执法需严明执中，不可随意恤刑（限制赎刑），亦不可滥刑，审判时遵守重罪重刑（重罪用肉刑）、轻罪轻刑的原则，以求罚当其罪。当严明执中的法刑观被适用，奸民顽吏不可徇私后，再实施宽法，才能体现"以宽为本"的最终目的。

---

[1]〔宋〕朱熹：《朱子全书》（第14册），上海古籍出版社、安徽教育出版社2002年版，第805页。

[2]〔宋〕朱熹：《朱子全书》（第20册），上海古籍出版社、安徽教育出版社2002年版，第656页。

[3]〔宋〕朱熹：《朱子全书》（第20册），上海古籍出版社、安徽教育出版社2002年版，第656页。

1. 严刑的理由：宽易姑息纵奸

　　或问："为政者当以宽为本，而以严济之？"曰："某谓当以严为本，而以宽济之。《曲礼》谓'莅官行法，非礼威严不行。'须是令行禁止。若曰令不行、禁不止，而以是为宽，非也。"[1]

　　今人说轻刑者，只见所犯之人为可悯，而不知被伤之人尤可念也。如劫盗杀人者，人多为之求生，殊不念死者之为无辜，是知为盗贼计而不为良民地也。[2]

　　为政以宽为本者，谓其大体规模意思当如此耳。古人察理精密，持身整肃，无偷惰戏豫之时，故其政不待作威而自严，但其意则以爱人为本耳。及其施之于政事，便须有纲纪文章、关防禁约，截然而不可犯。然后吾之所谓宽者得以随事及人，而无颓弊不举之处；人之蒙惠于我者亦得以通达明白，实受其赐，而无间隔欺蔽之患。圣人说政以宽为本，而今反欲其严，正如古乐以和为主，而周子反欲其淡。盖今之所谓宽者，乃纵弛；所谓和者，乃哇淫，非古之所谓宽与和者，故必以是矫之，乃得其平耳。如其不然，则虽有爱人之心，而事无统纪，缓急先后、可否与夺之权皆不在己，于是奸豪得志而善良之民反不被其泽矣。此事利害只在目前，不必引书传、考古今然后知也。但为政必有规矩，使奸民猾吏不得行其私，然后刑罚可省、赋敛可薄。所谓以宽为本，体

---

〔1〕〔宋〕朱熹：《朱子全书》（第 17 册），上海古籍出版社、安徽教育出版社 2002 年版，第 3524 页。

〔2〕〔宋〕朱熹：《朱子全书》（第 18 册），上海古籍出版社、安徽教育出版社 2002 年版，第 3553 页。

仁长人,孰有大于此者乎?[1]

古人为政,一本于宽,今必须反之以严。盖必如是矫之,而后有以得其当。[2]

2. 严治的标准:三纲五常

凡听五刑之讼,必原父子之亲,立君臣之义以权之。盖必如此,然后轻重之序可得而论,浅深之量可得而测。[3]

凡有狱讼,必先论其尊卑上下、长幼亲疏之分,而后听其曲直之辞。凡以下犯上、以卑凌尊者,虽直不右,其从直者,罪加凡人之坐。[4]

臣伏见近年以来,或以妻杀夫,或以族子杀族父,或以地客杀地主,而有司议刑,率从流宥之法。夫杀人者不死,伤人者不刑,虽二帝三王不能以此为治于天下,而况于其系于父子之亲、君臣之义、三纲之重,又非凡人之比者乎?[5]

---

〔1〕〔宋〕朱熹:《朱子全书》(第22册),上海古籍出版社、安徽教育出版社2002年版,第2100页。

〔2〕〔宋〕朱熹:《朱子全书》(第17册),上海古籍出版社、安徽教育出版社2002年版,第3524页。

〔3〕〔宋〕朱熹:《朱子全书》(第20册),上海古籍出版社、安徽教育出版社2002年版,第656页。

〔4〕〔宋〕朱熹:《朱子全书》(第20册),上海古籍出版社、安徽教育出版社2002年版,第657页。

〔5〕〔宋〕朱熹:《朱子全书》(第20册),上海古籍出版社、安徽教育出版社2002年版,第657页。

圣人顾事有不能必得如其志者，则轻重缓末之间于是乎有权矣。故缘人之情以制法，使人人得以企而八议之说生焉。然其所谓权者，是亦不离乎亲亲贵贵之大经，而未始出于天理人心之外也。[1]

3. 严本的核心：非擅恤刑，非擅滥刑，罚当其罪

今徒流之法既不足以止穿窬淫放之奸，而其过于重者则又有不当死而死，如强暴赃满之类者。苟采陈群之议，一以宫、荆之辟当之，则虽残其支体，而实全其躯命，且绝其为乱之本，而使后无从肆焉。[2]

罪之极轻，虽入于鞭扑之刑，而情法犹有可议者也。[3]

天下事最大而不可轻者，无过于兵刑。临陈时，是胡乱错杀了几人。所以老子云："夫佳兵者不祥之器，圣人不得已而用之。"狱讼，面前分晓事易看，其情伪难通。或旁无佐证，各执两说，系人性命处须吃紧思量，犹恐有误也。[4]

所谓钦恤者，欲其详审曲直，令有罪者不得免，而无罪者不得滥刑也。今之法官惑于钦恤之说，以为当宽人之罪而

〔1〕〔宋〕朱熹：《朱子全书》（第 21 册），上海古籍出版社、安徽教育出版社 2002 年版，第 1815 页。

〔2〕〔宋〕朱熹：《朱子全书》（第 21 册），上海古籍出版社、安徽教育出版社 2002 年版，第 1629 页。

〔3〕〔宋〕朱熹：《朱子全书》（第 21 册），上海古籍出版社、安徽教育出版社 2002 年版，第 1628 页。

〔4〕〔宋〕朱熹：《朱子全书》（第 18 册），上海古籍出版社、安徽教育出版社 2002 年版，第 3553 页。

出其死；故凡罪之当杀者必多为可出之涂，以俟奏裁，则率
多减等：当斩者配，当配者徒，当徒者杖，当杖者笞。是乃
卖弄条贯，舞法而受赇者耳，何钦恤之有？罪之疑者从轻，
功之疑者从重，所谓疑者，非法令之所能决，则罪从轻而功
从重，惟此一条为然耳。非谓凡罪皆可以从轻，而凡功皆可
以从重也。今之律令亦有此条，谓法所不能决者，则俟奏
裁。今乃明知其罪之当死，亦莫不为可生之涂以上之。惟寿
皇不然，其情理重者皆杀之。[1]

李公晦问："'恕'字，前辈多作爱人意思说，如
何？"曰："毕竟爱人意思多。"因云："人命至重，官司何
故斩之于市？盖为此人曾杀那人，不斩他，则那人之冤无
以伸，这爱心便归在被杀者一边了。然古人'罪疑惟轻'，
'与其杀不辜，宁失不经'，虽爱心只在被杀者一边，却又
溢出这一边些子。"[2]

4. 政的顺序：以严为先，以宽济后

此事利害只在目前，不必引书传、考古今然后知也。
但为政必有规矩，使奸民猾吏不得行其私，然后刑罚可
省、赋敛可薄。所谓以宽为本，体仁长人，孰有大于此
者乎？[3]

---

〔1〕〔宋〕朱熹：《朱子全书》（第18册），上海古籍出版社、安徽教育出版社2002年版，
　　第3553页。

〔2〕〔宋〕朱熹：《朱子全书》（第18册），上海古籍出版社、安徽教育出版社2002年版，
　　第3554页。

〔3〕〔宋〕朱熹：《朱子全书》（第22册），上海古籍出版社、安徽教育出版社2002年版，
　　第2100页。

五、《清史稿》

　　《清史稿》为民国初年清史馆所修撰史书，其《刑法志》记载了从清初到光绪末年，历代法律的制定、施行等情况。本节内容对近代法制变革简略引证，而以《刑法志》中有关清初、中期史实作为主要研究对象。

（一）法刑理论的前提

1. 劳民生政，匡民生刑

　　中国自书契以来，以礼教治天下。劳之来之而政出焉，匡之直之而刑生焉。[1]

2. 德刑并用，明刑弼教

　　政也，刑也，凡皆以维持礼教于勿替。故尚书曰："明于五刑，以弼五教。"又曰："士制百姓于刑之中，以教祗德。"古先哲王，其制刑之精义如此。周衰礼废，典籍散失。魏李悝著法经六篇，流衍至于汉初，萧何加为九章，历代颇有增损分合。至唐永徽律出，始集其成。虽沿宋迄元、明而面目一变，然科条所布，于扶翼世教之意，未尝不兢兢焉。[2]

　　且夫国之有刑，所以弼教。一国之民有不遵礼教者，以刑齐之。所谓礼防未然，刑禁已然，相辅而行，不可缺一者也。[3]

---

〔1〕《清史稿》，中华书局 1977 年版，第 4181 页。
〔2〕《清史稿》，中华书局 1977 年版，第 4181 页。
〔3〕《清史稿》，中华书局 1977 年版，第 4191 页。

3. 观教化以知盛衰

君子上下数千年间，观其教化之昏明，与夫刑罚之中不中，而盛衰治乱之故，綦可睹矣。[1]

（二）治法之道

1. 法的功能

（1）禁悖乱，戢盗贼

清太祖嗣服之初，始定国政，禁悖乱，戢盗贼，法制以立。[2]

（2）奸慝不形，风俗移易

八月，刑科给事中孙襄陈刑法四事，一曰定刑书："刑之有律，犹物之有规矩准绳也。今法司所遵及故明律令，科条繁简，情法轻重，当稽往宪，合时宜，斟酌损益，刊定成书，布告中外，俾知画一遵守，庶奸慝不形，风俗移易。"[3]

雍正十三年，世宗遗诏有曰："国家刑罚禁令之设，所以诘奸除暴，惩贪黜邪，以端风俗，以肃官方者也。然宽严之用，又必因乎其时。从前朕见人情浅薄，官吏营私，相习成风，罔知省改，不得不惩治整理，以戒将来。今人心共知警惕矣，凡各衙门条例，有前严而改宽者，此乃从

---

[1]《清史稿》，中华书局 1977 年版，第 4181 页。
[2]《清史稿》，中华书局 1977 年版，第 4182 页。
[3]《清史稿》，中华书局 1977 年版，第 4182 页。

前部臣定议未协，朕与廷臣悉心酌核而后更定，自可垂诸永久。若前宽而改严者，此乃整饬人心风俗之计，原欲暂行于一时，俟诸弊革除，仍可酌复旧章，此朕本意也。[1]

（3）治情伪，平轻重出入

二年五月，大清律成，世祖御制序文曰："朕惟太祖、太宗创业东方，民淳法简，大辟之外，惟有鞭笞。朕仰荷天休，抚临中夏，人民既众，情伪多端。每遇奏谳，轻重出入，颇烦拟议。律例未定，有司无所禀承。爰敕法司官广集廷议，详译明律，参以国制，增损剂量，期于平允。书成奏进，朕再三覆阅，仍命内院诸臣校订妥确，乃允刊布，名曰大清律集解附例。尔内外有司官吏，敬此成宪，勿得任意低昂，务使百官万民，畏名义而重犯法，冀几刑措之风，以昭我祖宗好生之德。子孙臣民，其世世守之。"十三年，复颁满文大清律。[2]

（4）重犯法而冀刑措

内外有司官吏，敬此成宪，勿得任意低昂，务使百官万民，畏名义而重犯法，冀几刑措之风，以昭我祖宗好生之德。子孙臣民，其世世守之。[3]

2. 治法的原则

（1）参酌时宜，参稽满汉

太宗继武，于天聪七年，遣国舅阿什达尔汉等往

〔1〕《清史稿》，中华书局1977年版，第4186、第4187页。
〔2〕《清史稿》，中华书局1977年版，第4183页。
〔3〕《清史稿》，中华书局1977年版，第4183页。

外藩蒙古诸国宣布钦定法令，时所谓"盛京定例"是也。嗣复陆续著有治罪条文，然皆因时立制，不尽垂诸久远。[1]

世祖顺治元年，摄政睿亲王入关定乱，六月，即令问刑衙门准依明律治罪。八月，刑科给事中孙襄陈刑法四事，一曰定刑书："刑之有律，犹物之有规矩准绳也。今法司所遵及故明律令，科条繁简，情法轻重，当稽往宪，合时宜，斟酌损益，刊定成书，布告中外，俾知画一遵守，庶奸慝不形，风俗移易。"疏上，摄政王谕令法司会同廷臣详绎明律，参酌时宜，集议允当，以便裁定成书，颁行天下。十月，世祖入京，即皇帝位。刑部左侍郎党崇雅奏，在外官吏，乘兹新制未定，不无凭臆舞文之弊。并乞暂用明律，候国制画一，永垂令甲。得旨："在外仍照明律行，如有恣意轻重等弊，指参重处。"二年，命修律官参稽满、汉条例，分轻重等差，从刑科都给事中李士焜请也。[2]

又国初以来，凡纂修律例，类必钦命二三大臣为总裁，特开专馆。维时各部院则例陆续成书，苟与刑律相涉，馆员俱一一厘正，故鲜乖牾。自乾隆元年，刑部奏准三年修例一次。十一年，内阁等衙门议改五年一修。由是刑部专司其事，不复简派总裁，律例馆亦遂附属于刑曹，与他部往往不相关会。高宗临御六十年，性矜明察，每阅谳牍，必求其情罪曲当，以万变不齐之情，欲御以万变不齐之例。故乾隆一朝纂修八九次，删原例、增例诸名目，而改变旧

［1］《清史稿》，中华书局 1977 年版，第 4182 页。

［2］《清史稿》，中华书局 1977 年版，第 4182、第 4183 页。

例及因案增设者为独多。[1]

嘉庆以降，按期开馆，沿道光、咸丰以迄同治，而条例乃增至一千八百九十有二。盖清代定例，一如宋时之编敕，有例不用律，律既多成虚文，而例遂愈滋繁碎。其间前后抵触，或律外加重，或因例破律，或一事设一例，或一省一地方专一例，甚且因此例而生彼例，不惟与他部则例参差，即一例分载各门者，亦不无歧异。辗转纠纷，易滋高下。雍正十三年，世宗遗诏有曰："国家刑罚禁令之设，所以诘奸除暴，惩贪黜邪，以端风俗，以肃官方者也。然宽严之用，又必因乎其时。从前朕见人情浅薄，官吏营私，相习成风，罔知省改，不得不惩治整理，以戒将来。今人心共知警惕矣，凡各衙门条例，有前严而改宽者，此乃从前部臣定议未协，朕与廷臣悉心酌核而后更定，自可垂诸永久。若前宽而改严者，此乃整饬人心风俗之计，原欲暂行于一时，俟诸弊革除，仍可酌复旧章，此朕本意也。向后遇事斟酌，如有应从旧例者，仍照旧例行。"惜后世议法诸臣，未尽明世轻世重之故，每届修例，第将历奉谕旨及议准臣工条奏节次编入，从未统合全书，逐条厘正。穆宗号称中兴，母后柄政，削平发、捻、回疆之乱，百端待理，尚于同治九年纂修一次。德宗幼冲继统，未遑兴作。兼之时势多故，章程丛积，刑部既惮其繁猥，不敢议修，群臣亦未有言及者，因循久之。[2]

（2）制法齐一，律例一贯

康熙九年，圣祖命大学士管理刑部尚书事对喀纳等将

---

〔1〕《清史稿》，中华书局 1977 年版，第 4186 页。

〔2〕《清史稿》，中华书局 1977 年版，第 4186、4187 页。

律文复行校正。十八年，特谕刑部定律之外，所有条例，应去应存，著九卿、詹事、科道会同详加酌定，确议具奏。嗣经九卿等遵旨会同更改条例，别自为书，名为现行则例。二十八年，台臣盛符升以律例须归一贯，乞重加考定，以垂法守。特交九卿议，准将现行则例附入大清律条。随命大学士图纳、张玉书等为总裁。诸臣以律文昉自唐律，辞简义赅，易致舛讹，于每篇正文后增用总注，疏解律义。次第酌定名例四十六条，三十四年，先行缮呈。三十六年，发回刑部，命将奏闻后更改之处补入。至四十六年六月，辑进四十二本，留览未发。[1]

　　雍正元年，巡视东城御史汤之旭奏："律例最关紧要，今六部见行则例，或有从重改轻，从轻拟重，有先行而今停，事同而法异者，未经画一。乞简谙练律例大臣，专掌律例馆总裁，将康熙六十一年以前之例并大清会典，逐条互订，庶免参差。"世宗允之，命大学士朱轼等为总裁，谕令于应增应减之处，再行详加分晰，作速修完。三年书成，五年颁布。盖明律以名例居首，其次则分隶于六部，合计三十门，都凡四百六十条。顺治初，厘定律书，将公式门之信牌移入职制，漏泄军情移入军政，于公式门删漏用钞印，于仓库门删钞法，于诈伪门删伪造宝钞。后又于名例增入边远充军一条。雍正三年之律，其删除者：名例律之吏卒犯死罪、杀害军人、在京犯罪军民共三条，职制门选用军职、官吏给由二条，婚姻门之蒙古、色目人婚姻一条，宫卫门之悬带关防牌面一条。其并入者：名例之边远充军并于充军地方，公式门之毁弃制书印信并二条为一，课程

〔1〕《清史稿》，中华书局 1977 年版，第 4183 页。

门之盐法并十二条为一，宫卫门之冲突仪仗并三条为一，邮驿门之递送公文并三条为一。其改易者：名例之军官军人免发遣更为犯罪免发遣，军官有犯更为军籍有犯；仪制门之收藏禁书及私习天文生节为收藏禁书。其增入者：名例之天文生有犯充军地方二条。总计名例律四十六条。吏律：曰职制十四条，曰公式十四条。户律：曰户役十五条，曰田宅十一条，曰婚姻十七条，曰仓库二十三条，曰课程八条，曰市廛五条。礼律：曰祭祀六条，曰仪制二十条。兵律：曰宫卫十六条，曰军政二十一条，曰关津七条，曰厩牧十一条，曰邮驿十六条。刑律：曰贼盗二十八条，曰人命二十条，曰斗殴二十二条，曰骂詈八条，曰诉讼十二条，曰受赃十一条，曰诈伪十一条，曰犯奸十条，曰杂犯十一条，曰捕亡八条，曰断狱二十九条。工律：曰营造九条，曰河防四条。盖仍明律三十门，而总为四百三十六条。律首六赃图、五刑图、狱具图、丧服图，大都沿明之旧。纳赎诸例图、徒限内老疾收赎图、诬轻为重收赎图，银数皆从现制。其律文及律注，颇有增损改易。律后总注，则康熙年间所创造。律末并附比引律三十条。此其大较也。自时厥后，虽屡经纂修，然仅续增附律之条例，而律文未之或改。惟乾隆五年，馆修奏准芟除总注，并补入过失杀伤收赎一图而已。[1]

（3）辞简易致舛讹，疏解以明律意

二十八年，台臣盛符升以律例须归一贯，乞重加考定，以垂法守。特交九卿议，准将现行则例附入大清律条。随命大学士图纳、张玉书等为总裁。诸臣以律文昉自唐律，

---

〔1〕《清史稿》，中华书局 1977 年版，第 4184、第 4185 页。

辞简义赅，易致舛讹，于每篇正文后增用总注，疏解律义。次第酌定名例四十六条，三十四年，先行缮呈。三十六年，发回刑部，命将奏闻后更改之处补入。至四十六年六月，辑进四十二本，留览未发。[1]

（4）矫正前失，情罪曲当

例文自康熙初年仅存三百二十一条，末年增一百一十五条。雍正三年，分别订定，曰原例，累朝旧例凡三百二十一条；曰增例，康熙间现行例凡二百九十条；曰钦定例，上谕及臣工条奏凡二百有四条，总计八百十有五条。其立法之善者，如犯罪存留养亲，推及孀妇独子；若殴兄致死，并得准其承祀，恤孤嫠且教孝也。犯死罪非常赦所不原，察有祖父子孙阵亡，准其优免一次，劝忠也。枉法赃有禄人八十两，无禄人及不枉法赃有禄人一百二十两，俱实绞，严贪墨之诛也。衙蠹索诈，验赃加等治罪，惩胥役所以保良懦也。强盗分别法无可贷、情有可原，歼渠魁、赦胁从之义也。复仇以国法得伸与否为断，杜凶残之路也。凡此诸端，或隐合古义，或矫正前失，皆良法也。而要皆定制于康、雍时。[2]

高宗临御六十年，性矜明察，每阅谳牍，必求其情罪曲当，以万变不齐之情，欲御以万变不齐之例。故乾隆一朝纂修八九次，删原例、增例诸名目，而改变旧例及因案增设者为独多。[3]

---

[1]《清史稿》，中华书局 1977 年版，第 4183 页。
[2]《清史稿》，中华书局 1977 年版，第 4185、第 4186 页。
[3]《清史稿》，中华书局 1977 年版，第 4186 页。

（5）宽严相济

雍正十三年，世宗遗诏有曰："国家刑罚禁令之设，所以诘奸除暴，惩贪黜邪，以端风俗，以肃官方者也。然宽严之用，又必因乎其时。从前朕见人情浅薄，官吏营私，相习成风，罔知省改，不得不惩治整理，以戒将来。今人心共知警惕矣，凡各衙门条例，有前严而改宽者，此乃从前部臣定议未协，朕与廷臣悉心酌核而后更定，自可垂诸永久。若前宽而改严者，此乃整饬人心风俗之计，原欲暂行于一时，俟诸弊革除，仍可酌复旧章，此朕本意也。向后遇事斟酌，如有应从旧例者，仍照旧例行。"[1]

赦典有恩赦、恩旨之别。历朝登极、升祔、册立皇后、皇上五旬以上万寿、皇太后六旬以上万寿及武功克捷之类，例有恩赦。其诏书内开：一、官吏军民人等有犯，除谋反、大逆、子孙谋杀祖父母父母、内乱、妻妾杀夫、奴婢杀家长、杀一家非死罪三人、采生折割人、谋杀故杀真正人命、蛊毒魇魅毒药杀人、强盗、妖言、十恶等真正死罪不赦外，军务获罪、隐匿逃人及侵贪入己亦不赦外，其余已发觉未发觉、已结未结者，咸赦除之。若寻常万寿及喜庆等事，则传旨行赦。恩赦死罪以下俱免，恩旨则死罪已下递减。诏书既颁，刑部检查成案，分别准免不准免，开单奏定，名为恩赦条款。恩旨则分别准减不准减，名为减等条款。部设减等处，专司核驳。其巡幸所经，赦及一方，及水旱兵灾、清理庶狱者，则视诏旨从事焉。明制，徒、流已至配，不复援赦。清自康熙九年准在配徒犯会赦放免。乾隆二年恩诏，军、流在配三年，安静悔过，情原回籍，

---

[1]《清史稿》，中华书局 1977 年版，第 4186、第 4187 页。

查明准释。迫嘉庆二十五年，始将到配未及三年人犯一体查办，尤为旷典。昔人有言："赦者小人之幸，君子之不幸。"意第谓赦恩之不可滥耳。若夫非常庆典，特颁汗号，使之荡涤瑕秽，洒然自新，未始非仁政之一端。有清一代，赦典屡颁，然条款颇严，毋虞滥及。且行庆施惠，王者驭世之大权，非苟然也。故光绪三十四年宣统登极，犹循例大赦云。[1]

（6）专司修律

又国初以来，凡纂修律例，类必钦命二三大臣为总裁，特开专馆。维时各部院则例陆续成书，苟与刑律相涉，馆员俱一一厘正，故鲜乖牾。自乾隆元年，刑部奏准三年修例一次。十一年，内阁等衙门议改五年一修。由是刑部专司其事，不复简派总裁，律例馆亦遂附属于刑曹，与他部往往不相关会。高宗临御六十年，性矜明察，每阅谳牍，必求其情罪曲当，以万变不齐之情，欲御以万变不齐之例。故乾隆一朝纂修八九次，删原例、增例诸名目，而改变旧例及因案增设者为独多。[2]

（7）参酌中西，变法修律

逮光绪二十六年，联军入京，两宫西狩。忧时之士，咸谓非取法欧、美，不足以图强。于是条陈时事者，颇稍稍议及刑律。二十八年，直隶总督袁世凯、两江总督刘坤一、湖广总督张之洞，会保刑部左侍郎沈家本、出使美国大臣伍廷芳修订法律，兼取中西。旨如所请，并谕将一切

〔1〕《清史稿》，中华书局 1977 年版，第 4218 页。
〔2〕《清史稿》，中华书局 1977 年版，第 4186 页。

现行律例，按照通商交涉情形，参酌各国法律，妥为拟议，务期中外通行，有裨治理。自此而议律者，乃群措意于领事裁判权。[1]

是年刑部亦奏请开馆修例。三十一年，先将例内今昔情形不同，及例文无关引用，或两例重复，或旧例停止者，奏准删除三百四十四条。三十三年，更命侍郎俞廉三与沈家本俱充修订法律大臣。沈家本等乃征集馆员，分科纂辑，并延聘东西各国之博士律师，藉备顾问。其前数年编纂未竣之旧律，亦特设编案处，归并分修。十二月，遵旨议定满、汉通行刑律，又删并旧例四十九条。宣统元年，全书纂成缮进，谕交宪政编查馆核议。二年，覆奏订定，名为现行刑律。[2]

（三）司刑的原则

1. 专司审理

遇有恩赦减等时，其惮于远行者，再准收赎。而赎锾则仍视原拟罪名，不得照减等之罪。著为令。嗣后官员赎罪者，俱照运粮事例核夺。刑部别设赎罪处，专司其事。此又律赎、例赎而外，别自为制者矣。[3]

太祖始创八旗，每旗设总管大臣一，佐管大臣二。又置理政听讼大臣五人，号为议政五大臣。扎尔固齐十人，号为理事十大臣。凡听断之事，先经扎尔固齐十人审问，

---

[1]《清史稿》，中华书局 1977 年版，第 4187 页。
[2]《清史稿》，中华书局 1977 年版，第 4187、4188 页。
[3]《清史稿》，中华书局 1977 年版，第 4198 页。

然后言于五臣，五臣再加审问，然后言于诸贝勒。众议既定，犹恐冤抑，亲加鞠问。天命元年，谕贝勒大臣曰："国人有事，当诉于公所，毋得诉于诸臣之家。兹播告国中，自贝勒大臣以下有罪，当静听公断，执拗不服者，加等治罪。凡事俱五日一听断于公所，其私诉于家，不执送而私断者，治罪不贷。"十一年，太宗以议政五大臣、理事十大臣不皆分授，或即以总管、佐管兼之，于是集诸贝勒定议裁撤。每旗由佐管大臣审断词讼，不令出兵驻防。其每旗别设调遣大臣二员，遇有驻防调遣所属词讼，仍令审理。天聪七年，设刑部承政、参政、启心郎等官，听讼始有专责。[1]

若宗室有犯，宗人府会刑部审理。觉罗，刑部会宗人府审理。所犯答、杖、枷号，照例折罚责打；犯徒，宗人府拘禁；军、流、锁禁，俱照旗人折枷日期，满日开释。屡犯军、流，发盛京、吉林、黑龙江等处圈禁；死刑，宗人府进黄册。阉寺犯轻罪，内务府慎刑司讯决，徒以上亦送部。八旗地亩之讼，属诸户部现审处，刑事统归刑部。清初有都统会审之制，有高墙拘禁之条，至乾隆时俱废。旗营驻防省分，额设理事同知。旗人狱讼，同知会同州县审理。热河都统衙门特设理刑司，刑部派员听讼，三年一任。同治三年，以吉林狱讼繁多，诏依热河设立刑司例，令刑部拣派满汉郎中、员外、主事各一员，分别掌印主稿，统归将军管辖。嗣吉林建省裁撤，而热河如故。[2]

蒙古刑狱，内外扎萨克王公、台吉、塔布囊及协理台

---

〔1〕《清史稿》，中华书局 1977 年版，第 4205、第 4206 页。
〔2〕《清史稿》，中华书局 1977 年版，第 4212、第 4213 页。

吉等承审。康熙三十七年，曾遣内地官员教导蒙古王等听断盗案，后不常设。沿边与民人交涉案件，会同地方官审理，死罪由盟长核报理藩院，会同三法司奏当。在京犯斩、绞，刑部审讫，会理藩院法司亦如之。盛京刑部掌谳盛京旗人及边外蒙古之狱。秋审，会同四部侍郎、奉天府尹酌定实、缓汇题，盖皆特别之制。[1]

迨光绪变法，三十二年，改刑部为法部，统一司法行政。改大理寺为大理院，配置总检察厅，专司审判。于是法部不掌现审，各省刑名，画归大理院覆判，并不会都察院，而三法司之制废。题本改为折奏，内阁无所事事。秋、朝审专属法部，其例缓者随案声明，不更加勘，而九卿、科道会审之制废。京师暨各省设高等审检厅，都城省会及商埠各设地方及初级审检厅，改按察使为提法司。三十二年，法部奏定各级厅试办章程。宣统二年，法律馆奏颁法院编制法，由初级起诉之案不服，可控由地方而至高等，由地方起诉之案不服，可控由高等而至大理院，名为四级三审。从前审级、审限、解审、解勘之制，州县行之而不行于法院。审判分民事、刑事。民律艰于成书，所据者第旧律户役、田宅、钱债、婚姻各条，而法未备。司法事务有年度，判断有评议，刑事有检察官莅审，人命由检察官相验，法院行之而不能行于州县。刑诉制度，盖杂糅矣。[2]

2. 公正审断，以防冤抑

太祖始创八旗，每旗设总管大臣一，佐管大臣二。又

---

〔1〕《清史稿》，中华书局1977年版，第4213页。

〔2〕《清史稿》，中华书局1977年版，第4215、4216页。

置理政听讼大臣五人，号为议政五大臣。扎尔固齐十人，号为理事十大臣。凡听断之事，先经扎尔固齐十人审问，然后言于五臣，五臣再加审问，然后言于诸贝勒。众议既定，犹恐冤抑，亲加鞫问。[1]

凡审级，直省以州县正印官为初审。不服，控府、控道、控司、控院，越诉者笞。其有冤抑赴都察院、通政司或步军统领衙门呈诉者，名曰京控。登闻鼓，顺治初立诸都察院。十三年，改设右长安门外。每日科道官一员轮值。后移入通政司，别置鼓厅。其投厅击鼓，或遇乘舆出郊，迎驾申诉者，名曰叩阍。从前有擅入午门、长安门、堂子跪告，及打长安门内、正阳门外石狮鸣冤者，严禁始绝。即迎车驾而冲突仪仗，亦罪至充军。京控及叩阍之案，或发回该省督抚，或奏交刑部提讯。如情罪重大，以及事涉各省大吏，抑经言官、督抚弹劾，往往钦命大臣莅审。发回及驳审之案，责成督抚率同司道亲鞫，不准复发原问官，名为钦部事件。文武官犯罪，题参革职。道府、副将以上，遴委道员审理。同知、游击以下，遴委知府审理。巡按御史，顺治初犹常设。四年，从大理寺卿王永吉奏，差官往直省恤刑，然皆不久停罢。外省刑名，遂总汇于按察使司，而督抚受成焉。京师笞、杖及无关罪名词讼，内城由步军统领，外城由五城巡城御史完结，徒以上送部，重则奏交。如非常大狱，或命王、大臣、大学士、九卿会讯。自顺治迄乾隆间，有御廷亲鞫者。律称八议者犯罪，实封奏闻请旨，不许擅自句问。在京大小官员亦如之。[2]

---

〔1〕《清史稿》，中华书局1977年版，第4205页。
〔2〕《清史稿》，中华书局1977年版，第4211、第4212页。

3. 分司分类审理

世祖入主中夏，仍明旧制，凡诉讼在外由州县层递至于督抚，在内归总于三法司。然明制三法司，刑部受天下刑名，都察院纠察，大理寺驳正。清则外省刑案，统由刑部核覆。不会法者，院寺无由过问，应会法者，亦由刑部主稿。在京讼狱，无论奏咨，俱由刑部审理，而部权特重。刑部初设十四司。雍正元年，添置现审左右二司，审理八旗命盗及各衙门钦发事件。后复改并，定为十八清吏司：曰直隶，曰奉天，曰江苏，曰安徽，曰江西，曰福建，曰浙江，曰湖广，曰山东，曰山西，曰陕西，曰四川，曰广东，曰广西，曰云南，曰贵州。凡各省刑名咨揭到部，各司具稿呈堂，以定准驳。吉林、黑龙江附诸奉天，甘肃、新疆附诸陕西，京曹各署关涉文件，亦分隶于十七司。现审则轮流签分。顺治十年，设督捕衙门，置侍郎满、汉各一员，其属有前司、后司。初隶兵部，专理缉捕逃旗事宜。康熙三十八年裁撤，将前后司改隶刑部。嗣复并为督捕一司，不掌外省刑名，亦不分现审。刑部收受讼案，已结未结，每月汇奏。设督催所，而督以例限。审结寻常徒、流、军、遣等罪，按季汇题。案系奏交，情虽轻，专案奏结。死罪既取供，大理寺委寺丞或评事，都察院委御史，赴本司会审，谓之会小法。狱成呈堂，都察院左都御史或左副都御史，大理寺卿或少卿，挈同属员赴刑部会审，谓之会大法。如有翻异，发司覆审，否则会稿分别题奏。罪干立决，旨下，本司派员监刑。监候则入朝审。各省户、婚、田土及笞、杖轻罪，由州县完结，例称自理。词讼每月设立循环簿，申送督、抚、司、道查考。巡道巡历所至，提簿查核，如有未完，勒限催审。徒以上解府、道、臬司审转，徒罪由督抚汇案咨结。有关人命及流以上，专咨由部汇题。死罪系谋反、大逆、恶逆、不道、劫狱、反狱、戕官，并洋盗、会匪、强盗、拒杀官差，罪干凌迟、斩、枭者，专折具奏，交部速议。杀一家二命之案，交部速题。其余斩、绞，俱专本具题，分送揭帖于法司科道，内阁票拟，交三法司核议。如情罪不符及引律错误者，或驳令覆审，或径行改正，合则如拟核定。议上立决，命下，钉封飞递各州县正印官或佐贰，会同武职行刑。监候则入秋审。[1]

4. 慎死刑，酌情理之平

朝审原于明天顺三年，令每岁霜降后，但有该决重囚，三法司会同公、侯、伯从实审录。秋审亦原于明之奏决单，冬至前会审决之。顺治元年，刑部左侍郎党崇雅奏言："旧制凡刑狱重犯，自大逆、大盗决不待时外，余俱监候处决。在京有热审、朝审之例，每至霜降后方请旨处决。在外直省，亦有三司秋审之例，未尝一丽死刑辄弃于市。望照例区别，以昭钦恤。"此有清言秋、朝审之始。嗣后逐渐举行，而法益加密。初制分情实、缓决、矜、疑，然疑狱不经见。雍正以后，加入留养承祀，区为五类。截止日期，云南、贵州、四川、广东、广西以年前封印日，福建以正月三十日，奉天、吉林、黑龙江、陕西、甘肃、湖北、湖南、浙江、江西、安徽、江苏以月初十日，河南、山东、山西以三月初十日，直隶以三月三十日。然遇情重之案，虽后期有声明赶入秋审者。刑部各司，自岁首将各

---

[1]《清史稿》，中华书局 1977 年版，第 4206、第 4207 页。

省截止期前题准之案，分类编册，发交司员看详。初看蓝笔句改，覆看用紫，轮递至秋审处坐办、律例馆提调，墨书粘签，一一详加斟酌，而后呈堂核阅。朝审本刑部问拟之案，刑部自定实缓。秋审则直省各督抚于应勘时，将人犯提解省城，率同在省司道公同会勘，定拟具题。刑部俟定限五月中旬以前，各省后尾到齐，查阅外勘与部拟不符者，别列一册。始则司议，提调、坐办主之。继则堂议，六堂主之，司议各员与焉。议定，刑部将原案及法司督抚各勘语刊刷招册，送九卿、詹事、科道各一分，八月内定期在金水桥西会同详核。先日朝审，三法司、九卿、詹事、科道入座，刑部将监内应死人犯提至当堂，命吏朗诵罪状及定拟实、缓节略，事毕回禁。次日秋审，凭招册审核，如俱无异议，会同将原拟陆续具题；有异，前期签商。若各执不相下，持异之人奏上，类由刑部回奏听裁。苟攻及原审，则径行扣除再讯。二百余年来，刑部历办秋、朝审，句稽讲贯，备极周密，长官每以此校司员之优劣。究之人命至重，死者不可复生，其所矜慎，尤在实、缓。乾隆以前，各司随意定拟，每不画一。三十二年，始酌定比对条款四十则，刊分各司，并颁诸各省，以为勘拟之准绳。四十九年，复行增辑。嗣刑部侍郎阮葵生别辑秋谳志略，而后规矩略备，中外言秋勘者依之，并比附历年成案，故秋、朝审会议，其持异特奏者，每不胜焉。[1]

秋审本上，入缓决者，得旨后，刑部将戏杀、误杀、擅杀之犯，奏减杖一百，流三千里，窃赃满贯、三犯窃赃至

---

[1]《清史稿》，中华书局 1977 年版，第 4207—4209 页。

五十两以上之犯，奏减云、贵、两广极边、烟瘴充军，其余仍旧监固，俟秋审三次后查办。间有初次入缓，后复改实者，权操自上，非常例也。入可矜者，或减流，或减徒。留养承祀者，将该犯枷号两月，责四十板释放。案系斗杀，追银二十两给死者家属养赡。情实则大别有三，服制、官犯、常犯是也。本下，内阁随命钦天监分期择日。句到，刑部按期进呈黄册。至日，素服御殿，大学士三法司侍，上秉朱笔，或命大学士按单予句。服制册大都杀伤期功尊长之案，既以情轻而改监候，类不句决；情实二次，大学士会同刑部奏请改缓。官犯则情重者，刑部从严声叙，未容幸免；轻则一律免句，十次改缓。常犯之入情实，固罪无可逭者；其或一线可原，刑部粘签声叙，类多邀恩不句，十次亦改缓。向例句决重囚，刑科三覆奏，自乾隆十四年简去二覆，第于句到前五日，覆奏一次。句到时，将原本进呈覆阅，一俟批发，在京例由刑科给事中、刑部侍郎各一人赴西市监视。官犯无论句否，俱绑赴行刑场候决。在外则刑部各司将句单连同榜示钉封送兵部发驿，文到之日行刑。如恭逢庆典或国家有故，则下旨停句。[1]

顺治十三年，谕刑部："朝审秋决，系刑狱重典。朕必详阅招案始末，情形允协，令死者无冤。今煦期伊迩，朝审甫竣，招册繁多，尚未及详细简阅，骤行正法，朕心不忍。今年姑著暂停秋决，昭朕矜恤至意。"自是列朝于秋谳俱勤慎校阅。康熙二十二年，圣祖御懋勤殿，召大学士、学士等入，酌定在京秋审情实重犯。圣祖取罪案逐一亲阅，再三详审，其断无可恕者，始定情实。因谕曰："人

---

〔1〕《清史稿》，中华书局 1977 年版，第 4209 页。

命事关重大，故召尔等共相商酌。情有可原，即开生路。"
雍正十一年，世宗御洞明堂，阅秋审情实招册，谕刑部
曰："诸臣所进招册，俱经细加斟酌，拟定情实。但此内有
一线可生之机，尔等亦当陈奏。在前日定拟情实，自是执
法，在此刻句到商酌，又当原情，断不可因前奏难更，遂
尔隐默也。"高宗尤垂意刑名，秋审册上，每干饬责。乾隆
三十一年，湖南官犯饶佺，以其回护已过予句。迨阅浙省
招册，知府高象震亦以承审回护，原题仅拟军台效力。急
谕湖南巡抚将饶佺暂停处决，令刑部查明两案情节不同，
始行明谕处分。其慎重谳典如此。仁宗亦娴习法律。嘉庆
七年，御史广兴会议秋审，奏请将斗杀拟缓之广东姚得辉
改入情实，援引乾隆十八年"一命必有一抵"之旨。仁宗
谓："一命一抵，原指械斗等案而言，至寻常斗殴，各毙
各命，自当酌情理之平，分别实缓。若拘泥'一命必有
一抵'之语，则是秋谳囚徒，凡杀伤毙命之案，将尽行
问拟情实，可不必有缓决一项。有是理乎？"命仍照原拟
入缓。其剖析法意，致为明允。自后宣宗、文宗遵循前
轨，罕可纪述。穆宗、德宗两经垂帘，每逢句到，命大学
士一人捧单入内阁恭代，后遂沿为故事。而前行之秋审条
款，因光绪季年死刑递有减降，法律馆重加厘定，奏颁内
外焉。[1]

5. 重农务，设停审之制

又有停审之例，每年正月、六月、十月及元旦令节七
日，上元令节三日，端午、中秋、重阳各一日，万寿圣节七

---

[1]《清史稿》，中华书局 1977 年版，第 4209—4211 页。

日，各坛庙祭享、斋戒以及忌辰素服等日，并封印日期，四月初八日，每月初一、初二日，皆不理刑名。然中外问刑衙门，于正月、六月、十月及封印日期、每月初一二等日不尽如例行也。其农忙停审，则自四月初一日至七月三十日，一应户、婚、田土细故，不准受理，刑事不在此限。又有停刑之例，每年正月、六月及冬至以前十日，夏至以前五日，一应立决人犯及秋、朝审处决重囚，皆停止行刑。[1]

6. 重证据，依律刑审

凡检验，以宋宋慈所撰之洗冤录为准，刑部题定验尸图格，颁行各省。人命呈报到官，地方正印官随带刑书、仵作，立即亲往相验。仵作据伤喝报部位之分寸，行凶之器物，伤痕之长短浅深，一一填入尸图。若尸亲控告伤痕互异，许再行覆检，不得违例三检。如自缢、溺水、事主被杀等案，尸属呈请免验者，听。京师内城正身旗人及香山等处各营房命案，由刑部当月司员往验。街道及外城人命，无论旗、民，归五城兵马司指挥相验。检验不以实者有刑。[2]

凡讯囚用杖，每日不得过三十。热审得用掌嘴、跪链等刑，强盗人命酌用夹棍，妇人拶指，通不得过二次。其余一切非刑有禁。断罪必取输服供词，律虽有"众证明白，即同狱成"之文，然非共犯有逃亡，并罪在军、流以下，不轻用也。[3]

凡审限，直省寻常命案限六阅月，盗劫及情重命案、

---

〔1〕《清史稿》，中华书局1977年版，第4211页。
〔2〕《清史稿》，中华书局1977年版，第4213页。
〔3〕《清史稿》，中华书局1977年版，第4213—4214页。

钦部事件并抢夺掘坟一切杂案俱定限四阅月。其限六月者，州县三月解府州，府州一月解司，司一月解督抚，督抚一月咨题。其限四月者，州县两月解府州，府州二十日解司，司二十日解督抚，督抚二十日咨题。如案内正犯及要证未获，或在监患病，准其展限或扣限。若隔属提人及行查者，以人文到日起限。限满不结，督抚咨部，即于限满之日起算，再限二、三、四月，各级分限如前。如仍迟逾，照例参处。按察司自理事件，限一月完结。州县自理事件，限二十日审结。上司批发事件，限一月审报。刑部现审，笞杖限十日，遣、军、流、徒二十日，命盗等案应会三法司者三十日。每月奏报，声明曾否逾限。如有患病及查传等情，亦得依例扣展。速议速题，均限五日覆。死罪会核，自科钞到部之日，立决限七十日，监候限八十日。会同题覆，院寺各分限八日。由咨改题之案，展限十日。系清文加译汉十日或二十日，逾限附参。盗贼逾月不获，捕役汛兵予笞，官罚俸。吏兵两部处分则例，尚有疏防及初、二、三、四参之分。命案凶犯在逃，承缉、接缉亦按限开参。然例虽严，而巧于规避者，盖自若也。[1]

（四）治刑之道

1. 治刑的功能

（1）制刑之中，以教祗德

中国自书契以来，以礼教治天下。劳之来之而政出焉，匡之直之而刑生焉。政也，刑也，凡皆以维持礼教于勿替。

---

〔1〕《清史稿》，中华书局 1977 年版，第 4214 页。

故尚书曰:"明于五刑,以弼五教。"又曰:"士制百姓于刑之中,以教祗德。"古先哲王,其制刑之精义如此。[1]

(2) 防争平乱

枉法赃有禄人八十两,无禄人及不枉法赃有禄人一百二十两,俱实绞,严贪墨之诛也。衙蠹索诈,验赃加等治罪,惩胥役所以保良懦也。强盗分别法无可贷、情有可原,歼渠魁、赦胁从之义也。复仇以国法得伸与否为断,杜凶残之路也。[2]

2. 治刑的原则

(1) 刑有等差,重刑增多

明律渊源唐代,以笞、杖、徒、流、死为五刑。自笞一十至五十,为笞刑五。自杖六十至一百,为杖刑五。徒自杖六十徒一年起,每等加杖十,刑期半年,至杖一百徒三年,为徒五等。流以二千里、二千五百里、三千里为三等,而皆加杖一百。死刑二:曰斩,曰绞。此正刑也。其律例内之杂犯、斩绞、迁徙、充军、枷号、刺字、论赎、凌迟、枭首、戮尸等刑,或取诸前代,或明所自创,要皆非刑之正。清太祖、太宗之治辽东,刑制尚简,重则斩,轻则鞭扑而已。迨世祖入关,沿袭明制,初颁刑律,笞、杖以五折十,注入本刑各条。康熙朝现行则例改为四折除零。雍正三年之律,乃依例各于本律注明板数。徒、流加杖,亦至配所照数折责。盖恐扑责过多,致伤生命,法外

---

〔1〕《清史稿》,中华书局 1977 年版,第 4181 页。

〔2〕《清史稿》,中华书局 1977 年版,第 4185 页。

之仁也。文武官犯笞、杖，则分别公私，代以罚俸、降级、降调，至革职而止。徒者，奴也，盖奴辱之。明发盐场铁冶煎盐炒铁，清则发本省驿递。其无驿县，分拨各衙门充水火夫各项杂役，限满释放。[1]

流犯，初制由各县解交巡抚衙门，按照里数，酌发各处荒芜及濒海州县。嗣以各省分拨失均，不免趋避拣择。乾隆八年，刑部始纂辑三流道里表，将某省某府属流犯，应流二千里者发何省何府属安置，应流二千五百里者发何省何府属安置，应流三千里者发何省何府属安置，按计程途，限定地址，逐省逐府，分别开载。嗣于四十九年及嘉庆六年两次修订。然第于州县之增并，道里之参差，略有修改，而大体不易。律称："犯流妻妾从之，父祖子孙欲随者听。"乾隆二十四年，将金妻之例停止。其军、流、遣犯情原随带家属者，不得官为资送，律成虚设矣。[2]

斩、绞，同是死刑。然自汉以来，有秋后决囚之制。唐律除犯恶逆以上及奴婢、部曲杀主者，从立春至秋分不得奏决死刑。明弘治十年奏定真犯死罪决不待时者，凌迟十二条，斩三十七条，绞十二条；真犯死罪秋后处决者，斩一百条，绞八十六条。顺治初定律，乃于各条内分晰注明，凡律不注监候者，皆立决也；凡例不言立决者，皆监候也。自此京、外死罪多决于秋，朝审遂为一代之大典。杂犯斩、绞准徒五年与杂犯三流总徒四年，大都创自有明。清律于官吏受赃，枉法不枉法，满贯俱改为实绞，余多仍

---

〔1〕《清史稿》，中华书局1977年版，第4193、第4194页。

〔2〕《清史稿》，中华书局1977年版，第4194页。

之。名实混淆，殊形轇轕。[1]

迁徙原于唐之杀人移乡，而定罪则异。律文沿用数条，然皆改为比流减半、徒二年，并不徙诸千里之外。惟条例于土蛮、瑶、僮、苗人仇杀劫掳及改土为流之土司有犯，将家口实行迁徙。然各有定地，亦不限千里也。[2]

明之充军，义主实边，不尽与流刑相比附。清初裁撤边卫，而仍沿充军之名。后遂以附近、近边、边远、极边、烟瘴为五军，且于满流以上，为节级加等之用。附近二千里，近边二千五百里，边远三千里，极边、烟瘴俱四千里。在京兵部定地，在外巡抚定地。雍正三年之律，第于十五布政司应发省分约略编定。乾隆三十七年，兵部根据邦政纪略，辑为五军道里表，凡发配者，视表所列。然名为充军，至配并不入营差操，第于每月朔望检点，实与流犯无异。而满流加附近、近边道里，反由远而近，司谳者每苦其纷歧，而又有发遣名目。初第发尚阳堡、宁古塔，或乌喇地方安插，后并发齐齐哈尔、黑龙江、三姓、喀尔喀、科布多，或各省驻防为奴。乾隆年间，新疆开辟，例又有发往伊犁、乌鲁木齐、巴里坤各回城分别为奴种地者。咸、同之际，新疆道梗，又复改发内地充军。其制屡经变易，然军遣止及其身。苟情节稍轻，尚得更赦放还。以视明之永远军戍，数世后犹句及本籍子孙者，大有间也。若文武职官犯徒以上，轻则军台效力，重则新疆当差。成案相沿，遂为定例。此又军遣中之歧出者焉。[3]

---

[1]《清史稿》，中华书局 1977 年版，第 4195 页。

[2]《清史稿》，中华书局 1977 年版，第 4195 页。

[3]《清史稿》，中华书局 1977 年版，第 4195 页。

　　枷杻，本以羁狱囚。明代问刑条例，于本罪外或加以枷号，示儆辱也。清律犯罪免发遣条："凡旗人犯罪，笞、杖各照数鞭责，军、流、徒免发遣，分别枷号。徒一年者，枷号二十日，每等递加五日。流二千里者，枷号五十日，每等亦递加五日。充军附近者，枷号七十日，近边、沿海、边外者八十日，极边、烟瘴者九十日。"原立法之意，亦以旗人生则入档，壮则充兵，巩卫本根，未便离远，有犯徒、流等罪，直以枷号代刑，强干之义则然。然犯系寡廉鲜耻，则销除旗档，一律实发，不姑息也。若窃盗再犯加枷，初犯再犯计次加枷，犯奸加枷，赌博加枷，逃军逃流加枷，暨一切败检逾闲、不顾行止者酌量加枷，则初无旗、民之别。康熙八年，部议囚禁人犯止用细炼，不用长枷，而枷号遂专为行刑之用。其数初不过一月、二月、三月，后竟有论年或永远枷号者。始制重者七十斤，轻者六十斤。乾隆五年，改定应枷人犯俱重二十五斤，然例尚有用百斤重枷者。嘉庆以降，重枷断用三十五斤，而于四川、陕西、湖北、河南、山东、安徽、广东等省匪徒，又有系带铁杆石礅之例，亦一时创刑也。

　　刺字，古肉刑之一，律第严于贼盗。乃其后条例滋多，刺缘坐，刺凶犯，刺逃军、逃流，刺外遣、改遣、改发。有刺事由者，有刺地方者，并有分刺满、汉文字者。初刺右臂，次刺左臂，次刺右面、左面。大抵律多刺臂，例多刺面。若窃盗责充警迹，二三年无过，或缉获强盗二名以上、窃盗三名以上，例又准其起除刺字，复为良民。盖恶恶虽严，而亦未尝不予以自新之路焉。[1]

〔1〕《清史稿》，中华书局 1977 年版，第 4196、第 4197 页。

赎刑有三：一曰纳赎，无力照律决配，有力照例纳赎。二曰收赎，老幼废疾、天文生及妇人折杖，照律收赎。三曰赎罪，官员正妻及例难的决，并妇人有力者，照例赎罪。收赎名曰律赎，原本唐律收赎。赎罪名为例赎，则明代所创行。顺治修律，五刑不列赎银数目。雍正三年，始将明律赎图内应赎银数斟酌修改，定为纳赎诸例图。然自康熙现行例定有承问官滥准纳赎交部议处之条，而前明纳赎及赎罪诸旧例又节经删改，故律赎俱照旧援用，而例赎则多成具文。

其捐赎一项，顺治十八年，有官员犯流徒籍没认工赎罪例；康熙二十九年，有死罪现监人犯输米边口赎罪例；三十年，有军流人犯捐赎例；三十四年，有通仓运米捐赎例；三十九年，有永定河工捐赎例；六十年，有河工捐赎例。然皆事竣停止，其历朝沿用者，惟雍正十二年户部会同刑部奏准预筹运粮事例，不论旗、民，罪应斩、绞，非常赦所不原者，三品以上官照西安驼捐例捐运粮银一万二千两，四品官照营田例捐运粮银五千两，五、六品官照营田例捐银四千两，七品以下、进士、举人二千五百两，贡、监生二千两，平人一千二百两，军、流各减十分之四，徒以下各减十分之六，俱准免罪。西安驼捐，行自雍正元年，营田例则五年所定也。乾隆十七年，西安布政使张若震奏请另定捐赎笞、杖银数。经部议，预筹运粮事例，杖、笞与徒罪不分轻重，一例捐赎，究未允协。除犯枷号、杖责者照徒罪捐赎外，酌拟分杖为一等，笞为一等。其数，杖视徒递减，笞视杖递减。二十三年，谕将斩、绞缓决各犯纳赎之例永行停止。遇有恩赦减等时，其惮于远行者，再准收赎。而赎锾则仍视原拟罪名，不得照减等之罪。著为令。嗣后官员赎罪者，俱照运粮事例核夺。刑部别设赎罪处，专司其事。此又律赎、例赎而外，别自为制者矣。[1]

凌迟，用之十恶中不道以上诸重罪，号为极刑。枭首，则强盗居多。戮尸，所以待恶逆及强盗应枭诸犯之监故者。凡此诸刑，类皆承用明律，略有通变，行之二百余年。至过误杀之赔人，窃盗之割脚筋，重辟减等之贯耳鼻，强盗、贪官及窝逃之籍家产，或沿自盛京定例，或顺治朝偶行之峻令，不久革除，非所论也。[2]

（2）旗人特权，俗殊刑异

若宗室有犯，宗人府会刑部审理。觉罗，刑部会宗人府审理。所犯笞、杖、枷号，照例折罚责打；犯徒，宗人府拘禁；军、流、锁禁，俱照旗人折枷日期，满日开释。屡犯军、流，发盛京、吉林、黑龙江等处圈禁；死刑，宗人府进黄册。阉寺犯轻罪，内务府慎刑司讯决，徒以上亦送部。八旗地亩之讼，属诸户部现审处，刑事统归刑部。清初有都统会审之制，有高墙拘禁之条，至乾隆时俱废。旗营驻防省分，额设理事同知。旗人狱讼，同知会同州县审理。热河都统衙门特设理刑司，刑部派员听讼，三年一任。同治三年，以吉林狱讼繁多，诏依热河设立刑司例，令刑部拣派满、汉郎中、员外、主事各一员，分别掌印主稿，统归将军管辖。嗣吉林建省裁撤，而热河如故。[3]

---

〔1〕《清史稿》，中华书局 1977 年版，第 4197—4198 页。
〔2〕《清史稿》，中华书局 1977 年版，第 4198 页。
〔3〕《清史稿》，中华书局 1977 年版，第 4212、4213 页。

迁徙原于唐之杀人移乡，而定罪则异。律文沿用数条，然皆改为比流减半、徒二年，并不徙诸千里之外。惟条例于土蛮、瑶、僮、苗人仇杀劫掳及改土为流之土司有犯，将家口实行迁徙。然各有定地，亦不限千里也。[1]

若蒙古治罪各条，载诸理藩院则例，及西宁番子治罪条例，别行诸岷、洮等处者，以其习俗既殊，刑制亦异，未敢轻议更张。[2]

（3）重其重者，严刑治罪

斩、绞，同是死刑。然自汉以来，有秋后决囚之制。唐律除犯恶逆以上及奴婢、部曲杀主者，从立春至秋分不得奏决死刑。明弘治十年奏定真犯死罪决不待时者，凌迟十二条，斩三十七条，绞十二条；真犯死罪秋后处决者，斩一百条，绞八十六条。顺治初定律，乃于各条内分晰注明，凡律不注监候者，皆立决也；凡例不言立决者，皆监候也。自此京、外死罪多决于秋，朝审遂为一代之大典。杂犯斩、绞准徒五年与杂犯三流总徒四年，大都创自有明。清律于官吏受赃，枉法不枉法，满贯俱改为实绞，余多仍之。名实混淆，殊形辀轕。[3]

赦典有恩赦、恩旨之别。历朝登极、升祔、册立皇后、皇上五旬以上万寿、皇太后六旬以上万寿及武功克捷之类，例有恩赦。其诏书内开：一、官吏军民人等有犯，除谋反、大逆、子孙谋杀祖父母父母、内乱、妻妾杀夫、奴婢杀家

---

[1]《清史稿》，中华书局 1977 年版，第 4195 页。

[2]《清史稿》，中华书局 1977 年版，第 4189 页。

[3]《清史稿》，中华书局 1977 年版，第 4194、第 4195 页。

长、杀一家非死罪三人、采生折割人、谋杀故杀真正人命、蛊毒魇魅毒药杀人、强盗、妖言、十恶等真正死罪不赦外，军务获罪、隐匿逃人及侵贪入己亦不赦外，其余已发觉未发觉、已结未结者，咸赦除之。[1]

（4）变法省刑

自光绪变法，二十八年，山西巡抚赵尔巽奏请各省通设罪犯习艺所。经刑部议准，徒犯毋庸发配，按照年限，于本地收所习艺。军、流为常赦所不原者，照定例发配，到配一律收所习艺。流二千里限工作六年，二千五百里八年，三千里者十年。遣军照满流年限计算，限满释放，听其自谋生计，并准在配所入籍为民。若为常赦所得原者，无论军、流，俱无庸发配，即在本省收所习艺。工作年限，亦照前科算。自此五徒并不发配，即军、流之发配者，数亦锐减矣。二十九年，刑部奏准删除充军名目，将附近、近边、边远并入三流，极边及烟瘴改为安置，仍与当差并行。自此五军第留其二，而刑名亦改变矣。三十年，刘坤一、张之洞会奏变法第二折内，有恤刑狱九条。其省刑责条内，经法律馆议准，笞、杖等罪，仿照外国罚金之法，改为罚银。凡律例内笞刑五，以五钱为一等，至笞五十罚银二两五钱，杖六十者改为罚五两。每一等加二两五钱，以次递加，至杖一百改为罚十五两而止。如无力完纳，折为作工。应罚一两，折作工四日，以次递加，至十五两折作工六十日而止。然窃盗未便罚金，议将犯窃拟笞罪者，改科工作一月；杖六十者，改科工作两月；杖七十至一百，每等递加两月。又附片请将军、流、徒加杖概予宽免，无

---

[1]《清史稿》，中华书局 1977 年版，第 4218 页。

庸决责。自此而笞、杖二刑废弃矣。[1]

三十一年，修订法律大臣沈家本等奏请删除重法数端，略称："见行律例款目极繁，而最重之法，亟应先议删除者，约有三事：一曰凌迟、枭首、戮尸。凌迟之刑，唐以前无此名目。辽史刑法志始列入正刑之内。宋自熙宁以后，渐亦沿用。元、明至今，相仍未改。枭首在秦、汉时惟用诸夷族之诛，六朝梁、陈、齐、周诸律，始于斩之外别立枭名。自隋迄元，复弃而不用。今之斩枭，仍明制也。戮尸一事，惟秦时成蟜军反，其军吏皆斩戮尸，见于始皇本纪。此外历代刑制，俱无此法。明自万历十六年，定有戮尸条例，专指谋杀祖父母、父母而言。国朝因之，后更推及于强盗。凡此酷重之刑，固所以惩戒凶恶。第刑至于斩，身首分离，已为至惨。若命在顷忽，菹醢必令备尝，气久消亡，刀锯犹难幸免，揆诸仁人之心，当必惨然不乐。谓将以惩本犯，而被刑者魂魄何知；谓将以警戒众人，而习见习闻，转感召其残忍之性，实非圣世所宜遵。请将凌迟、枭首、戮尸三项，一概删除，死罪至斩决而止。凡律例内凌迟、斩枭各条，俱改斩决。斩决而下，依次递减。一曰缘坐。缘坐之制，起于秦之参夷及收司连坐法。汉高后除三族令，文帝除收孥相坐律，当时以为盛德。惜夷族之诛，犹间用之。晋以下仍有家属从坐之法，唐律惟反叛、恶逆、不道，律有缘坐，他无有也。今律则奸党、交结近侍诸项俱缘坐矣，反狱、邪教诸项亦缘坐矣。一案株连，动辄数十人。夫以一人之故而波及全家，以无罪之人而科以重罪，汉文帝以为不正之法反害于民，北魏崔挺尝曰'一

---

[1]《清史稿》，中华书局 1977 年版，第 4198—4199 页。

人有罪，延及阖门，则司马牛受桓魋之罚，柳下惠膺盗跖
之诛，不亦哀哉'，其言皆笃论也。今世各国，皆主持刑
罚止及一身之义，与'罪人不孥'之古训实相符合。请将
律内缘坐各条，除知情者仍坐罪外，其不知情者悉予宽免。
余条有科及家属者准此。一曰刺字。刺字乃古墨刑，汉之
黥也。文帝废肉刑而黥亦废，魏、晋、六朝虽有逃奴劫盗
之刺，旋行旋废。隋、唐皆无此法。至石晋天福间，始创
刺配之制，相沿至今。其初不过窃盗逃人，其后日加烦密。
在立法之意，原欲使莠民知耻，庶几悔过而迁善。讵知习
于为非者，适予以标识，助其凶横。而偶罹法网者，则黥
刺一膺，终身僇辱。夫肉刑久废，而此法独存，汉文所谓
刻肌肤痛而不德者，未能收弼教之益，而徒留此不德之名，
岂仁政所宜出此。拟请将刺字款目，概行删除。凡窃盗皆
令收所习艺，按罪名轻重，定以年限，俾一技能娴，得以
糊口，自少再犯、三犯之人。一切递解人犯，严令地方官
佥差押解，果能实力奉行，逃亡者自少也。"奏上，谕令凌
迟、枭首、戮尸三项永远删除。所有现行律例内凌迟、斩
枭各条，俱改为斩决；其斩决各条，俱改为绞决；绞决各
条，俱改为绞监候，入于秋审情实；斩监候各条，俱改为
绞监候，与绞候人犯仍入于秋审，分别实缓。至缘坐各条，
除知情者仍治罪外，余悉宽免。其刺字等项，亦概行革除。
旨下，中外称颂焉。[1]

〔1〕《清史稿》，中华书局 1977 年版，第 4199—4201 页。

第三章

传世法典中的法与刑

狭义的法即为律典，因此以律典为研究对象，是揭示法与刑逻辑关系的重要视角。就律典本身发展来看，自董仲舒提出"罢黜百家，独尊儒术"，以"春秋大一统"为治国方略开始，儒家思想逐渐成为传统中国正统政治思想，以德礼为主的政教思想贯穿于统治的各个环节，"德主刑辅"也成为治法的主导思想。在此基础上，当出现法无明文规定，或法的客观规定与主观伦理价值产生冲突时，儒家经义成为司法审判的判决标准，并随着汉晋时期引经决狱、引经注律的方式，逐渐进入立法和法律解释的环节。律学也在这一进程中，从经学中分离出来，为后世传统法典的制定奠定了基础。至唐代，律学的发展与法律儒家化都达至成熟阶段，"德本刑用""约法省刑"成为主导思想，中华法系之集大成者《唐律疏议》颁行，并对宋明清代在治法的思想、原则、刑名与罪刑设立上都产生了深刻的影响。明清时期，统治者基于对时世的判断，在治法中吸收理学思想，提出"明刑弼教"，以重典治国，强调用刑深刻，在刑制设置和量刑方面与唐宋律相比有较大变化，但慎刑思想并未改变，情理法相互交融的用刑规则仍清晰可辨。

本章探讨仅以律典为研究对象。古代律典皆为刑律，其除包含法的一般性原则外，还包括对刑之特征的考虑。因此本章在研究过程中，也将列举治法的原则，以与治刑原则相呼应，揭示法与刑的运行逻辑。

一、汉晋律典

汉承秦制，法律也不例外。汉初统治者在秦律的基础上，削烦去蠹，形成以《九章律》为核心的汉代法律制度。至武帝时期，法条逐渐增多，决事比的出现使法律适用更加繁复，"文书盈于几阁，典者不能遍睹"。除在立法上仿秦制外，在刑制设立上，汉在秦刑制的基础上将劳役刑设定为有期刑，并废除肉刑，创设笞刑，为新五刑的产生奠定了基础；在罪名设置上，汉代延续《法经》中"王者之政莫急于盗贼"的理念，以重刑惩治贼盗犯罪；在司法审判上，"春秋决狱"使儒家思想成为治法（刑）的依据之一。出罪或入罪，重刑或轻刑，在法无明文规定或法与伦理相冲突时，允许儒家经义的介入。晋律继承汉魏律之精髓，将儒家思想与律文进一步结合，纳礼入律。在汉魏引经决狱的基础之上，晋代以经文注释法律，使律学在经学的基础之上得到飞跃式发展。

（一）制法原则：礼律并用、大德小刑

汉中后期至晋，因受儒家思想的影响，制法者强调礼刑并用，并认为礼与刑在顺序上应先德后刑、大德而小刑。

> 原狱刑所以蕃若此者，礼教不立，刑法不明，民多贫穷，豪杰务私，奸不辄得，狱不平之所致也。《书》云"伯夷降典，哲民惟刑"，言制礼以止刑，犹堤之防溢水也。[1]

> 孔子伤之，曰："导之以德，齐之以礼，有耻且格；导之以政，齐之以刑，民免而无耻。礼乐不兴，则刑罚不中；刑罚不中，则民无所错手足。"[2]

> 爱待敬而不败，德须威而久立，故制礼以崇敬，作刑以明威也。圣人既躬明哲之性，必通天地之心，制礼作教，立法设刑，动缘民情，而则天象地。[3]

> 又以异姓相养，礼律所不许。[4]

---

[1]《汉书·刑法志》，见《汉书》，中华书局 1962 年版，第 1109 页。
[2]《汉书·刑法志》，见《汉书》，中华书局 1962 年版，第 1094 页。
[3]《汉书·刑法志》，见《汉书》，中华书局 1962 年版，第 1079 页。
[4]《晋书·殷仲堪传》，见《晋书》，中华书局 1974 年版，第 2195 页。

先王以道德之不行，故以仁义化之；仁义之不笃，故以礼律检之。[1]

（二）省刑之制：刑制改革与废除肉刑

汉代的刑罚基本承袭秦代旧制，如承袭秦制死刑与肉刑。死刑有三：枭首、腰斩、弃市。肉刑亦有三：黥、劓、刖。

师古曰：枭谓斩其首而县之也。[2]

广汉竟坐要斩。[3]

吏民守阙告之，竟坐弃市。[4]

今法有肉刑三。孟康曰黥劓二，刖左右趾合一，凡三也。[5]

在此基础上，汉代对刑制进行了修改，对劳役刑设置了刑期，如设置髡刑为五岁刑，完刑为四岁刑，耐刑则分为三等，分别为四岁刑、三岁刑与二岁刑。刑罚更具确定性，为省刑思想的体现。

凡有罪，男髡钳为城旦，城旦者，治城也；女为春，春者，治米也。[6]

完四岁。[7]

---

[1]《汉书·李充传》，见《晋书》，中华书局 1974 年版，第 2389 页。
[2]《汉书·陈汤传》，见《汉书》，中华书局 1962 年版，第 3028 页。
[3]《汉书·赵广汉传》，见《汉书》，中华书局 1962 年版，第 3205 页。
[4]《汉书·田广明传》，见《汉书》，中华书局 1962 年版，第 3665 页。
[5]《汉书·刑法志》，见《汉书》，中华书局 1962 年版，第 1098 页。
[6]〔汉〕卫宏：《汉旧仪》，中华书局 1985 年版，第 19 页。
[7]〔汉〕卫宏：《汉旧仪》，中华书局 1985 年版，第 19 页。

　　《晋律》曰：髡钳，五岁刑，笞二百，（若诸士诈伪，将吏越武帝垣，兵守逃归家，兄弟保人之属，并五岁刑也。）四岁刑，（若复上闻入殿门上变事，漏露泄选举事，误发密事，殴兄姊之属，并四岁刑。）三岁刑，二岁刑。（二岁州减一等，入罚金。二岁以上至五岁刑，皆耐罪。若越城作奔，走马众中，有挟天文图识之属，并为二岁刑。）[1]

　　缇萦上书事件中，汉文帝感其孝道，为显君主之宽惠，给犯罪者改过自新的机会，决定废除肉刑。这一事件也开启了传统中国由旧五刑向新五刑转变的进路。晋代在此基础上对刑罚制度进一步修改，以示省刑。

　　丞相张仓、御史大夫冯敬奏言："肉刑所以禁奸，所由来者久矣。陛下下明诏，怜万民之一有过被刑者终身不息，及罪人欲改行为善而道亡繇至，于盛德，臣等所不及也。臣谨议请定律曰：诸当完者，完为城旦舂；当黥者，髡钳为城旦舂；当劓者，笞三百；当斩左止者，笞五百；当斩右止，及杀人先自告，及吏坐受赇枉法，守县官财物而即盗之，已论命复有笞罪者，皆弃市。罪人狱已决，完为城旦舂，满三岁为鬼薪、白粲。鬼薪、白粲一岁，为隶臣妾。隶臣妾一岁，免为庶人。隶臣妾满二岁，为司寇。司寇一岁，及作如司寇二岁，皆免为庶人。其亡逃及有罪耐以上，不用此令。前令之刑城旦舂岁而非禁锢者，完为城旦舂岁数以免。臣昧死请。"制曰："可。"是后，外有轻刑之名，内实杀人。斩右止者又当死。斩左止者笞五百，当劓者笞三百，率多死。

---

〔1〕〔宋〕李昉等：《太平御览》，中华书局 1960 年版，第 2877 页。

景帝元年，下诏曰："加笞与重罪无异，幸而不死，不可为人。其定律：笞五百曰三百，笞三百曰二百。"狱尚不全。至中六年，又下诏曰："加笞者，或至死而笞未毕，朕甚怜之。其减笞三百曰二百，笞二百曰一百。"又曰："笞者，所以教之也，其定箠令。"丞相刘舍、御史大夫卫绾请："笞者，箠长五尺，其本大一寸，其竹也，末薄半寸，皆平其节。当笞者，笞臀。毋得更人，毕一罪乃更人。"自是笞者得全，然酷吏犹以为威。死刑既重，而生刑又轻，民易犯之。[1]

（三）用刑标准：急盗贼与重尊卑

汉晋除"王者之政，莫急于盗贼"，重视贼盗犯罪以外，还在定罪量刑中以尊卑贵贱为标准制定罪名，设置刑罚。

1. 以重刑惩治盗贼

汉代关于侵害人身财产和危害皇权统治的盗贼罪名极多，以下简单列举。

大不敬为弃市：

简文帝登祚，未解严，大司马桓温屯中堂，吹警角，恬奏劾温大不敬，请科罪。[2]

盗马盗牛者死：

故盗马者死，盗牛者加，所以重本而绝轻疾之资也。[3]

---

〔1〕《汉书·刑法志》，见《汉书》，中华书局 1962 年版，第 1099 页。

〔2〕《晋书·王恬传》，见《晋书》，中华书局 1974 年版，第 1107 页。

〔3〕《盐铁论·刑德》，见〔汉〕桓宽：《盐铁论》，中华书局 1991 年版，第 253 页。

设监临部主连坐之罪：

> 汉承秦制，萧何定律，除参夷连坐之罪，增部主见知之条。[1]

诬罔者贬黜：

> 后将军（荀）畅敢以私议贬夺公论，抗言矫情，诬罔朝廷，宜加贬黜。畅坐免官。[2]

居职犯公坐死罪，轻者禁锢二十年：

> 诸居职犯公坐者，以法从事；其以贪浊赃污为罪，不足死者，刑竟及遇赦，皆宜禁锢终身，轻者二十年。如此不廉之吏，必将化为夷齐矣。[3]

杀子者弃市：

> 十四年，大司马府军人朱兴妻周坐息男道扶年三岁，先得痫病，周因其病发，掘地生埋之，为道扶姑女所告，正周弃市刑。羡之议曰："自然之爱，虎狼犹仁。周之凶忍，宜加显戮。臣以为法律之外，故尚弘物之理。母之即刑，由子明法，为子之道，焉有自容之地。虽伏法者当罪，而在宥者靡容。愚谓可特申之遐裔。"从之。[4]

2.以尊卑贵贱为论刑依据

尊卑既包括上下君臣的关系，也包括父母子女的关系。汉晋以

---

〔1〕《晋书·刑法志》，见《晋书》，中华书局1974年版，第922页。

〔2〕《晋书·庾纯传》，见《晋书》，中华书局1974年版，第1401页。

〔3〕《抱朴子·审举》，见〔晋〕葛洪：《抱朴子》，中华书局1936年版。

〔4〕《御览》七百四十引《晋阳秋》，见《宋书》，中华书局1974年版，第1330页。

尊卑亲疏为依据治刑，具有纳礼入律的特征。包括设置不道、不敬等危害统治的罪名，设置以卑犯尊罪名，设置"八议"特殊主体减刑规则等。

设置不道、不敬罪：

> 亏礼废节谓之不敬，两讼相趣谓之斗，两和相害谓之戏，无变斩击谓之贼，不意误犯谓之过失，逆天绝理谓之不道。[1]

设置殴父母、不孝罪：

> 甲父乙与丙争言相斗，丙以佩刀刺乙，甲即以杖击丙，误伤乙，甲当何论？或曰："殴父也，当枭首"。[2]

> 太子爽，坐告王父，不孝弃市。[3]

> 玄又奏："道子酗纵不孝，当弃市"。[4]

设置"八议"制度：

> 鉴大怒，复奏预擅饰城门官舍，稽乏军兴，遣御史槛车征诣廷尉。以预尚主，在八议，以侯赎论。其后陇右之事卒如预策。[5]

（四）经义治刑：春秋决狱与引经注律

儒家思想在汉代被立为正统，儒家重"德礼"的主张逐渐转化

---

[1]《晋书·刑法志》，见《晋书》，中华书局 1974 年版，第 928 页。
[2]《御览》引《决狱》案例，见〔宋〕李昉等：《太平御览》，中华书局 1960 年版，第 2868 页。
[3]《汉书·衡山王传》，见《汉书》，中华书局 1962 年版，第 2156 页。
[4]《晋书·简文三子传》，见《晋书》，中华书局 1974 年版，第 1740 页。
[5]《晋书·杜预传》，见《晋书》，中华书局 1974 年版，第 1027 页。

为一种社会价值认同，这一转化为儒家思想渗入治法奠定了基础。当法无明文规定，或是法律规定与社会伦理观相冲突时，以儒家经义作为司法裁决的标准，不仅顺应统治者的政治理念，而且顺应了社会观念，是"独尊儒术"的汉代社会发展到一定阶段的必然结果。"刑"作为治国理政关键要素，也不可避免地参与到这一转变中，从春秋决狱开始，经过引经决狱，再至引经注律，最终达至纳礼入律。治刑的标准即罚还是不罚，重罚还是轻罚，皆随着德礼的要求而发生变化。

1. 春秋决狱

春秋决狱是社会价值认同渗入司法的开端，它的核心思想为《春秋》中的"论心定罪"，即以主观上是否有犯意，以及这种犯意是否符合社会价值观作为定罪依据。这一判断标准也直接决定了入罪或不入罪，用刑或不用刑，用重法还是用轻法，用重刑还是用轻刑。

（1）春秋决狱的核心思想

春秋决狱的核心思想为"原心定罪"，即依据罪犯主观想法及案件事实进行判断。如有犯意，犯罪未完成也应受惩罚。主观思想严重违反社会价值观的以重刑惩治，而主观上"志善"，即符合社会价值观的，即使犯罪也将免刑或处以轻刑。

> 故《春秋》之治狱，论心定罪。志善而违于法者免，志恶而合于法者诛。[1]

> 春秋之听狱也，必本其事而原其志。志邪者，不待成；首恶者，罪特重；本直者，其论轻。[2]

---

[1]《盐铁论·刑德》，见〔汉〕桓宽：《盐铁论》，中华书局1991年版，第251页。

[2]《春秋繁露·精华》，见〔汉〕董仲舒：《春秋繁露》，张世亮等译注，中华书局2012年版，第96页。

（2）春秋决狱的案例举隅

时有疑狱曰：甲无子，拾道旁弃儿乙养之，以为子。及乙长，有罪杀人，以状语甲，甲藏匿乙，甲当何论？仲舒断曰：甲无子，振活养乙，虽非所生，谁与易之。《诗》云：螟蛉有子，蜾蠃负之。《春秋》之义，父为子隐，甲宜匿乙而不当坐。东晋成帝咸和五年散骑侍郎乔贺妻子于氏上表引。[1]

太后意欲立梁王为帝太子。帝问其状，袁盎等曰："殷道亲亲者，立弟。周道尊尊者，立子。殷道质，质者法天，亲其所亲，故立弟。周道文，文者法地，尊者敬也，敬其本始，故立长子。周道，太子死，立嫡孙。殷道，太子死，立其弟。"帝曰："于公何如？"皆对曰："方今汉家法周，周道不得立弟，当立子。故春秋所以非宋宣公。宋宣公死，不立子而与弟。弟受国死，复反之与兄之子。弟之子争之，以为我当代父后，即刺杀兄子。以故国乱，祸不绝。故《春秋》曰"君子大居正，宋之祸宣公为之"。臣请见太后白之。"袁盎等入见太后："太后言欲立梁王，梁王即终，欲谁立？"太后曰："吾复立帝子。"袁盎等以宋宣公不立正，生祸，祸乱后五世不绝，小不忍害大义状报太后。太后乃解说，即使梁王归就国。而梁王闻其义出于袁盎诸大臣所，怨望，使人来杀袁盎。袁盎顾之曰："我所谓袁将军者也，公得毋误乎？"刺者曰："是矣！"刺之，置其剑，剑著身。视其剑，新治。问长安中削厉工，工曰："梁郎某子来治此剑。"以此知而发觉之，发使者捕逐之。独梁王所欲杀大臣十余人，文吏穷本之，谋反端颇见。太后不食，

---

[1]《通典》引《决狱》案例，见〔唐〕杜佑：《通典》，中华书局2016年版，第1893页。

日夜泣不止。景帝甚忧之，问公卿大臣，大臣以为遣经术
吏往治之，乃可解。于是遣田叔、吕季主往治之。此二人
皆通经术，知大礼。来还，至霸昌厩，取火悉烧梁之反辞，
但空手来对景帝。景帝曰："何如？"对曰："言梁王不知
也。造为之者，独其幸臣羊胜、公孙诡之属为之耳。谨以
伏诛死，梁王无恙也。"景帝喜说，曰："急趋谒太后。"太
后闻之，立起坐餐，气平复。故曰，不通经术知古今之大
礼，不可以为三公及左右近臣。〔1〕

　　凡为驳议者，若违律令节度，当合经传及前比故事，
不得任情以破成法。〔2〕

2. 引经注律

律学在魏晋时期从汉代的经学中解脱出来，其研究对象不再
局限于对古代法律起源、本质、作用的一般论述，而更侧重于律典
的体例、篇章结构和概念，以及定罪量刑等问题。这为后世律文的
制定提供了学理上的标准，同时对治刑、治狱、达至平允也奠定了
基础。

　　《汉晋律序注》一卷，晋僮长张斐撰。《杂律解》
二十一卷，张斐撰。〔3〕

　　明法掾张斐又注律，表上之，其要曰：律始于《刑
名》者，所以定罪制也；终于《诸侯》者，所以毕其政
也。……《刑名》所以经略罪法之轻重，正加减之等差，
明发众篇之多义，补其章条之不足，较举上下纲领。其

〔1〕《史记·梁孝王世家》，见《史记》，中华书局1959年版，第2091—2092页。
〔2〕《晋书·刑法志》，见《晋书》，中华书局1974年版，第939页。
〔3〕《隋书·经籍传》，见《隋书》，中华书局1973年版，第972页。

犯盗贼、诈伪、请赇者，则求罪于此，作役、水火、畜养、守备之细事，皆求之作本名。告讯为之心舌，捕系为之手足，断狱为之定罪，名例齐其制。自始及终，往而不穷，变动无常，周流四极，上下无方，不离于法律之中也。其知而犯之谓之故，意以为然谓之失，违忠欺上谓之谩，背信藏巧谓之诈，亏礼废节谓之不敬，两讼相趣谓之斗，两和相害谓之戏，无变斩击谓之贼，不意误犯谓之过失，逆节绝理谓之不道，陵上僭贵谓之恶逆，将害未发谓之戕，唱首先言谓之造意，二人对议谓之谋，制众建计谓之率，不和谓之强，攻恶谓之略，三人谓之群，取非其物谓之盗，货财之利谓之赃：凡二十者，律义之较名也。

夫律者，当慎其变，审其理。若不承用诏书，无故失之刑，当从赎。谋反之同伍，实不知情，当从刑。此故失之变也。卑与尊斗，皆为贼。斗之加兵刃水火中，不得为戏，戏之重也。向人室庐道径射，不得为过，失之禁也。都城人众中走马杀人，当为贼，贼之似也。过失似贼，戏似斗，斗而杀伤傍人，又似误，盗伤缚守似强盗，呵人取财似受赇，囚辞所连似告劾，诸勿听理似故纵，持质似恐猲。如此之比，皆为无常之格也。五刑不简，正于五罚，五罚不服，正于五过，意善功恶，以金赎之。[1]

二、唐代律典

永徽初年（650 年），高宗敕"撰定律令格式"，著《永徽律》。

---

〔1〕《晋书·刑法志》，中华书局 1974 年版，第 928—929 页。

后为科举及断案之便，于永徽三年（652 年）命补编疏议，对律文逐条进行疏解，名为《律疏》，开启了中华法系所特有的律疏并行的体例，为后世律典所继承。《律疏》经开元年间完善，流传至宋元，被定名为《唐律疏议》，也成为我们今日可见最早的一部古代律典。唐律《名例律》开篇即点明唐代"德本刑用"的治理观念，故而在刑律中"德礼为教"的伦理法色彩和"用法执中"的儒家法特色倍显突出，这与当政者的自我要求及执政态度息息相关，由此才造就了"一准乎礼，而得古今之平"的中华法系之集大成者——《唐律疏议》。

（一）《名例律》中的法刑观

《唐律疏议·名例律》开篇对于传统律典的由来和发展进行总结，同时阐述了唐律的立法目的和要义，体现了儒家法观念在唐代的实践。

1.法刑的起源与含义

（1）法的起源

> 夫三才肇位，万象斯分。禀气含灵，人为称首。莫不凭黎元而树司宰，因政教而施刑法。其有情恣庸愚，识沈愆戾，大则乱其区宇，小则暌其品式，不立制度，则未之前闻。[1]

> 尧舜时，理官则谓之为"士"，而皋陶为之；其法略存，而往往概见，则风俗通所云"皋陶谟：虞造律"是也。[2]

---

[1]〔唐〕长孙无忌等：《唐律疏议》，中华书局 1983 年版，第 1 页。
[2]〔唐〕长孙无忌等：《唐律疏议》，中华书局 1983 年版，第 1 页。

（2）刑的起源

古者大刑用甲兵，其次用斧钺；中刑用刀锯，其次用钻笮；薄刑用鞭扑。其所由来，亦已尚矣！昔白龙、白云，则伏牺、轩辕之代；西火、西水，则炎帝、共工之年。鶌鸠篯宾于少暤，金政策名于颛顼。咸有天秩，典司刑宪。大道之化，击壤无违。逮乎唐虞，化行事简，议刑以定其罪，画象以愧其心，所有条贯，良多简略，年代浸远，不可得而详焉。[1]

（3）刑律的含义及其制定标准

律者，训铨，训法也。《易》曰："理财正辞，禁人为非曰义。"故铨量轻重，依义制律。《尚书·大传》曰："丕天之大律。"注云："奉天之大法。"法亦律也，故谓之为律。[2]

（4）律疏的由来

昔者，圣人制作谓之为经，传师所说则谓之为传，此则丘明、子夏于《春秋》、《礼经》作传是也。近代以来，兼经注而明之则谓之为义疏。疏之为字，本以疏阔、疏远立名。又，《广雅》云："疏者，识也。"案疏训识，则书疏记识之道存焉。《史记》云："前主所是著为律，后主所是疏为令。"《汉书》云："削牍为疏。"故云疏也。[3]

2.法刑的功能与必要性

（1）刑律的功能：禁人为非

律者，训铨，训法也。《易》曰："理财正辞，禁人为

---

[1]〔唐〕长孙无忌等：《唐律疏议》，中华书局1983年版，第1页。
[2]〔唐〕长孙无忌等：《唐律疏议》，中华书局1983年版，第1页。
[3]〔唐〕长孙无忌等：《唐律疏议》，中华书局1983年版，第2页。

非曰义。"故铨量轻重，依义制律。[1]

（2）刑的功能：以刑止刑，以杀止杀

故曰："以刑止刑，以杀止杀。"刑罚不可弛于国，笞捶不得废于家。[2]

（3）刑的必要性

其有情恣庸愚，识沈愎戾，大则乱其区宇，小则睽其品式，不立制度，则未之前闻。故曰："以刑止刑，以杀止杀。"刑罚不可弛于国，笞捶不得废于家。时遇浇淳，用有众寡。[3]

3.刑律制定的标准与原则

（1）遵循天人合一

《易》曰："天垂象，圣人则之。"观雷电而制威刑，睹秋霜而有肃杀，惩其未犯而防其未然，平其徽纆而存乎博爱，盖圣王不获已而用之。[4]

昔白龙、白云，则伏牺、轩辕之代；西火、西水，则炎帝、共工之年。鹈鸠筮宾于少皞，金政策名于颛顼。咸有天秩，典司刑宪。大道之化，击壤无违。[5]

《尚书大传》曰："丕天之大律。"注云："奉天之大

---

〔1〕〔唐〕长孙无忌等：《唐律疏议》，中华书局1983年版，第1页。
〔2〕〔唐〕长孙无忌等：《唐律疏议》，中华书局1983年版，第1页。
〔3〕〔唐〕长孙无忌等：《唐律疏议》，中华书局1983年版，第1页。
〔4〕〔唐〕长孙无忌等：《唐律疏议》，中华书局1983年版，第1页。
〔5〕〔唐〕长孙无忌等：《唐律疏议》，中华书局1983年版，第1页。

法。"法亦律也，故谓之为律。[1]

第者，训居，训次，则次第之义，可得言矣。一者，太极之气，函三为一，黄钟之一，数所生焉。《名例》冠十二篇之首，故云"名例第一"。[2]

（2）德本刑用

于是结绳启路，盈坎疏源，轻刑明威，大礼崇敬。《易》曰："天垂象，圣人则之。"观雷电而制威刑，睹秋霜而有肃杀，惩其未犯而防其未然，平其徽纆而存乎博爱，盖圣王不获已而用之。[3]

皇帝彝宪在怀，纳隍兴轸。德礼为政教之本，刑罚为政教之用，犹昏晓阳秋相须而成者也。[4]

（3）轻刑以立威

于是结绳启路，盈坎疏源，轻刑明威，大礼崇敬。[5]

大唐皇帝以上圣凝图，英声嗣武，润春云于品物，缓秋官于黎庶。[6]

（4）典宪齐一

今之典宪，前圣规模，章程靡失，鸿纤备举，而刑宪之司执行殊异：大理当其死坐，刑部处以流刑；一州断以徒

〔1〕〔唐〕长孙无忌等：《唐律疏议》，中华书局 1983 年版，第 2 页。
〔2〕〔唐〕长孙无忌等：《唐律疏议》，中华书局 1983 年版，第 2 页。
〔3〕〔唐〕长孙无忌等：《唐律疏议》，中华书局 1983 年版，第 1 页。
〔4〕〔唐〕长孙无忌等：《唐律疏议》，中华书局 1983 年版，第 3 页。
〔5〕〔唐〕长孙无忌等：《唐律疏议》，中华书局 1983 年版，第 1 页。
〔6〕〔唐〕长孙无忌等：《唐律疏议》，中华书局 1983 年版，第 3 页。

年，一县将为杜罚。不有解释，触涂睽误。皇帝彝宪在怀，纳隍兴轸。德礼为政教之本，刑罚为政教之用，犹昏晓阳秋相须而成者也。是以降纶言于台铉，挥折简于髦彦，爰造《律疏》，大明典式。远则皇王妙旨，近则萧、贾遗文，沿波讨源，自枝穷叶，甄表宽大，裁成简久。譬权衡之知轻重，若规矩之得方圆。迈彼三章，同符画一者矣。[1]

（5）法应简久

远则皇王妙旨，近则萧、贾遗文，沿波讨源，自枝穷叶，甄表宽大，裁成简久。[2]

（二）以恤为怀的刑制设置

唐代统治者明白"以刑去刑"的利害，在确定"德本刑用"治国方略的前提下，强调"轻刑立威"，以恤刑为主要目的设置刑制。唐代刑制分轻重缓急规定刑种，并在此基础上增设加役流以缩小死刑、流刑间的生死差别，并在每等刑罚后设置赎刑以备减刑、恤刑之用。

1.刑种设置应稳定不变

《孝经援神契》云："圣人制五刑，以法五行。"礼云："刑者，侀也，成也。一成而不可变，故君子尽心焉。"《孝经钩命决》云："刑者，侀也，质罪示终。"然杀人者死，伤人者刑，百王之所同，其所由来尚矣。[3]

---

〔1〕〔唐〕长孙无忌等：《唐律疏议》，中华书局 1983 年版，第 3 页。

〔2〕〔唐〕长孙无忌等：《唐律疏议》，中华书局 1983 年版，第 3 页。

〔3〕"笞刑五"，见〔唐〕长孙无忌等：《唐律疏议》，中华书局 1983 年版，第 3 页。

2. 刑种设置应轻重各异

〔疏〕议曰：笞者，击也，又训为耻。言人有小愆，法须惩诫，故加捶挞以耻之。汉时笞则用竹，今时则用楚。故《书》云"扑作教刑"，即其义也。……笞击之刑，刑之薄者也。随时沿革，轻重不同，俱期无刑，义唯必措。[1]

〔疏〕议曰：《说文》云"杖者持也"，而可以击人者欤？《家语》云："舜之事父，小杖则受，大杖则走。"《国语》云："薄刑用鞭扑。"[2]

〔疏〕议曰：徒者，奴也，盖奴辱之。[3]

〔疏〕议曰：《书》云："流宥五刑。"谓不忍刑杀，宥之于远也。又曰："五流有宅，五宅三居。"大罪投之四裔，或流之于海外，次九州之外，次中国之外。[4]

〔疏〕议曰：古先哲王，则天垂法，辅政助化，禁暴防奸，本欲生之，义期止杀。绞、斩之坐，刑之极也。死者魂气归于天，形魄归于地，与万化冥然，故郑注礼云："死者，澌也。消尽为澌。"……二者法阴数也，阴主杀罚，因而则之，即古"大辟"之刑是也。[5]

3. 附加赎刑与创设加役流

唐代在每等刑罚后设置赎刑以备疑罪等减刑、恤刑之用。

---

〔1〕"笞刑五"，见〔唐〕长孙无忌等：《唐律疏议》，中华书局 1983 年版，第 3 页。

〔2〕"杖刑五"，见〔唐〕长孙无忌等：《唐律疏议》，中华书局 1983 年版，第 4 页。

〔3〕"徒刑五"，见〔唐〕长孙无忌等：《唐律疏议》，中华书局 1983 年版，第 4 页。

〔4〕"流刑三"，见〔唐〕长孙无忌等：《唐律疏议》，中华书局 1983 年版，第 5 页。

〔5〕"死刑二"，见〔唐〕长孙无忌等：《唐律疏议》，中华书局 1983 年版，第 5 页。

　　笞刑五：笞一十。赎铜一斤。笞二十。赎铜二斤。笞三十。赎铜三斤。笞四十。赎铜四斤。笞五十。赎铜五斤。[1]

　　问曰：笞以上、死以下，皆有赎法。未知赎刑起自何代？

　　答曰：《书》云："金作赎刑。"注云："误而入罪，出金以赎之。"甫侯训夏赎刑云："墨辟疑赦，其罚百锾；劓辟疑赦，其罚唯倍；剕辟疑赦，其罚倍差；宫辟疑赦，其罚六百锾；大辟疑赦，其罚千锾。"[2]

唐律中设置加役流为减死之刑，为流刑、死刑之间筑加合理过渡，减死刑九十余条，为宽刑、恤刑的体现。

　　诸应议、请、减及九品以上之官，若官品得减者之祖父母、父母、妻、子孙，犯流罪以下，听赎；[3]

　　其加役流

　　…………

　　[疏]议曰：加役流者，旧是死刑，武德年中改为断趾。国家惟刑是恤，恩弘博爱，以刑者不可复属，死者务欲生之，情轸向隅，恩覃祝网，以贞观六年奉制改为加役流。[4]

　　诸犯流应配者，三流俱役一年。（本条称加役流者，流三千里，役三年。役满及会赦免役者，即于配处从户

――――――――――

〔1〕"笞刑五"，见〔唐〕长孙无忌等：《唐律疏议》，中华书局1983年版，第3页。
〔2〕"笞刑五"，见〔唐〕长孙无忌等：《唐律疏议》，中华书局1983年版，第6页。
〔3〕"应议请减"，见〔唐〕长孙无忌等：《唐律疏议》，中华书局1983年版，第34页。
〔4〕"应议请减"，见〔唐〕长孙无忌等：《唐律疏议》，中华书局1983年版，第35页。

口例。)

[疏]议曰：犯流，若非官当、收赎、老疾之色，即是应配之人。三流远近虽别，俱役一年为例。加役流者，本法既重，与常流理别，故流三千里，居役三年。[1]

（三）以礼为准的刑名定制

唐律"一准乎礼，而得古今之平"，故其在设定罪名时以德礼为标准，以亲疏远近为量刑准则，伦理法特色尽显，其典型体现为"十恶""八议"等条。同时，作为一般规范，因"王者之政，莫急于盗贼"，刑主要被用于维护社会秩序即惩治侵犯人身及财产的行为，如强盗、窃盗、谋杀等。

1.刑以维护礼教，重惩亏损名教者

唐律"五刑"设置目的之一即为维护礼教中的尊卑、贵贱顺位，《名例律》中"十恶"条的制定就是对此规则的实践。

[疏]议曰：五刑之中，十恶尤切，亏损名教，毁裂冠冕，特标篇首，以为明诫。其数甚恶者，事类有十，故称"十恶"。[2]

（1）刑以维护君臣之忠

一曰谋反。（谓谋危社稷。）

[疏]议曰：案《公羊传》云："君亲无将，将而必诛。"谓将有逆心，而害于君父者，则必诛之。《左传》云：

---

[1]《唐律疏议·名例律·犯流应配》，见〔唐〕长孙无忌等：《唐律疏议》，中华书局1983年版，第66页。

[2]《唐律疏议·名例律·十恶》，见〔唐〕长孙无忌等：《唐律疏议》，中华书局1983年版，第6页。

"天反时为灾，人反德为乱。"然王者居宸极之至尊，奉上天之宝命，同二仪之覆载，作兆庶之父母。为子为臣，惟忠惟孝。乃敢包藏凶慝，将起逆心，规反天常，悖逆人理，故曰"谋反"。[1]

〔疏〕议曰：……君为神主，食乃人天，主泰则神安，神宁则时稔。臣下将图逆节，而有无君之心，君位若危，神将安恃。不敢指斥尊号，故托云"社稷"。《周礼》云"左祖右社"，人君所尊也。[2]

二曰谋大逆。（谓谋毁宗庙、山陵及宫阙。）

〔疏〕议曰：此条之人，干纪犯顺，违道悖德，逆莫大焉，故曰"大逆"。

〔疏〕议曰：有人获罪于天，不知纪极，潜思释憾，将图不逞，遂起恶心，谋毁宗庙、山陵及宫阙。[3]

六曰大不敬。（谓盗大祀神御之物、乘舆服御物；盗及伪造御宝；合和御药，误不如本方及封题误；若造御膳，误犯食禁；御幸舟船，误不牢固；指斥乘舆，情理切害及对捍制使，而无人臣之礼。）

〔疏〕议曰：礼者，敬之本；敬者，礼之舆。故《礼运》云："礼者君之柄，所以别嫌明微，考制度，别仁义。"责其所犯既大，皆无肃敬之心，故曰"大不敬"。[4]

注：及对捍制使，而无人臣之礼。

---

〔1〕《唐律疏议·名例律·十恶》，见〔唐〕长孙无忌等：《唐律疏议》，中华书局1983年版，第6页。

〔2〕〔唐〕长孙无忌等：《唐律疏议》，中华书局1983年版，第7页。

〔3〕〔唐〕长孙无忌等：《唐律疏议》，中华书局1983年版，第7页。

〔4〕〔唐〕长孙无忌等：《唐律疏议》，中华书局1983年版，第10页。

［疏］议曰：奉制出使，宣布四方，有人对捍，不敬制命，而无人臣之礼者。制使者，谓奉敕定名及令所司差遣者是也。[1]

诸谋反及大逆者，皆斩；父子年十六以上皆绞，十五以下及母女、妻妾、祖孙、兄弟、姊妹若部曲、资财、田宅并没官，男夫年八十及笃疾、妇人年六十及废疾者并免；伯叔父、兄弟之子皆流三千里，不限籍之同异。

［疏］议曰：人君者，与天地合德，与日月齐明，上祗宝命，下临率土。而有狡竖凶徒，谋危社稷，始兴狂计，其事未行，将而必诛，即同真反。[2]

（2）刑以维护父子之孝

四曰恶逆。谓殴及谋杀祖父母、父母，杀伯叔父母、姑、兄姊、外祖父母、夫、夫之祖父母、父母。

［疏］议曰：父母之恩，昊天罔极。嗣续妣祖，承奉不轻。枭镜其心，爱敬同尽，五服至亲，自相屠戮，穷恶尽逆，绝弃人理，故曰"恶逆"。

注：谓殴及谋杀祖父母、父母，杀伯叔父母、姑、兄姊、外祖父母、夫、夫之祖父母、父母。

［疏］议曰：殴谓殴击，谋谓谋计。自叔伯以下，即据杀讫，若谋而未杀，自当"不睦"之条。"恶逆"者，常赦不免，决不待时；"不睦"者，会赦合原，惟止除名而已。以此为别，故立制不同。[3]

---

〔1〕〔唐〕长孙无忌等：《唐律疏议》，中华书局1983年版，第12页。

〔2〕《唐律疏议·贼盗律·谋反大逆》，见〔唐〕长孙无忌等：《唐律疏议》，中华书局1983年版，第321页。

〔3〕《唐律疏议·名例律·十恶》，见〔唐〕长孙无忌等：《唐律疏议》，中华书局1983年版，第8页。

　　七曰不孝。（谓告言、诅詈祖父母父母，及祖父母父母在，别籍、异财，若供养有阙；居父母丧，身自嫁娶，若作乐，释服从吉；闻祖父母父母丧，匿不举哀，诈称祖父母父母死。）

　　［疏］议曰：善事父母曰孝。既有违犯，是名"不孝"。[1]

　　注：及祖父母父母在，别籍、异财，

　　［疏］议曰：祖父母、父母在，子孙就养无方，出告反面，无自专之道。而有异财、别籍，情无至孝之心，名义以之俱沦，情节于兹并弃，稽之典礼，罪恶难容。二事既不相须，违者并当十恶。

　　注：若供养有阙；

　　［疏］议曰：《礼》云："孝子之养亲也，乐其心，不违其志，以其饮食而忠养之。"其有堪供而阙者，祖父母、父母告乃坐。[2]

　　注：闻祖父母父母丧，匿不举哀及诈称祖父母父母死。

　　［疏］议曰：依《礼》："闻亲丧，以哭答使者，尽哀而问故。"父母之丧，创巨尤切，闻即崩殒，擗踊号天。今乃匿不举哀，或拣择时日者，并是。[3]

　　诸谋杀期亲尊长、外祖父母、夫、夫之祖父母、父母者，皆斩。（犯奸而奸人杀其夫，所奸妻妾虽不知情，与同罪。）

----

〔1〕《唐律疏议·名例律·十恶》，见〔唐〕长孙无忌等：《唐律疏议》，中华书局1983年版，第12页。

〔2〕《唐律疏议·名例律·十恶》，见〔唐〕长孙无忌等：《唐律疏议》，中华书局1983年版，第13页。

〔3〕《唐律疏议·名例律·十恶》，见〔唐〕长孙无忌等：《唐律疏议》，中华书局1983年版，第14页。

〔疏〕议曰：期亲尊长、外祖父母、夫、夫之祖父母、父母，并于名例解讫。若妻妾同谋，亦无首从。[1]

（3）刑以维护夫妻、亲属、上下之义

八曰不睦。（谓谋杀及卖缌麻以上亲，殴告夫及大功以上尊长、小功尊属。）

〔疏〕议曰：《礼》曰："讲信修睦。"《孝经》云："民用和睦。"睦者，亲也。此条之内，皆是亲族相犯，为九族不相叶睦，故曰"不睦"。

…………

注：殴告夫及大功以上尊长、小功尊属。

〔疏〕议曰：依《礼》："夫者，妇之天。"又云："妻者，齐也。"恐不同尊长，故别言夫号。大功尊长者，依礼，男子无大功尊，唯妇人于夫之祖父母及夫之伯叔父母是大功尊。[2]

九曰不义。（谓杀本属府主、刺史、县令、见受业师，吏、卒杀本部五品以上官长；及闻夫丧匿不举哀，若作乐，释服从吉及改嫁。）

〔疏〕议曰：礼之所尊，尊其义也。此条元非血属，本止以义相从，背义乖仁，故曰"不义"。[3]

…………

注：及闻夫丧匿不举哀，若作乐，释服从吉及改嫁。

---

〔1〕《唐律疏议·贼盗律·谋杀期亲尊长》，见〔唐〕长孙无忌等：《唐律疏议》，中华书局 1983 年版，第 327 页。

〔2〕《唐律疏议·名例律·十恶》，见〔唐〕长孙无忌等：《唐律疏议》，中华书局 1983 年版，第 14 页。

〔3〕《唐律疏议·名例律·十恶》，见〔唐〕长孙无忌等：《唐律疏议》，中华书局 1983 年版，第 15 页。

［疏］议曰：夫者，妻之天也。移父之服而服，为夫斩衰，恩义既崇，闻丧即须号恸。而有匿哀不举，居丧作乐，释服从吉，改嫁忘忧，皆是背礼违义，故俱为十恶。其改嫁为妾者，非。[1]

（4）刑以维护经伦正道

五曰不道。（谓杀一家非死罪三人，支解人，造畜蛊毒、厌魅。）

［疏］议曰：安忍残贼，背违正道，故曰"不道"。[2]

十曰内乱。（谓奸小功以上亲、父祖妾及与和者。）

［疏］议曰：《左传》云："女有家，男有室，无相渎。易此则乱。"若有禽兽其行，朋浮于家，紊乱礼经，故曰"内乱"。[3]

2. 刑以宽免特权及贤能者

唐律中的"八议"确保特权阶层及贤能、功勋、尊贵者在刑事处罚上得到减免，这一方面符合社会价值观中的尚尊礼贤，但另一方面也导致"刑不上大夫"、同罪异罚的结果。

［疏］议曰：《周礼》云："八辟丽邦法。"今之"八议"，周之"八辟"也。《礼》云："刑不上大夫。"犯法则在八议，轻重不在刑书也。其应议之人，或分液天

---

[1]《唐律疏议·名例律·十恶》，见〔唐〕长孙无忌等：《唐律疏议》，中华书局1983年版，第16页。

[2]《唐律疏议·名例律·十恶》，见〔唐〕长孙无忌等：《唐律疏议》，中华书局1983年版，第9页。

[3]〔唐〕长孙无忌等：《唐律疏议》，中华书局1983年版，第16页。

潢，或宿侍旒扆，或多才多艺，或立事立功，简在帝心，勋书王府。若犯死罪，议定奏裁，皆须取决宸衷，曹司不敢与夺。此谓重亲贤，敦故旧，尊宾贵，尚功能也。以此八议之人犯死罪，皆先奏请，议其所犯，故曰"八议"。[1]

3. 刑以维护社会秩序

（1）维护国家安全
除前述谋反大逆外，谋叛之罪也属刑所制裁的范围。

> 三曰谋叛。（谓谋背国从伪。）
> ［疏］议曰：有人谋背本朝，将投蕃国，或欲翻城从伪，或欲以地外奔，即如莒牟夷以牟娄来奔，公山弗扰以费叛之类。[2]

> 诸谋叛者，绞。已上道者皆斩，（谓协同谋计乃坐，被驱率者非。余条被驱率者，准此）。
> ［疏］议曰：谋叛者，谓欲背国投伪，始谋未行事发者，首处绞，从者流。已上道者，不限首从，皆斩。[3]

（2）保护人身财产权
对于侵犯人身财产权的犯罪，唐律条文尤为占多，且科刑较重。

> 诸强盗，（谓以威若力而取其财，先强后盗、先盗后强

---

［1］《唐律疏议·名例律·八议》，见〔唐〕长孙无忌等：《唐律疏议》，中华书局1983年版，第16页。

［2］《唐律疏议·名例律·十恶》，见〔唐〕长孙无忌等：《唐律疏议》，中华书局1983年版，第8页。

［3］《唐律疏议·贼盗·谋叛》，见〔唐〕长孙无忌等：《唐律疏议》，中华书局1983年版，第325页。

等。若与人药酒及食，使狂乱取财，亦是。即得阑遗之物，殴击财主而不还；及窃盗发觉，弃财逃走，财主追捕，因相拒捍：如此之类，事有因缘者，非强盗。)[1]

诸窃盗，不得财笞五十；一尺杖六十，一匹加一等；五匹徒一年，五匹加一等，五十匹加役流。[2]

谋诸杀人者，徒三年；已伤者，绞；已杀者，斩。从而加功者，绞；不加功者，流三千里。造意者，虽不行仍为首；(雇人杀者，亦同。)[3]

（四）治刑执中的罪刑规定

唐代奉行"治刑执中"的原则，主要体现为以下两个方面：第一，惟刑是恤。第二，慎于开塞。即儒家治刑观中的"恤刑"与"慎刑"。虽简单四字，其精神却在整本刑律中通过矜恤老幼、罪刑相适、罪止一身等规定展现无遗。现据其情状，举例述之。

1. 惟刑是恤

对于"恤刑"的要求，唐律在"加役流"条中予以强调：

[疏]议曰：加役流者，旧是死刑，武德年中改为断趾。国家惟刑是恤，恩弘博爱，以刑者不可复属，死者务欲生之，情轸向隅，恩覃祝网，以贞观六年奉制改为加

---

[1]《唐律疏议·贼盗·强盗》，见〔唐〕长孙无忌等：《唐律疏议》，中华书局 1983 年版，第 356 页。

[2]《唐律疏议·贼盗律·窃盗》，见〔唐〕长孙无忌等：《唐律疏议》，中华书局 1983 年版，第 358 页。

[3]《唐律疏议·贼盗律·谋杀人》，见〔唐〕长孙无忌等：《唐律疏议》，中华书局 1983 年版，第 329 页。

役流。[1]

恤刑的重要性也在律中予以阐释:

> 答曰:令为课役生文,律以定刑立制。惟刑是恤,貌即奸生。课役稍轻,故得临时貌定;刑名事重,止可依据籍书。律、令义殊,不可破律从令。[2]

(1)治刑应宽免老幼废疾

> 诸年七十以上、十五以下及废疾,犯流罪以下,收赎。(犯加役流、反逆缘坐流、会赦犹流者,不用此律;至配所,免居作。)

> [疏]议曰:依《周礼》:"年七十以上及未龀者,并不为奴。"今律:年七十以上、七十九以下,十五以下、十一以上及废疾,为矜老小及疾,故流罪以下收赎。[3]

> 至配所免居作者,矜其老小,不堪役身,故免居作。其妇人流法,与男子不同:虽是老小,犯加役流,亦合收赎,征铜一百斤;反逆缘坐流,依《贼盗律》:"妇人年六十及废疾,并免。"不入此流。"即虽谋反,词理不能动众,威力不足率人者,亦皆斩,父子、母女、妻妾并流三千里"。其女及妻妾年十五以下、六十以上,亦免流配,征铜一百斤;妇人犯会赦犹流,唯造畜蛊毒,并同居家口仍配。

---

[1]《唐律疏议·名例律·应议请减》,见〔唐〕长孙无忌等:《唐律疏议》,中华书局1983年版,第35页。

[2]《唐律疏议·名例律·称日年及众谋》,见〔唐〕长孙无忌等:《唐律疏议》,中华书局1983年版,第141页。

[3]《唐律疏议·名例律·老小及疾有犯》,见〔唐〕长孙无忌等:《唐律疏议》,中华书局1983年版,第80页。

八十以上、十岁以下及笃疾，犯反、逆、杀人应死者，
上请；

[疏]议曰：《周礼》"三赦"之法：一曰幼弱，二曰老
耄，三曰蠢愚。今十岁合于"幼弱"，八十是为"老耄"，
笃疾"蠢愚"之类，并合"三赦"之法。有不可赦者，年
虽老小，情状难原，故反、逆及杀人，准律应合死者，曹
司不断，依上请之式，奏听敕裁。[1]

（2）治刑应宽免自新之人

在罪与刑的设定上，唐律重视惩治与教育相结合，如设置"保
辜"条，以罪犯的事后积极补救行为及其效果作为量刑的依据；设置
"犯罪未发自首"条，如罪犯可将情状恢复到犯罪之前，则可在一定
程度上减免刑罚。

诸保辜者，手足殴伤人限十日，以他物殴伤人者二十
日，以刃及汤火伤人者三十日，折跌支体及破骨者五十日。
（殴、伤不相须。余条殴伤及杀伤，各准此。）

[疏]议曰：凡是殴人，皆立辜限。手足殴人，伤与不
伤，限十日；若以他物殴伤者，限二十日；"以刃"，刃谓
金铁，无大小之限，"及汤火伤人"，谓灼烂皮肤，限三十
日；若折骨跌体及破骨，无问手足、他物，皆限五十日。
注云"殴、伤不相须"，谓殴及伤，各保辜十日。然伤人
皆须因殴，今言不相须者，为下有僵仆，或恐迫而伤，此
则不因殴而有伤损，故律云"殴、伤不相须"。"余条殴伤
及杀伤各准此"，谓诸条殴人，或伤人，故、斗、谋杀，
强盗，应有罪者，保辜并准此。

---

[1]《唐律疏议·名例律·老小及疾有犯》，见〔唐〕长孙无忌等：《唐律疏议》，中华书
局 1983 年版，第 81 页。

限内死者，各依杀人论；其在限外及虽在限内，以他·故死者，各依本殴伤法。（他故，谓别增余患而死者。）

［疏］议曰："限内死者，各依杀人论"，谓辜限内死者，不限尊卑、良贱及罪轻重，各从本条杀罪科断。"其在限外"，假有拳殴人，保辜十日，计累千刻之外，是名"限外"；"及虽在限内"，谓辜限未满，"以他故死者"，他故谓别增余患而死，假殴人头伤，风从头疮而入，因风致死之类，仍依杀人论，若不因头疮得风，别因他病而死，是为"他故"：各依本殴伤法。故注云"他故，谓别增余患而死"。其有堕胎、瞎目、毁败阴阳、折齿等，皆约手足、他物、以刃、汤火为辜限。[1]

诸犯罪未发而自首者，原其罪。（正赃犹征如法。）

［疏］议曰：过而不改，斯成过矣。今能改过，来首其罪，皆合得原。若有文牒言告，官司判令三审，牒虽未入曹局，即是其事已彰，虽欲自新，不得成首。

［疏］议曰：称正赃者，谓盗者自首，不征倍赃。称如法者，同未首前法，征还官、主：枉法之类，彼此俱罪，犹征没官；取与不和及乞索之类，犹征还主。

其轻罪虽发，因首重罪者，免其重罪；

即遣人代首，若于法得相容隐者为首及相告言者，各听如罪人身自首法；（缘坐之罪及谋叛以上本服期，虽捕告，俱同自首例。）

其闻首告，被追不赴者，不得原罪。（谓止坐不赴者身。）

即自首不实及不尽者，以不实不尽之罪罪之，至死者，

---

〔1〕《唐律疏议·斗讼律·保辜》，见〔唐〕长孙无忌等：《唐律疏议》，中华书局1983年版，第388页。

听减一等。(自首赃数不尽者，止计不尽之数科之。)

其知人欲告及亡叛而自首者，减罪二等坐之；

即亡叛者虽不自首，能还归本所者，亦同。

其于人损伤，(因犯杀伤而自首者，得免所因之罪，仍从故杀伤法。本应过失者，听从本。)

于物不可备偿，(本物见在首者，听同免法。)

即事发逃亡，(虽不得首所犯之罪，得减逃亡之坐。)

若越度关及奸，(私度亦同。奸，谓犯良人。)

并私习天文者，并不在自首之例。[1]

2. 慎于开塞

唐律《名例律》中明确规定，"刑法慎于开塞，一律不可两科，执宪履绳，务从折中"[2]。关于"慎刑"，唐律主要体现在：罪刑应由法定，不可随意用刑；依照礼的要求，以亲疏、尊卑关系作为量刑轻重的标准；罪刑相适，犯罪皆依其严重程度量刑，同一罪名内也有刑等差别；罪止一身，由罪犯本人接受处刑，严重犯罪则限制连坐范围。

（1）治刑应以"律令格式"规定为准

唐律中虽未有现代法意义上的"罪刑法定"原则，但也要求司法官员在断罪用刑时依照法律规定。

诸断罪皆须具引律、令、格、式正文，违者笞三十。

若数事共条，止引所犯罪者，听。

[疏]议曰：犯罪之人，皆有条制。断狱之法，须凭正

---

〔1〕《唐律疏议·名例律·犯罪未发自首》，见〔唐〕长孙无忌等：《唐律疏议》，中华书局1983年版，第101页。

〔2〕〔唐〕长孙无忌等：《唐律疏议》，中华书局1983年版，第321页。

文。若不具引，或致乖谬。违而不具引者，笞三十。"若数事共条"，谓依《名例律》："二罪以上俱发，以重者论。即以赃致罪，频犯者并累科。"假有人虽犯二罪，并不因赃，而断事官人止引"二罪俱发以重者论"，不引"以赃致罪"之类者，听。[1]

（2）刑以亲疏尊卑设定轻重等级

唐律继承晋以来"五服制罪"的原则，关系越近，以卑犯尊者处刑越重，以尊犯卑者则处刑越轻，反之亦然。如《斗讼律》中规定，告期亲以下、缌麻以上尊长，处徒二年，且所处刑罚也根据罪犯与受害者之间的亲疏而逐级变化。

> 诸告期亲尊长、外祖父母、夫、夫之祖父母，虽得实，徒二年；其告事重者，减所告罪一等；（所犯虽不合论，告之者犹坐。）即诬告重者，加所诬罪三等。告大功尊长，各减一等；小功、缌麻，减二等；诬告重者，各加所诬罪一等。
>
> ［疏］议曰："告期亲尊长、外祖父母、夫、夫之祖父母"，依《名例律》："并相容隐，被告之者，与自首同；告者，各徒二年。"告事重于徒二年者，"减所告罪一等"，假有告期亲尊长盗上绢二十五匹，合徒三年，尊长同首法免罪，卑幼减所告罪一等，合徒二年半之类。注云"所犯虽不合论"，谓期亲以下，或年八十以上，十岁以下，若笃疾，犯罪虽不合论，而卑幼告之，依法犹坐。即诬告期亲尊长，得罪重于二年徒者，"加所诬罪三等"，假有诬告期亲尊长一年半徒罪，加所诬罪三等，合徒三年，此亦是

---

［1］《唐律疏议·断狱·断罪不具引律令格式》，见〔唐〕长孙无忌等：《唐律疏议》，中华书局1983年版，第561页。

"计加得重于本罪，即须加。""告大功尊长，各减一等"，
谓告得实，徒一年半；重于徒一年半者，即减期亲罪一等。
假有告大功尊长三年徒，减期亲一等，处徒二年。告小功、
缌麻尊长，虽得实，同减期亲二等，合徒一年；告事重者，
亦减期亲尊长二等。假有告三年徒，虽实，徒一年半之类。
"诬告重者"，谓诬告大功、小功、缌麻重者。"各加所诬
罪一等"，假有诬告大功尊长一年半徒，加所诬罪一等，
合徒二年；诬告小功、缌麻尊长徒一年罪，亦加所诬罪一
等，徒一年半之类。[1]

但若所告者为缌麻以上卑幼，则仅处杖八十。

> 诸告缌麻、小功卑幼，虽得实，杖八十；大功以上，
> 递减一等。诬告重者，期亲，减所诬罪二等；大功，减一
> 等；小功以下，以凡人论。
> 　[疏]议曰：称"缌麻、小功"，即外姻有服者亦是。
> 其相隐既得减罪，有过不合告言，故虽得实，合杖八十。
> 告大功卑幼，减小功一等；期亲卑幼，又减一等。"诬告
> 重者"，谓诬告期亲重于杖六十者。"减所诬罪二等"，犹
> 如诬告弟侄九十杖罪，合减所诬二等，合杖七十。若告大
> 功，减一等，合杖八十。若告小功以下，以凡人论，仍得
> 杖九十。[2]

（3）治刑需罪刑相适
唐律强调罪刑相适，如窃盗罪虽为立法者所重视的罪名，也以

〔1〕《唐律疏议·斗讼·告期亲尊长》，见〔唐〕长孙无忌等：《唐律疏议》，中华书局
　　1983年版，第435页。
〔2〕《唐律疏议·斗讼·告缌麻卑幼》，见〔唐〕长孙无忌等：《唐律疏议》，中华书局
　　1983年版，第436页。

数额计量，等差入刑，最高刑至加役流。

[疏]议曰：窃盗人财，谓潜形隐面而取。盗而未得者，笞五十。得财一尺杖六十，一匹加一等，即是一匹一尺杖七十。以次而加至赃满五匹，不更论尺，即徒一年。每五匹加一等，四十匹流三千里，五十匹加役流。其有于一家频盗及一时而盗数家者，并累而倍论。倍，谓二尺为一尺。若有一处赃多，累倍不加重者，止从一重而断，其倍赃依《例》总征。[1]

[疏]议曰：强盗取人财，注云"谓以威若力"，假有以威胁人，不加凶力，或有直用凶力，不作威胁，而劫掠取财者；"先强后盗"，谓先加迫胁，然后取财；"先盗后强"，谓先窃其财，事觉之后，始加威力：如此之例，俱为"强盗"。若饮人药酒，或食中加药，令其迷谬而取其财者，亦从"强盗"之法。即得阑遗之物，财主来认，因即殴击，不肯还物；及窃盗取人财，财主知觉，遂弃财逃走，财主逐之，因相拒捍：如此之类，是事有因缘，并非"强盗"，自从"斗殴"及"拒捍追捕"之法。[2]

（4）治刑需罪止一身

除一般条文处刑仅罪止一身外，谋反大逆等极刑，仅处十六岁以上父子死刑，叔伯、兄弟之子处流刑，十五岁以下男性及女性没官，老幼废疾则免。

---

[1]《唐律疏议·贼盗律·窃盗》，见〔唐〕长孙无忌等：《唐律疏议》，中华书局1983年版，第358页。

[2]《唐律疏议·贼盗律·强盗》，见〔唐〕长孙无忌等：《唐律疏议》，中华书局1983年版，第357页。

　　诸谋反及大逆者，皆斩；父子年十六以上皆绞，十五以下及母女、妻妾、子妻妾亦同。祖孙、兄弟、姊妹若部曲、资财、田宅并没官，男夫年八十及笃疾、妇人年六十及废疾者并免；（余条妇人应缘坐者，准此。）伯叔父、兄弟之子皆流三千里，不限籍之同异。

　　［疏］议曰：人君者，与天地合德，与日月齐明，上祗宝命，下临率土。而有狡竖凶徒，谋危社稷，始兴狂计，其事未行，将而必诛，即同真反。《名例》："称谋者，二人以上。若事已彰明，虽一人同二人之法。"大逆者，谓谋毁宗庙、山陵及宫阙。反则止据始谋，大逆者谓其行讫，故谋反及大逆者皆斩，父子年十六以上皆绞。言"皆"者，罪无首从。十五以下及母女、妻妾，祖孙、兄弟、姊妹，若部曲、资财、田宅，并没官。部曲不同资财，故特言之。部曲妻及客女，并与部曲同。奴婢同资财，故不别言。男夫年八十及笃疾，妇人年六十及废疾，并免缘坐。谓"谋叛已上道"及"杀一家非死罪三人"，并"告贼消息"，此等之罪，缘坐各及妇人，其年六十及废疾亦免。故云"妇人应缘坐者，准此"。"伯叔父、兄弟之子，皆流三千里，不限籍之同异"，虽与反逆人别籍，得罪皆同。若出继同堂以外，即不合缘坐。[1]

三、宋代律典

　　宋建隆四年（963年）二月，工部尚书兼判大理寺事窦仪上奏："《周刑统》科条繁浩，或有未明，请别加详定。"为了统一法令、

---

[1]《唐律疏议·贼盗·谋反大逆》，见〔唐〕长孙无忌等：《唐律疏议》，中华书局1983年版，第321页。

巩固政权，宋太祖命窦仪与大理寺少卿苏晓等，在后周《显德刑统》的基础上进行更定，至建隆四年（963 年）八月完成修订工作，称《建隆重详定刑统》（《宋刑统》）。《宋刑统》共十二篇，五百零二条，与现存唐律相比，其在律文篇目和内容上均无太大差别，唯在每条之后补充增加了历年所编敕令格式；同时，在目录中增加"门"类，并增设起请条。本节对于宋律与唐律相同之处不再赘述，仅对法刑内容中的变化之处予以详列。

（一）《进刑统表》中的法刑原则

《进刑统表》为窦仪奏《宋刑统》时所进之表，其中叙述了《宋刑统》制定的原因、程序、所依据的原则，是《宋刑统》编撰者对法与刑理解的体现。

1. 德本刑用，立法宽简利民

> 礼之失则刑之得，作于凉而弊于贪。
>
> 臣闻虞帝聪明，始恤开而御物；汉高豁达，先约法以临人，盖此丹书辅于皇极。百王之损益相因，四海之准绳斯在。如御勒之持逸驾，犹郛郭之域群居，有国有家，其来尚矣。[1]

2. 律法缜密细致，义理通明

> 哀矜在念，钦恤为怀，网欲自密而疏，文务从微而显。[2]

---

〔1〕〔宋〕窦仪等：《宋刑统》，法律出版社 1999 年版，第 1 页。
〔2〕〔宋〕窦仪等：《宋刑统》，法律出版社 1999 年版，第 1 页。

3.刑名完备，罪刑轻重统一

其有今昔浸异，轻重难同，或则禁约之科，刑名未备，臣等起请总三十二条，其格令宣敕削出及后来至今续降要用者，凡一百六条，今别编分为四卷，名曰《新编敕》。[1]

4.旁采旧法，合于执中

伏以《刑统》，前朝创始，群彦规为，贯彼旧章，采缀于撮要，属兹新造，发挥愈合于执中。[2]

（二）由恩及威的刑制变化

宋初，太祖为收复民心，将"宽简刑罚"作为治法的主要准则，创制"折杖法"。"折杖法"是通过杖刑折抵笞、徒、流刑，为太祖刑制上宽宥措施的体现。然而，也正是折杖法的创设，使得刑制过轻且刑种配置不合理，原有的五刑体系流于形式，宽宥之刑成为流弊。为遏制犯罪，政府不得不创设新刑种，形成"以臀杖、脊杖、编管、配刑、死刑为主的刑罚体系，凌迟亦成为常用刑，结果使宋代刑罚较唐代更为严酷"[3]。

1.创设折杖法

《宋刑统·名例律》"五刑"

□□□□□□□□□□□□敕尚书都省□□□□□

---

[1] 〔宋〕窦仪等：《宋刑统》，法律出版社 1999 年版，第 1 页。
[2] 〔宋〕窦仪等：《宋刑统》，法律出版社 1999 年版，第 1 页。
[3] 吕志兴：《〈折杖法〉对宋代刑罚重刑化的影响》，载《现代法学》2007 年第 5 期。

□□□□□月十六日奉圣旨，徒、流、笞、杖刑名，应合该除、免、当、赎、上请外，据法书轻重等第，用常行杖施行，令臣等详定可否奏闻。俾官吏之依凭，绝刑名之出入，立兹定制，始自圣朝。臣等参详：伏请宣下法司，颁行天下者，奉敕宜依，仍付所司，遍下诸道州府者。

流刑

加役流，决脊杖二十，配役三年。

流三千里，决脊杖二十，配役一年。

流二千五百里，决脊杖十八，配役一年。

流二千里，决脊杖十八，配役一年。

流二千里，决脊杖十七，配役一年。

徒刑

徒三年，决脊杖二十，放。

徒二年半，决脊杖十八，放。

徒二年，决脊杖十七，放。

徒一年半，决脊杖十五，放。

徒一年，决脊杖十三，放。

杖刑

杖一百，决臀杖二十，放。

杖九十，决臀杖十八，放。

杖八十，决臀杖十七，放。

杖七十，决臀杖十五，放。

杖六十，决臀杖十三，放。

笞刑

笞五十，决臀杖十下，放。

笞四十、三十，决臀杖八下，放。

笞二十、一十，决臀杖七下，放。[1]

2.恢复肉刑：刺配创设与凌迟入刑

（1）刺配之刑

宋人承五代为刺配之法，既杖其脊，又配其人，且刺其面，是一人之身一事之犯而兼受三刑也。[2]

国朝凡犯罪，流罪决讫配役如旧条，杖以上情重者有刺面、不刺面配本州牢城，仍各分地里近远，五百里、千里以上及广南、福建、荆湖之别。[3]

三年，中书上刑名未安者五：
……其三，刺配之法二百余条，其间情理轻者，亦可复古徒流移乡之法，俟其再犯，然后决刺充军。其配隶并减就本处，或与近地。凶顽之徒，自从旧法。编管之人，亦迭送他所，量立役作时限，无得髡钳。[4]

（2）凌迟入刑

诏如闻荆湖杀人祭鬼，自今首谋若加功者，凌迟斩之。[5]

应灾伤州军捉获强劫贼人，内有曾杀害人命及累行劫盗情理巨蠹者，即许凌迟处死。[6]

---

〔1〕〔宋〕窦仪等：《宋刑统》，法律出版社 1999 年版，第 3 页。

〔2〕〔清〕沈家本：《历代刑法考》，中华书局 1985 年版，第 237 页。

〔3〕〔清〕徐松辑：《宋会要辑稿》，中华书局 1957 年版，第 6622 页。

〔4〕《宋书·刑法志》，见《宋史》，中华书局 1977 年版，第 5007—5008 页。

〔5〕〔元〕马端临：《文献通考》，中华书局 1986 年版，第 1447 页。

〔6〕〔清〕徐松辑：《宋会要辑稿》，中华书局 1957 年版，第 6944 页。

3. 编管刑

> 受军民钱财，枉法赃六十二匹，合处死，特诏贷命，配连州编管。[1]

> 失入死罪一名，为首当职官勒停，吏人千里编管；二名者，为首当职官追一官勒停，吏人二千里编管；三名者，为首当职官追二官勒停，吏人配千里。[2]

（三）义利并重的罪名设置

宋代除继承唐及五代法律体系完备的特征外，对国家经济的发展也很重视。在一系列政策的引导下，宋代国家经济实力增强，其在思想上体现为重义亦重利。这样一种义利并重的思想，在《宋刑统》中也得到了体现。如《宋刑统》中对刑事犯罪的规定并无太大变化，仅对官员犯罪苛刑有所减轻，而其主要的变化则表现为民事条款的增加。

1. 刑事条款的变化

（1）贪赃

宋代对监临官吏犯赃罪的处罚较唐朝有明显减轻，同时，对无禄者犯赃枉法与不枉法的处罚标准也有所放宽。

> ［准］周显德五年七月七日敕条；不枉法赃，今后过五十匹者，奏取敕裁。
> 臣等参详：今后应缘检括田苗、差役、定税、送帐过

---

〔1〕〔清〕徐松辑：《宋会要辑稿》，中华书局 1957 年版，第 6701 页。
〔2〕杨一凡、田涛编，戴建国点校：《庆元条法事类》，黑龙江出版社 2002 年版，第752 页。

簿、了末税租、团保捉贼、供造僧帐，因以上公事率敛人，钱物入己，无所枉曲者，诸以不枉法论，过五十匹者奏取敕裁。若不入己，转将行用，减二等过，一百匹者奏取敕裁。若率敛财物有所枉曲，及强率敛人钱物入己者，并以枉法论。诸有事先不许财，事过之后而受财者，事若枉，准枉法论，事不枉者，以受所监临财物论。[1]

（2）盗窃

与贪赃罪相反，宋代对于盗窃行为的处罚较唐代明显加重，对于屡犯盗窃罪的罪犯则直接处以极刑。

> ［准］建隆三年二月十一日敕节文：起今后犯窃盗，赃满五贯文足陌，处死。不满五贯文，决脊杖二十，配役三年；不满三贯文，决脊杖二十，配役二年；不满二贯文，决脊杖十八，配役一年；一贯文以下，量罪科决。其随身并女仆偷盗本主财物，赃满十贯文足陌，处死。不满十贯文，决脊杖二十，配役三年；不满七贯文，决脊杖二十，配役二年；不满五贯文，决脊杖十八，配役一年；不满三贯文，决臀杖二十；一贯文以下，量罪科决。如是伏事未满二周年偷盗者，一准凡人断遣。应配役人，并配逐处重役，不刺面，满日疏放。其女口与免配役。所有赃钱，以一百文足陌。为陌余从前后格、敕处分。
>
> 或闻外州断狱，窃盗不分首从。为准律云，假有十人共盗十匹，各得十匹之罪，谓之赃满，尽处极刑。盖是官吏不详律意，枉陷人命，特与分别，免至错误。臣等参详：请今后应犯窃盗，不计几人同行，将逐人脚下赃物，都并

［1］《宋刑统·职制律·枉法赃不枉法赃》，见〔宋〕窦仪等：《宋刑统》，法律出版社1999年版，第200页。

为一处，估至五贯文足陌者，头首处死；余为从坐。如赃钱各不满者，并准敕条等第处分。[1]

2. 民事条款的增加

宋代重视经济发展，商品经济呈现繁荣局面，《宋刑统》中民事条款也随之增多。如《宋刑统》首创"户绝资产"门、"死商钱物"门、"典卖指当论竞物业"门、"婚田入务"门等。

［准］丧葬令：诸身丧户绝者，所有部曲、客女、奴婢、店宅、资财，并令近亲亲，依本服，不以出降。转易货卖，将营葬事及量营功德之外，余财并与女。户虽同，资财先别者，亦准此。无女，均入以次近亲；无亲戚者，官为检校。若亡人在日，自有遗嘱处分，证验分明者，不用此令。

［准］唐开成元年七月五日敕节文：自今后，如百姓及诸色人死绝无男，空有女，已出嫁者，令文合得资产。其间如有心怀觊望，孝道不全，与夫合谋有所侵夺者，委所在长吏严加纠察，如有此色，不在给与之限。

臣等参详：请今后户绝者，所有店宅、畜产、资财、营葬功德之外，有出嫁女者，三分给与一分，其余并入官。如有庄田，均与近亲承佃。如有出嫁亲女被出，及夫亡无子，并不曾分割得夫家财产入己，还归父母家后户绝者，并同在室女例，余准令敕处分。[2]

［准］主客式：诸商旅身死，勘问无家人亲属者，所有

---

〔1〕《宋刑统·贼盗律·强盗窃盗》，见〔宋〕窦仪等：《宋刑统》，法律出版社 1999 年版，第 345 页。

〔2〕《宋刑统·户婚律》，见〔宋〕窦仪等：《宋刑统》，法律出版社 1999 年版，第 222 页。

财物，随便纳官，仍具状申省。在后有识认勘当，灼然是其父兄子弟等，依数却酬还。

[准] 唐大和五年二月十三日敕节文：死商钱物等，其死商有父母、嫡妻及男，或亲兄弟、在室姊妹、在室女、亲侄男，见相随者，便任收管财物。如死商父母、妻儿等不相随，如后亲属将本贯文牒来收认，委专知官切加根寻，实是至亲，责保讫，任分付取领，状入案申省。

[准] 唐大和八年八月二十三日敕节文：当司应州、郡死商，及波斯、蕃客资财货物等、谨具条流如后：后略。〔1〕

[准] 杂令：诸家长在，在，谓三百里内，非隔阂者。而子孙弟侄等不得辄以奴婢、六畜、田宅及余财物私自质举，及卖田宅。无质而举者，亦准此。其有质举卖者，皆得本司文牒，然后听之。若不相本问，违而辄与及买者，物即还主，钱没不追。臣等参详：应典、卖物业，或指名质举，须是家主尊长对钱主或钱主亲信人，当面署押契帖；或妇女难于面对者，须隔帘幕亲闻商量，方成交易。如家主尊长在外，不计远近，并须依此。若隔在化外，及阻隔兵戈，即须州、县相度事理，给与凭由，方许商量交易。如是卑幼骨肉蒙昧尊长，专擅典、卖、质举、倚当，或伪署尊长姓名，其卑幼及牙保引致人等，并当重断，钱业各还两主。其钱已经卑幼破用，无可征偿者，不在更于家主尊长处征理之限。应田宅、物业虽是骨肉不合有分，辄将典、卖者，准盗论，从律处分。

[准] 建隆三年十二月五日敕节文：今后应典及倚当

---

〔1〕《宋刑统·户婚律》，见〔宋〕窦仪等：《宋刑统》，法律出版社 1999 年版，第223 页。

庄宅、物业与人，限外虽经年深，元契见在，契头虽已亡没，其有亲的子孙及有分骨肉，证验显然者，不限年岁，并许收赎。如是典当限外，经三十年后，并无文契，及虽执文契，难辨真虚者，不在论理收赎之限，见佃主一任典卖。

臣等参详：自唐元和六年后来条理，典卖物业，敕文不一，今酌详旧条，逐件书一如后：

一、应田土、屋舍有连接交加者，当时不曾论理，伺候家长及见证亡殁，子孙幼弱之际，便将难明契书扰乱别县，空烦刑狱，证验终难者，请准唐长庆二年八月十五日敕："经二十年以上不论"，即不在论理之限。有故留滞在外者，即与出除在外之年。违者，并请以"不应得为"从重科罪。

一、应有将物业重迭倚当者，本主、牙人、邻人并契上署名人，各计所欺入己钱数，并准盗论。不分受钱者，减三等，仍征钱还被欺之人。如业主填纳罄尽不足者，勒同署契牙保、邻人等同共陪填，其物业归初倚当之主。[1]

［准］杂令：谓诉田宅、婚姻、债负，起十月一日，至三月三十日检校，以外不合。若先有文案，交相侵夺者，不在此例。臣等参详：所有论竞田宅、婚姻、债负之类，债负，谓法许征理者。取十月一日以后，许官司受理，至正月三十日住接词状，三月三十日以前断遣须毕，如未毕，具停滞刑狱事由闻奏。如是交相侵夺及诸般词讼，但不干田农人户者，所在官司随时受理断遣，不拘上

---

[1]《宋刑统·户婚律》，见〔宋〕窦仪等：《宋刑统》，法律出版社1999年版，第230页。

件月日之限。[1]

四、明清律典

《明史·刑法志》记载："盖太祖之于律令也，草创于吴元年，更定于洪武六年，整齐于二十二年，至三十年始颁示天下。日久而虑精，一代法始定。"[2]明太祖仿唐律而制明律，对律文编撰体例和条文内容进行大幅修改，并于洪武三十年（1397年）颁行。因太祖之训，其子孙鲜对条文内容进行更改。如果因情势需要修改法律，则是通过例的方式对法律规范进行修补，形成了以例补律的立法方式。清承明制，清代法律除体例和律文内容大体因袭明律外，更是彻底吸收了律例并行方式，将律例合编为一体，于乾隆五年（公元1740年）定名为《大清律例》，其后清朝统治者也仅是对例文进行修正，以应对时世变化。

治法理念上，明初太祖以重典治国、明刑弼教为原则，其虽延续了唐宋朝以德礼为本的治国观念，但却提高了刑在治国中的地位，以重刑对"罪官"与"贼民"进行制裁，故清代律学家薛允升在其《唐明律合编》中认为，明律相较于唐律而言其主要特点是"重其所重，轻其所轻"，即"事关典礼及风俗教化等事，唐律均较明律为重；贼、盗及有关帑项、钱粮等事，明律则又较唐律为重"[3]。至清时，统治者重典治国的观念一体因袭，除沿袭明律设置枷号、允军等较重刑种外，对贼盗处刑也更为严厉。增加《比引律条》，为"比附援引"这一"类推"用刑增加了法律的确定性。

---

[1]《宋刑统·户婚律》，见〔宋〕窦仪等：《宋刑统》，法律出版社1999年版，第232页。

[2]《明史》，中华书局1974年版，第2284页。

[3]〔清〕薛允升：《唐明律合编》，怀效锋、李鸣点校，法律出版社1999年版，第170页。

（一）治法的思想与功能

明代奉行重典治国，清代因袭之。明清治法的思想和治法的功能在律典的序言、颁布的公文、上谕等律文中都有清晰体现。本节引明代《御制大明律序》《进大明律表》，清代《世祖章皇帝御制大清律原序》《圣祖仁皇帝上谕》《世宗宪皇帝上谕》《世宗宪皇帝御制〈大清律集解〉序》《高宗纯皇帝御制〈大清律例〉》《仁宗睿皇帝上谕》等文献，以梳理明清治法理念。

1. 治法思想

明清强调重典，虽其前提也为圣人制法，但在形式上更强调法的能动性。在"明刑弼教"思想的引导下，明清适用重刑，使民趋利避害。

（1）圣人制法

> 臣闻天生蒸民，不能无欲。欲动情胜，诡伪日滋。强暴纵其侵陵，柔懦无以自立。故圣人者出，因时制治，设刑宪以为之防，欲使恶者知惧而善者获宁。[1]

（2）明刑弼教

> 朕有天下，仿古为治，明礼以导民，定律以绳顽，刊着为令，行之已久。[2]

> 太祖谕太孙曰："此书首列二刑图，次列八礼图者，重礼也。顾愚民无知，若于本条下即注宽恤之令，必易而犯法，故以广大好生之意，总列《名例律》中。善用法者，会其意可也。"太孙请更定五条以上，太祖览而善之。太孙又请曰：

---

〔1〕《进大明律表》，见怀效锋点校：《大明律》，法律出版社 1999 年版，第 2 页。

〔2〕《御制大明律序》，见怀效锋点校：《大明律》，法律出版社 1999 年版，第 1 页。

"明刑所以弼教，凡与五伦相涉者，宜皆屈法以伸情。"[1]

永乐二年，刑部言河间民讼其母，有司反拟母罪。诏执其子及有司罪之。[2]

然时引大体，有所纵舍。沅陵知县张杰当输作，自陈母贺，当元季乱离守节，今年老失养。帝谓可励俗，特赦之，秩杰，令终养。给事中彭与民坐系，其父为上表诉哀。立释之，且免同系十七人。有死囚妻妾诉夫冤，法司请黥之。帝以妇为夫诉，职也，不罪。[3]

但明刑所以弼教，关系甚大，著九卿会同细看，务期斟酌尽善，以副朕慎重刑名之意，特谕。[4]

俾官习之而能断，民知之而不犯。所由息争化俗，而致于刑措也。[5]

令父老子弟递相告诫，知畏法而重自爱。如此，则听断明于上，牒讼息于下，风俗可正，礼让可兴。[6]

（3）治国以法

譬诸禾黍，必刈稂莠而后苗始茂；方于白粲，必去沙

---

〔1〕《明史·刑法志》，见《明史》，中华书局1974年版，第2283页。

〔2〕《明史》，中华书局1974年版，第2288页。

〔3〕《明史》，中华书局1974年版，第2319页。

〔4〕《世宗宪皇帝上谕》，见张荣铮、刘勇强、金懋初点校：《大清律例》，天津古籍出版社1993年版，第668页。

〔5〕《世宗宪皇帝御制〈大清律集解〉序》，见张荣铮、刘勇强、金懋初点校：《大清律例》，天津古籍出版社1993年版，第668页。

〔6〕张荣铮、刘勇强、金懋初点校：《大清律例》，天津古籍出版社1993年版，第669页。

砾而后食可餐。苟梗化败俗之徒，不有以诛之，虽尧舜不能以为治。[1]

（4）定律绳顽，禁暴止邪

朕有天下，仿古为治，明礼以导民，定律以绳顽，刊着为令，行之已久。

传所谓狱者万民之命，所以禁暴止邪，养育群生者也。[2]

康熙十八年九月十四日奉上谕。国家设立法制，原以禁暴止奸、安全良善，故律例繁简因时制宜，总期合于古帝王钦恤民命之意。[3]

（5）民知趋避

奈何犯者相继，由是出五刑酷法以治之。欲民畏而不犯，作大诰以昭示民间，使知所趋避，又有年矣。[4]

汉郑昌言：律令一定，愚民知所避，奸吏无所施。[5]

2. 治法的功能

以重刑治民、使民畏刑而终至刑措，是明清统治者治法的理念。虽其也提出"刑期无刑，法外之仁"，但从明清整体治法措施来看，

---

〔1〕《进大明律表》，见怀效锋点校：《大明律》，法律出版社 1999 年版，第 2 页。

〔2〕《御制大明律序》，见怀效锋点校：《大明律》，法律出版社 1999 年版，第 1 页。

〔3〕《圣祖仁皇帝上谕》，见张荣铮、刘勇强、金懋初点校：《大清律例》，天津古籍出版社 1993 年版，第 667—668 页。

〔4〕《御制大明律序》，见怀效锋点校：《大明律》，法律出版社 1999 年版，第 1 页。

〔5〕《世宗宪皇帝御制〈大清律集解〉序》，见张荣铮、刘勇强、金懋初点校：《大清律例》，天津古籍出版社 1993 年版，第 669 页。

此类措辞或只是其"刑深"做法的粉饰而已。

（1）刑期无刑[1]

> 亲定《大清律集解》，刊示中外。甄陶训迪，刑期无刑，法外之仁，垂为明训。[2]

（2）民畏名义、重犯法，达刑措之风

> 尔内外有司官吏，敬此成宪，勿得任意低昂，使百官万民畏名义而重犯法，冀几刑措之风，以昭我祖宗好生之德。子孙臣民，其世世守之。[3]

（3）畏而知警，免罹刑辟

> 俾其畏而知警，免罹刑辟。乃近来犯法者多，而奸伪未见衰止。人命关系重大，朕心深用恻然。[4]

（4）明罚敕法，惩不守法者

> 不用法者，国有常刑。[5]

> 《易》曰：先王以明罚敕法。[6]

---

[1] "刑期无刑"，指的是雍正用刑之目的，是乾隆为其父之严苛所做的辩护，所谓"宽严之用，必因乎其时"。

[2]《高宗纯皇帝御制〈大清律例〉》，见张荣铮、刘勇强、金懋初点校：《大清律例》，天津古籍出版社1993年版，第669页。

[3]《世祖章皇帝御制大清律原序》，见张荣铮、刘勇强、金懋初点校：《大清律例》，天津古籍出版社1993年版，第667页。

[4]《圣祖仁皇帝上谕》，见张荣铮、刘勇强、金懋初点校：《大清律例》，天津古籍出版社1993年版，第668页。

[5]《世宗宪皇帝御制〈大清律集解〉序》，见张荣铮、刘勇强、金懋初点校：《大清律例》，天津古籍出版社1993年版，第668页。

[6] 张荣铮、刘勇强、金懋初点校：《大清律例》，天津古籍出版社1993年版，第669页。

（5）为治情伪多端

> 朕惟太祖、太宗创业东方，民淳法简，大辟之外惟有
> 鞭、笞。朕仰荷天休，抚临中夏，人民既众，情伪多端。
> 每遇奏谳，轻重出入颇烦拟议。[1]

（6）纠正人心滋伪、轻视法网之行为

> 向因人心滋伪，轻视法网，及强暴之徒，陵虐小民，
> 故于定律之外复设条例。[2]

（二）治法的原则

明清时期虽治法以深刻为主，但除此之外，如用刑平允、法应为民所周知、准情理等传统治法思想依旧存在。

1.法应为民所周知

> 奈何犯者相继，由是出五刑酷法以治之。欲民畏而不
> 犯，作大诰以昭示民间，使知所趋避，又有年矣。然法在
> 有司，民不周知。……编写成书，刊布中外，使臣民知所
> 遵守。[3]

> 月吉始和，布刑于邦国都鄙，乃悬刑象之法于象魏，
> 使万民聚而观之。是知先王立法定制，将以明示朝野。
> 凡士之注名吏部，将膺民社之责者，讲明有素，则临

---

[1]《世祖章皇帝御制大清律原序》，见张荣铮、刘勇强、金懋初点校：《大清律例》，天津古籍出版社1993年版，第667页。

[2]《圣祖仁皇帝上谕》，见张荣铮、刘勇强、金懋初点校：《大清律例》，天津古籍出版社1993年版，第668页。

[3]《御制大明律序》，见怀效锋点校：《大明律》，法律出版社1999年版，第1页。

民治事，不假于幕客、胥吏，而判决有余。若自通都大邑至
僻壤穷乡，所在州、县仿周礼布宪读法之制，时为解说。[1]

2. 依刑治法，法应厥中

特敕六部、都察院官，将大诰内条目，撮其要略，附
载于律。其递年一切榜文禁例，尽行革去。今后法司只依
律与大诰议罪。合黥刺者，除党逆家属并律该载外，其余
有犯，俱不黥刺。杂犯死罪并徒、流、迁徙、笞、杖等刑，
悉照今定赎罪条例科断。[2]

是以临御以来，屡诏大臣更定新律，至五六而弗倦者，
凡欲生斯民也。今又特敕刑部尚书刘惟谦，重会众律，以
协厥中。[3]

条分缕析，伦叙秩然，颁布宇内，用昭画一之守。[4]

嘉庆四年正月二十六日，奉上谕。本日召见刑部侍郎
熊枚，谕以刑部事务。向来刑部引律断狱，于本律之外，
多有不足蔽辜、无以示惩及从重定拟等字样。所办实未允
协，罪名大小，律有明条。自应勘核案情，援引确当，务
使法足蔽辜，不致畸轻畸重，方为用法之平。今引本律又
称不足蔽辜、从重定拟，并有加至数等者，是因不按律办
理，又安用律例为耶？即案情内有情节较重者，朕自可随

〔1〕《世宗宪皇帝御制〈大清律集解〉序》，见张荣铮、刘勇强、金懋初点校：《大清律
　　例》，天津古籍出版社1993年版，第669页。
〔2〕《御制大明律序》，见怀效锋点校：《大明律》，法律出版社1999年版，第1页。
〔3〕《进大明律表》，见怀效锋点校：《大明律》，法律出版社1999年版，第2页。
〔4〕《高宗纯皇帝御制〈大清律例〉》，见张荣铮、刘勇强、金懋初点校：《大清律例》，
　　天津古籍出版社1993年版，第670页。

案酌定。总之不足蔽辜之语，非执法之官所宜者。嗣后，着刑部衙门俱应恪遵宪典，专引本律，不得于律外又称及从重字样。即虽字、但字、抑扬文法，俱不准用。上谳后，经朕阅看案情，或有酌加增减者，亦不治以失出失入之咎，用副朕矜慎庶狱至意。其应如何按律科断，法归画一之处，着军机大臣会同刑部，悉心定拟具奏。胡季堂素习刑名，现在来京，亦着一并入议。钦此。[1]

3. 因时制法，期于平允

故圣人者出，因时制治，设刑宪以为之防，欲使恶者知惧而善者获宁。[2]

律例未定，有司无所禀承，爰敕法司官广集廷议，详译明律，参以国制，增损剂量，期于平允。[3]

有曰：宽严之用，必因乎其时。

朕寅绍丕基，恭承德意，深念因时之义，期以建中于民。[4]

4. 恭天命，准人情

於戏，五刑五用，以彰天讨，而严天威。予一人，恭

〔1〕《仁宗睿皇帝上谕》，见张荣铮、刘勇强、金懋初点校：《大清律例》，天津古籍出版社 1993 年版，第 670 页。

〔2〕《进大明律表》，见怀效锋点校：《大明律》，法律出版社 1999 年版，第 2 页。

〔3〕《世祖章皇帝御制大清律原序》，见张荣铮、刘勇强、金懋初点校：《大清律例》，天津古籍出版社，1993 年版，第 667 页。

〔4〕《高宗纯皇帝御制〈大清律例〉》，见张荣铮、刘勇强、金懋初点校：《大清律例》，天津古籍出版社 1993 年版，第 669 页。

天成命。监成宪以布于下，民敢有弗钦。[1]

简命大臣取律文，及递年奏定成例，详悉参定，重加编辑，揆诸天理，准诸人情，一本于至公，而归于至当。折衷损益，为四百三十六门，千有余条。凡四十七卷。[2]

（三）治刑的原则

明清治刑之重，通过法定严酷刑种的增设，以及重刑治吏与治民的法律规范得以体现。

1. 刑制变化

明代沿用唐代传统的五刑体系。但在重典治国的指导思想下，在流刑中增加了杖刑，同时增加充军之刑和廷杖等酷刑，贼盗犯罪则附加刺字（刺面、刺身）之刑，并取消用以减免官员刑罚的官当制度。而清律更是取消了五刑中的赎刑，重刑之风尤甚。值得注意的是，会审制度在明清得到了进一步的发展，清律中将死刑在绞、斩之下又分为绞监候与斩监候，以候秋审、朝审裁决。

（1）流刑中增加杖刑

笞刑五：一十。（赎铜钱六百文。）二十。（赎铜钱一贯二百文。）三十。（赎铜钱一贯八百文。）四十。（赎铜钱二贯四百文。）五十。（赎铜钱三贯。）杖刑五：六十。（赎铜钱三贯六百文。）七十。（赎铜钱四贯二百文。）八十。（赎

---

[1]《高宗纯皇帝御制〈大清律例〉》，见张荣铮、刘勇强、金懋初点校：《大清律例》，天津古籍出版社 1993 年版，第 670 页。

[2]《高宗纯皇帝御制〈大清律例〉》，见张荣铮、刘勇强、金懋初点校：《大清律例》，天津古籍出版社 1993 年版，第 669 页。

铜钱四贯八百文。）九十。（赎铜钱五贯四百文。）一百。（赎铜钱六贯。）徒刑五：一年杖六十。（赎铜钱一十二贯。）一年半杖七十。（赎铜钱一十五贯。）二年杖八十。（赎铜钱一十八贯。）二年半杖九十。（赎铜钱二十一贯。）三年杖一百。（赎铜钱二十四贯。）流刑三：二千里杖一百。（赎铜钱三十贯。）二千五百里杖一百。（赎铜钱三十三贯。）三千里杖一百。（赎铜钱三十六贯。）[1]

笞刑五：（笞者，击也，又训为耻。用小竹板。）

一十；（折四板。）二十；（除零，折五板。）三十；（除零，折一十板。）四十；（除零，折一十五板。）五十；（折二十板。）

杖刑五；（杖，重于笞，用大竹板。）

六十；（除零，折二十板。）七十；（除零，折二十五板。）八十；（除零，折三十板。）九十；（除零，折三十五板。）一百；（折四十板。）

徒刑五；（徒者，奴也，盖奴辱之。）

一年，杖六十；一年半，杖七十；二年，杖八十；二年半，杖九十；三年，杖一百。

流刑三；（不忍刑杀，流之远方。）

二千里，杖一百；二千五百里，杖一百；三千里，杖一百。

死刑二：

绞；斩。（内外死罪人犯，除应决不待时外，余俱监固，候秋审、朝审分别情实、缓决、矜疑，奏请定夺。）[2]

---

〔1〕《大明律·名例律》，见怀效锋点校：《大明律》，法律出版社1999年版，第1页。

〔2〕《大清律例·名例律》，见张荣铮、刘勇强、金懋初点校：《大清律例》，天津古籍出版社1993年版，第80—81页。

（2）设置充军之刑

初制流罪三等，视地远近，边卫充军有定所。盖降死一等，唯流与充军为重。然《名例律》称二死三流各同为一减。如二死遇恩赦减一等，即流三千里；流三等以《大诰》减一等，皆徒五年。犯流罪者，无不减至徒罪矣。故三流常设而不用。而充军之例为独重。律充军凡四十六条，《诸司职掌》内二十二条，则洪武间例，皆律所不载者。其嘉靖二十九年条例，充军凡二百十三条，与万历十三年所定大略相同。洪武二十六年定，应充军者，大理寺审讫，开付陕西司，本部置立文簿，注姓名、年籍、乡贯，依南北籍编排甲为二册，一进内府，一付该管百户，领去充军。如浙江，河南，山东，陕西，山西，北平，福建，直隶应天、庐州、凤阳、淮安、扬州、苏州、松江、常州、和州、滁州、徐州人，发云南、四川属卫；江西，湖广，四川，广东，广西，直隶太平、宁国、池州、徽州、广德、安庆人，发北平、大宁、辽东属卫。有逃故，按籍勾补。其后条例有发烟瘴地面、极边沿海诸处者，例各不同。而军有终身，有永远。永远者，罚及子孙，皆以实犯死罪减等者充之。[1]

凡问该充军者，附近发二千里，近边发二千五百里，边远发三千里，极边烟瘴俱发四千里。定地发遣充军人犯，在京兵部定地，在外巡抚定地。仍抄招知会兵部。[2]

---

〔1〕《明史·刑法志》，见《明史》，中华书局 1974 年版，第 2301—2302 页。

〔2〕《大清律例·名例律·充军地方》，见张荣铮、刘勇强、金懋初点校：《大清律例》，天津古籍出版社 1993 年版，第 157 页。

（3）廷杖之刑

洪武六年，工部尚书王肃坐法当笞，太祖曰："六卿贵重，不宜以细故辱。"命以俸赎罪。后群臣罣误，许以俸赎，始此。然永嘉侯朱亮祖父子皆鞭死，工部尚书薛祥毙杖下，故上书者以大臣当诛，不宜加辱为言。廷杖之刑，亦自太祖始矣。宣德三年，怒御史严皑、方鼎、何杰等沉湎酒色，久不朝参，命枷以徇。自此言官有荷校者。至正统中，王振擅权，尚书刘中敷，侍郎吴玺、陈瑺，祭酒李时勉率受此辱，而殿陛行杖习为故事矣。成化十五年，汪直诬陷侍郎马文升、都御史牟俸等，诏责给事御史李俊、王浚辈五十六人容隐，廷杖人二十。正德十四年，以谏止南巡，廷杖舒芬、黄巩等百四十六人，死者十一人。嘉靖三年，群臣争大礼，廷仗丰熙等百三十四人，死者十六人。[1]

（4）增设枷号刑

枷，自十五斤至二十五斤止，刻其上为长短轻重之数。长五尺五寸，头广尺五寸，扭长尺六寸，厚一寸。男子死罪者用之。[2]

枷重至百五十斤，不数日辄死。[3]

凡寻常枷号，重二十五斤。重枷重三十五斤。枷面各长二尺五寸，阔二尺四寸。至监禁人犯止用细链，不用长枷。[4]

---

〔1〕《明史·刑法志》，见《明史》，中华书局 1974 年版，第 2329—2330 页。

〔2〕《明史·刑法志》，见《明史》，中华书局 1974 年版，第 2282—2283 页。

〔3〕《明史》，中华书局 1974 年版，第 2332 页。

〔4〕《大清律例·名例律·五刑》，见张荣铮、刘勇强、金懋初点校：《大清律例》，天津古籍出版社 1993 年版，第 90 页。

（5）刺字刑

> 凡白昼抢夺人财物者，杖一百，徒三年。计赃重者，加窃盗罪二等。伤人者，斩。为从，各减一等。并于右小臂膊上，刺抢夺二字。[1]

2. 重典治民

重典治民为明清所共有的特征，明代对贼盗等行为的处罚较唐为重，清代则更甚之。如"强盗罪"，清律在明律"得财皆斩"重刑的基础上，又增加了对于"不分赃"的规定，窃盗罪则最高可至死刑。同时，清律还增加了"江洋大盗""老瓜贼"等罪名，只要已行得财者，皆处以斩刑，并增设邪教罪，以防"左道异端"。

（1）加重谋反、大逆罪处罚，增设邪教罪

①谋反大逆

> 凡谋反谓谋危社稷及大逆，谓谋毁宗庙山陵及宫阙。但共谋者，不分首从，皆凌迟处死。祖父、父、子、孙、兄弟及同居之人，不分异姓，伯叔父、兄弟之子，不限籍之同异，年十六以上，不论笃疾、废疾，皆斩。其十五以下，及母、女、妻、妾、姊妹，若子之妻妾，给付功臣之家为奴，财产入官。若女许嫁已定，归其夫；子孙过房与人及聘妻未成者，俱不追坐，下条准此，知情故纵隐藏者，斩。有能捕获者，民授以民官，军授以军职，仍将犯人财产全给充赏。知而首告，官为捕获者，止给财产；不首者，杖一百，流三千里。[2]

---

[1]《大明律·刑律·贼盗·白昼抢夺》，见怀效锋点校：《大明律》，法律出版社 1999 年版，第 141 页。

[2]《大明律·刑律·贼盗·谋反大逆》（清律与明律同），见怀效锋点校：《大明律》，法律出版社 1999 年版，第 134 页。

②谋叛

凡谋叛，谓谋背本国，潜从他国。但共谋者，不分首从，皆斩。妻、妾、子、女，给付功臣之家为奴。财产并入官。父母、祖、孙、兄弟，不限籍之同异，皆流二千里安置。知情故纵隐藏者，绞。有能告捕者，将犯人财产，全给充赏。知而不首者，杖一百，流三千里。若谋而未行，为首者，绞；为从者，皆杖一百，流三千里。知而不首者，杖一百徒三年。若逃避山泽，不服追唤者，以谋叛未行论；其拒敌官兵者，以谋叛已行论。[1]

③邪教罪

凡师巫假降邪神、书符咒水、扶鸾祷圣，自号端公、太保，师婆［名色］，及妄称弥勒佛、白莲社、明尊教、白云宗等会，一应左道异端之术，或隐藏图像、烧香集众、夜聚晓散、伴修善事、煽惑人民，为首者，绞［监候］；为从者，各杖一百，流三千里。[2]

（2）加重对侵犯财产罪行的处罚

①骗财

嘉定县民蒲辛四，一户分为三户。大诰未颁时，蒲辛四充耆宿，时常骗要里民周祥二钱物。大颁行，蒲辛四畏惧告发，父子三人将周祥二绑缚家内，用油浸纸撚插于周祥二左足大指二指两间，逼令招为害民弓兵。呜呼！民有不

---

〔1〕《大明律·刑律·贼盗·谋叛》，见怀效锋点校：《大明律》，法律出版社 1999 年版，第 135 页。

〔2〕《大清律例·礼律·祭祀·禁止师巫邪术》，见张荣铮、刘勇强、金懋初点校：《大清律例》，天津古籍出版社 1993 年版，第 280 页。

良者如此。父子三人，分作三户，名开户不开。其蒲辛四
充耆宿，一男充里长，孙充甲首，皆为乡里之害。及至将
周祥二绑缚赴京，通政司验问，足有火烧疮肿。蒲辛四语
言妄对，拿下问出前情，枭令示众，籍没其家。[1]

②强盗

凡强盗已行，而不得财者，皆杖一百，流三千里。但
得财者，不分首从，皆斩。若以药迷人图财者，罪同。若
窃盗临时有拒捕，及杀伤人者，皆斩。因盗而奸者，罪亦
如之。共盗之人，不曾助力，不知拒捕、杀伤人及奸情者，
止依窃盗论。其窃盗，事主知觉，弃财逃走，事主追逐，
因而拒捕者，自依罪人拒捕律科罪。[2]

凡强盗已行而不得财者，皆杖一百流三千里。但得
[事主]财者，不分首、从，皆斩[虽不分赃亦坐。其造
意不行又不分赃者，杖一百，流三千里。伙盗不行，又不
分赃者，杖一百]。[3]

③窃盗

凡窃盗已行而不得财，笞五十，免刺。但得财者，以
一主为重，并赃论罪。为从者，各减一等。以一主为重，
谓如盗得二家财物，从一家赃多者科罪。并赃论，如十人
共盗得一家财物，计赃四十贯，虽各分得四贯，通算作一

---

〔1〕《御制大诰三编·臣民依法为奸第一》，见杨一凡，徐立志主编：《历代判例判牍》
（第3册），中国社会科学出版社 2005 年版，第 125 页。

〔2〕《大明律·刑律·贼盗·强盗》，见怀效锋点校：《大明律》，法律出版社 1999 年版，
第 140 页。

〔3〕《大清律例·刑律·贼盗·强盗》，见张荣铮、刘勇强、金懋初点校：《大清律例》，
天津古籍出版社 1993 年版，第 369 页。

处，其十人各得四十贯之罪。造意者为首，该杖一百；余人为从，各减一等，止杖九十之类。余条准此。初犯并于右小臂膊上刺窃盗二字，再犯刺左小臂膊，三犯者，绞。以曾经刺字为坐。掏摸者，罪同。若军人为盗，虽免刺字，三犯一体处绞。

一贯以下，杖六十。

一贯之上至一十贯，杖七十。

二十贯，杖八十。

三十贯，杖九十。

四十贯，杖一百。

五十贯，杖六十徒一年。

六十贯，杖七十徒一年半。

七十贯，杖八十徒二年。

八十贯，杖九十徒二年半。

九十贯，杖一百徒三年。

一百贯，杖一百流二千里。

一百一十贯，杖一百流二千五百里。

一百二十贯，罪止杖一百流三千里。[1]

凡窃盗已行，而不得财，笞五十，免刺。……

一百两，杖一百，流二千里。

一百一十两，杖一百，流二千五百里。

一百二十两，杖一百，流三千里。

百二十两以上，绞［监候］。

三犯不论赃数，绞［监候］。[2]

---

[1]《大明律·刑律·贼盗·窃盗》，见怀效锋点校：《大明律》，法律出版社 1999 年版，第 141 页。

[2]《大清律例·刑律·贼盗·窃盗》，见张荣铮、刘勇强、金懋初点校：《大清律例》，天津古籍出版社 1993 年版，第 389 页。

3. 重刑于吏

明清皆重官吏犯罪，明代除在律文中专门设置奸党罪和官吏受赃之门外，还在《明大诰》中增设挑筋去膝、剥皮实草等酷刑，以防官吏贪赃。清代除沿袭明代的条款外，为严惩异端，大兴"文字狱"，往往断章取义、罗织罪名，株连甚多，律文中并无直接条款，而多以谋反大逆之罪定罪量刑。

（1）增设奸党罪

> 凡奸邪进谗、言左使杀人者，斩。若犯罪律该处死，其大臣小官，巧言减免、暗邀人心者，亦斩。若在朝官员交结朋党、紊乱朝政者，皆斩。妻子为奴，财产入官。若刑部及大小各衙门官吏，不执法律，听从上司主使出入人罪者亦如之。若有不避权势，亲赴御前执法陈诉者，罪坐奸臣。言告之人，与免本罪，仍将犯人财产均给充赏。有官者，升二等；无官者，量与一官，或赏银二千两。[1]

（2）专设"受赃"之门

①风宪官吏犯赃

> 凡风宪官吏受财，及于所按治去处求索借贷人财物，若卖买多取价利及受馈送之类，各加其余官吏罪二等。[2]

②克留盗赃

> 凡巡捕官已获盗贼，克留赃物不解官者，笞四十；入己者，计赃，以不枉法论。仍将其赃并论盗罪。若军人、

---

[1]《大明律·吏律二·公式》，见怀效锋点校：《大明律》，法律出版社1999年版，第34页。

[2]《大明律·刑律·受赃·风宪官吏受赃》，见怀效锋点校：《大明律》，法律出版社1999年版，第189页。

弓兵有犯者，计赃虽多，罪止杖八十。[1]

唯贪墨之吏，承踵元弊，不异白粲中之沙砾，禾黍中之稂莠也。乃不得已假峻法以绳之。[2]

（四）慎刑与恤刑

虽明清两代皆以重刑、重法治国，但在真正执法用刑过程中，仍强调慎刑、依法断刑和恤刑。明清两代的会审制度以及清代《比引律条》的增设皆是此类观念的体现。

1. 慎　刑

（1）依律用刑，斟酌仔细

又念律例一书，为用刑之本。[3]

朕自临御以来，钦恤刑狱，每遇法司奏谳，必再三复核，惟恐稍有未协。

但明刑所以弼教，关系甚大，著九卿会同细看，务期斟酌尽善，以副朕慎重刑名之意，特谕。[4]

雍正元年八月，乃命诸臣，将律例馆旧所纂修未毕者，遴简西曹，殚心搜辑藁本进呈。朕以是书民命攸关，一句一字，必亲加省览。

---

〔1〕《大明律·刑律·受赃·克留盗赃》，见怀效锋点校：《大明律》，法律出版社1999年版，第190页。

〔2〕《进大明律表》，见怀效锋点校：《大明律》，法律出版社1999年版，第2页。

〔3〕《世宗宪皇帝上谕》，见张荣铮、刘勇强、金懋初点校：《大清律例》，天津古籍出版社1993年版，第668页。

〔4〕《世宗宪皇帝上谕》，见张荣铮、刘勇强、金懋初点校：《大清律例》，天津古籍出版社1993年版，第668页。

每与诸臣辩论商榷，折中裁定，或析异以归同，或删繁而就约，务期求造律之意，轻重有权；尽谳狱之情，宽严得体。[1]

（2）明清会审制度

国初有大狱、则必面讯，以防构陷锻炼之弊。其后有会官审录之例，霜降以后题请钦定日期，将法司见监重囚，引赴承天门外。三法司会同五府九卿衙门，并锦衣卫各堂上官及科道官，逐一审录，名曰朝审。若有词不服，并情罪有可矜疑，另行奏请定夺。其情真罪当者，即会题请旨处决，事例具后。[2]

死刑二。

绞。斩。（内外死罪人犯，除应决不待时外，余俱监固，候秋审、朝审，分别情实、缓决、矜疑，奏请定夺。）[3]

（3）增设比引律条，增加刑律的确定性

一、僧道徒弟与师共犯罪，徒弟比依家人共犯律，免科。

一、强、窃盗犯，捕役带回投首，有教令及贿求故捏情弊，比照受财故纵律治罪。

一、发卖猪、羊肉灌水，及米麦等插和沙土货卖者，

---

〔1〕《世宗宪皇帝御制〈大清律集解〉序》，见张荣铮、刘勇强、金懋初点校：《大清律例》，天津古籍出版社 1993 年版，第 668 页。

〔2〕《大明会典·朝审》，见〔明〕徐溥等纂修：《大明会典》，国家图书馆出版社 2009 年版，第 2445 页。

〔3〕《大清律例·名例律·五刑》，见张荣铮、刘勇强、金懋初点校：《大清律例》，天津古籍出版社 1993 年版，第 89 页。

比依客商将官盐插和沙土货卖律，杖八十。

一、男女定婚未曾过门，私下通奸，比依子孙违犯教令律，杖一百。

一、打破信牌，比依毁官文书律，杖一百。

一、运粮一半在逃，比依凡奉制书有所施行而违者律，杖一百。

一、既聘未娶子孙之妇，骂舅姑，比依子孙述犯教令律，杖一百。

一、遗失京城门锁钥，比依遗失印信律，杖九十、徒二年半。

一、妻之子打庶母伤者，比依弟妹殴兄姊律，杖九十，徒二年半。

一、杀义子，比依杀兄弟之子律，杖一百、徒三年；故杀者，杖一百、流二千里。

一、考职贡监生假冒顶替者，比照诈假官律治罪。[1]

2. 恤 刑

恭惟我皇考圣祖仁皇帝，大德如天，以至仁涵育群生，法司上奏，率多全宥。停刑肆赦，屡沛恩纶。临御六十一年，厚泽周浃乎宇内，血气心知之伦熙，然安处于仁寿之域。朕绍守丕图，深怀继述。[2]

象刑有典，肇见虞书。其用之之道，则曰钦、曰恤、曰

---

[1]《大清律例·比引律条》，见张荣铮、刘勇强、金懋初点校：《大清律例》，法律出版社1999年版，第908页。

[2]《世宗宪皇帝御制〈大清律集解〉序》，见张荣铮、刘勇强、金懋初点校：《大清律例》，天津古籍出版社1993年版，第668页。

明、曰允。一篇之中三致意焉。武王告康叔，以用其义刑义
杀。而《吕刑》则曰：士制百姓于刑之中，以教祗德。

共知遵守者，惟是适于义，协于中，弼成教化。[1]

虽然有定者律令，无穷者情伪也。易曰：君子以明慎
用刑，而不留狱。书曰：式敬尔由狱，以长我王国忠信之
长，慈惠之师。尚其慎厥用，敬厥由，体钦恤明允之意。
率乂于民棐彝，克协于中，以弼予。[2]

（五）旗人刑制特权

保证旗人特权是清王朝少数民族统治的重要政治措施，此种观
念也渗透入法律的条款中，使得旗人在刑事制裁上获得特权。如笞
杖以鞭责替代，军流徒以枷号替代，犯罪只刺臂不刺面等。

凡旗人犯罪，笞、杖，各照数鞭责。军、流、徒，免
发遣，分别枷号。徒一年者，枷号二十日，每等递加五
日。总徒、准徒，亦递加五日。流二千里者，枷号五十
日，每等亦递加五日。充军附近者，枷号七十日；近边者，
七十五日；边远、沿海、边外者，八十日；极边、烟瘴者，
九十日。[3]

---

〔1〕《高宗纯皇帝御制〈大清律例〉》，见张荣铮、刘勇强、金懋初点校：《大清律例》，
　　天津古籍出版社 1993 年版，第 669 页。
〔2〕张荣铮、刘勇强、金懋初点校：《大清律例》，天津古籍出版社 1993 年版，第
　　670 页。
〔3〕《大清律例·名例律·犯罪免发遣》，见张荣铮、刘勇强、金懋初点校：《大清律例》，
　　天津古籍出版社 1993 年版，第 97 页。

第四章　古代案例中的法与刑

研究一国法治主要从两个方面着手，一为立法，二为司法；对于中国传统法制而言，也是如此。如果说律典是立法者对于法制建设的美好设想，司法官员的适用才能让这些设想真正落实到生活中。然而，"律条有限"，但"情伪无穷"，刻板的律条不可能规定所有的犯罪情形，故而司法官员需要根据案情的不同，依照自己的理解对法律进行解释和适用。而这些解释不仅代表法官个人的法律价值观，往往还映衬出特定时代的法律价值观，是探讨"法"与"刑"不可或缺的素材。基于此，本章以古代司法案例为研究素材，列举了秦汉、唐宋、明清三个时期判例判牍中的司法裁判，通过对其中法与刑含义的探讨，解构法与刑之间的逻辑运作，厘清两者之间的关系。

一、秦汉案例

张家山汉简《奏谳书》收录春秋至西汉初期的 22 则案例，由 228 枚竹简组成。其内容为有关疑难案件的审理报告及批复，是迄今能见到的我国最早的案例集，对秦汉司法研究具有重要意义。简文对秦汉和春秋时期的司法程序做了较为详细的描述，反映了当时的司法、政治、经济制度，这不仅填补了传世文献的空白，而且可以和《二年律令》、睡虎地秦简、龙岗秦简等出土文献做比较研究，探讨律令由秦到汉的演变过程，论证法史学上的"汉承秦制"，从而把握秦汉法律发展的规律，进一步认识其本质特征。[1]

（一）《奏谳书》中所见秦代案例

《奏谳书》中秦代的案例共三个，分别为案例十七、案例十八、

---

[1] 参见张家山汉简整理小组：《江陵张家山汉简〈奏谳书〉释文》（二），载《文物》1995 年第 3 期。

案例二十二，其中案例十七为一起盗罪的乞鞫复审平冤案，案例十八为一起官员包庇罪的复审案件，案例二十二为一起伤人盗钱案。这三个案例叙述翔实，包含侦查、审讯以及证据的详细记载。因三个案例的内容主要集中在侦查、审讯与审判，因此本节也将从这些过程中提炼法与刑的内容与关系。

1. 刑罪与法平

《奏谳书》中三个案例皆为贼盗类案例，其中两件为复案，一件为悬案。这体现出秦代对贼盗案件的重视，为《法经》"王者之政莫急于盗贼"的延续。同时，无论是盗牛、伤人夺钱案件，还是临阵脱逃的案件，秦律处罚都较重，究其原因，一是这些行为与当时的社会生活息息相关，二是这与政治统治需要密切相关，故司法官员也不敢轻断。

（1）罪名之制

第一，"盗牛罪"（案例十七）。

> 四月丙辰黔城旦讲乞鞫，曰：故乐人，不与士五（伍）
> 毛谋盗牛，雍以讲为与毛谋，论黥讲为城旦。[1]

对于盗牛罪为何会受到如此重视，杨一凡教授等引《风俗通义》曰："牛乃耕农之本，百姓所仰，为用最大，国家之为强弱也。"[2]农耕为本，故牛作为特殊的物，被赋予了生活和社会的意义，盗牛往往涉及生计，因此专条惩治，重刑惩治。

第二，刺人夺钱（案例二十二）。

> 臧（赃）千二百钱，已亥（核?），孔完为城旦。孔端

---

[1] 江陵张家山汉简整理小组：《江陵张家山汉简〈奏谳书〉释文》（二），载《文物》1995 年第 3 期。

[2] 杨一凡、徐立志主编：《历代判例判牍》，中国社会科学出版社 2005 年版，第 58 页。

为券，贼刺人，盗夺钱，置券其旁，令吏勿智（知），未
尝有。[1]

此案中，罪犯孔共有三个犯罪行为，一是故意为券（端为券），
二是以刀刺人（贼刺人），三是抢夺钱物（盗夺钱），其中刺人盗夺
钱为主要罪行，且赃值为一千二百钱，为六百六十钱的两倍，故处
以完城旦。

第三，官吏涉案罪名。

一为失罪（案例十七）。

鞠之：讲不与毛谋盗牛，吏笞谅（掠）毛，毛不能支
疾痛，而诬讲，昭、铫、敢、赐论失之，皆审。[2]

本案中，吏昭、铫、敢、赐仅听凭刑讯后证词，并未仔细审查
案情，而定讲为同谋盗牛罪，讲被处以黥城旦。虽刑讯为秦代审讯
合法方式之一，但本案中的刑讯显然已超过合理范围，嫌疑人也因
惧"复治"而屈打成招，被迫认罪。刑讯界限值得探究。本案中亦
存在明显不合理的证据链，即讲在毛盗牛的一个多月前就外出去咸
阳，并没有作案时间，且有多个证人可证明这一点。但是司法官显
然直接忽视该证据，而以刑讯供词为准，故以失罪而定。

二为"儋乏不斗"与"纂遂纵囚"（案例十八）。

律：儋乏不斗，斩。纂遂纵囚，死罪囚，黥为城旦，
上造以上耐为鬼薪，以此当庳。[3]

---

[1] 江陵张家山汉简整理小组：《江陵张家山汉简〈奏谳书〉释文》（二），载《文物》
1995 年第 3 期。

[2] 江陵张家山汉简整理小组：《江陵张家山汉简〈奏谳书〉释文》（二），载《文物》
1995 年第 3 期。

[3] 江陵张家山汉简整理小组：《江陵张家山汉简〈奏谳书〉释文》（二），载《文物》
1995 年第 3 期。

　　虽然上述三个案例中有与罪名相对应的量刑，但仅有案例十八明确引用律文予以断罪："儃乏不斗"即临阵不战而逃，按律为斩。如纵此死罪囚徒或包庇，也需处黥城旦。由此也可见秦代对战败亡兵之重处。

　　（2）刑罚之制

　　三个案例涉及现有传世文献以及简牍中所知的罪刑，包括死罪、肉刑、羞辱刑和劳役刑。且同其他文献所述相同，秦代劳役刑与肉刑、羞辱刑相结合适用。因所涉罪名皆为重罪，故这些案例中的刑罚多为肉刑加劳役刑。而自汉代起肉刑被废除，且劳役刑规定时限，故秦与汉相比，前者刑罚的种类和处刑程度更为严酷。其中也涉及因爵而减刑的情况。

　　第一，死罪：斩（案例十八）。

　　　　律：儃乏不斗，斩。[1]

　　此为三个案例中唯一一个死刑，适用于战败逃跑之兵将。秦代对于战争逃亡之处罚，尤为严厉。

　　第二，肉刑、羞辱刑与劳役刑。

　　秦汉适用刑罚时，常将肉刑、羞辱刑与劳役刑结合而用，以增加惩罚性。《奏谳书》中所述秦代案例就涉及"黥城旦""完城旦""耐为鬼薪"等刑罚。

　　　　二年十月癸酉朔戊寅，廷尉兼谓汧啬夫：雍城旦讲乞鞠曰：故乐人，居汧酉圭中，不盗牛，雍以讲为盗，论黥为城旦，不当。覆之，讲不盗牛。[2]

---

〔1〕　江陵张家山汉简整理小组：《江陵张家山汉简〈奏谳书〉释文》（二），载《文物》1995 年第 3 期。

〔2〕　江陵张家山汉简整理小组：《江陵张家山汉简〈奏谳书〉释文》（二），载《文物》1995 年第 3 期。

秦汉时期对盗牛的刑罚很严厉。此案例中，毛盗牛，并未说明处以何刑，讲因被诬指为"谋盗牛"，而定"黥城旦"刑。黥乃次死之刑，因此杨一凡教授等推测，毛大约会被处死，正如《盐铁论·刑德》所谓"盗马者死，盗牛者加"[1]。

> 臧（赃）千二百钱，已亥（核？），孔完为城旦。[2]

如前文所述，本案实质犯罪行为有三，端为券，贼刺人与盗夺钱。但其刑为完城旦，完为羞辱刑，与黥等肉刑相比较为轻，也经常与城旦春等劳役刑相配合适用。由此可见，虽本案之罪已算重惩，但其仍次于盗牛之罪，牛在秦汉时期的重要性可见一斑。

> 律：儋乏不斗，斩。篡遂纵囚，死罪囚，黥为城旦，
> 上造以上耐为鬼薪，以此当庳。[3]

此处耐为羞辱刑，鬼薪则为劳役刑。篡遂纵死囚本罪处罚应为"黥城旦"，但因本案中所处官吏"攸令"庳为秦二十等爵中的上造以上等级，故减为耐鬼薪，免去了肉刑。由此亦可见秦代依爵可减免刑罚。

第三，夺爵令戍（案例十八）。

> 诘庳等：虽论夺爵令或（戍），而毋法令，人臣当谨奏
> 法以治。[4]

---

[1] 杨一凡、徐立志主编：《历代判例判牍》，中国社会科学出版社 2005 年版，第 58 页。

[2] 江陵张家山汉简整理小组：《江陵张家山汉简〈奏谳书〉释文》（二），载《文物》1995 年第 3 期。

[3] 江陵张家山汉简整理小组：《江陵张家山汉简〈奏谳书〉释文》（二），载《文物》1995 年第 3 期。

[4] 江陵张家山汉简整理小组：《江陵张家山汉简〈奏谳书〉释文》（二），载《文物》1995 年第 3 期。

此处"夺爵"指削夺爵位，"令戍"则指令犯人戍边。本案中，庹为证明自己并未放纵囚犯，以自己曾上奏要求对战争中逃跑黔首处以夺爵令戍为理由争辩，但复审官员则认为：夺爵令戍并非法律的规定，庹应依照法律行事。可见，此处的夺爵令戍为庹自行建议，无法可依。这一情形也可与《二年律令·捕律》中的条文相互印证。《二年律令·捕律》规定："（追捕罪犯）逗留畏耎弗敢就，夺其将爵一级，免之；毋爵者戍边二岁。"即指有爵者夺爵一级，无爵者则处以戍边两年的刑罚，既处夺爵又处令戍的方式在法律中并不存在。

2. 刑狱与法平

《奏谳书》中三例秦代案例均为疑难案件，一为乞鞫复审，一为疑案侦破，一为经久未决复审之案。三案文书皆对官吏审判应依法而治、稳定社会治安提出了要求，同时为官吏在裁判中可突破法律条文提供空间，对于官吏在司法过程中的失与得也依法给予罚和赏，符合秦代法家思想治国的逻辑，也体现出秦时之权衡与法平。此外，这三个案例再次证明刑讯在侦查过程中的"合理性"。这一有效审断案件、还被害人公道以及维持法正义的手段，在一定程度上也是破坏公平的因素，其中的合法与非法的尺度值得思考和进一步研究。

（1）治刑与法平

三个案例均对官吏司法治刑提出了严格要求，即"奏法以治"，以法论罪。庹在上奏中希望得到对逃兵处以"夺爵令戍"的诏令，虽并未获准，也可见秦代在司法审判中给予司法官员可不遵法的"裁量权"。当然，一切破法的举动应因时因事，并得到王的准许。

> 诘庹：敳（击）反群盗，儋乏不斗，论之有法。庹格
> （格）掾狱，见罪人，不以法论之，而上书言独财（裁）

新黔首罪，是库欲绎（释）纵罪人也。何解？库曰：□等
上论夺爵令戍，今新黔首实不安辑，上书以闻，欲陛下幸
诏令戍以抚定之，不敢择（释）纵罪人，毋它解。诘库
等：虽论夺爵令或（戍），而毋法令，人臣当谨奏法以治。
今库绎（释）法而上书言独财（裁）新黔首罪，是库欲绎
（释）纵罪人明矣。吏以论库，库何以解之？膺曰：毋以解
之，罪。

鞫之：义等将吏卒新黔首敼（击）反盗，反盗杀义等，
吏新黔首皆弗救援，去北。当遝（逮）驻，传诣脩（攸），
须来以别黔首当捕者。当捕者多别离相去远，且事难，未
有以捕章捕论，库上书言独财（裁）新黔首罪，欲纵勿论，
得，审。令：所取荆新地，多群盗，吏所兴与群盗遇，云
北，以儋乏不斗律论。律：儋乏不斗，斩。篡遂纵囚，死
罪囚，黥为城旦，上造以上耐为鬼薪，以此当库。当之：
库当耐为鬼薪。库敼（击）。讯者七人，其一人敼（击），
六人不敼（击）。不存皆不讯。[1]

案例十八中，库虽上奏新黔首逃兵的罪刑，却对另一逃亡且
管理混乱官吏的罪责只字未提，从而被复审官员认定为纵囚罪，不
符奏法以治的要求，也足见秦代对官吏惩处的严苛。当然，本案与
战时逃兵将相关，其或为依法治吏提供了强有力的处罚依据，文中
"令"后所述内容也证明了这一点。当然，官吏犯罪自不同于庶人，
除可以爵减免刑罚，如本案中由黥城旦减为耐鬼薪外，对于犯案人
员，也仅惩治其中起决定性作用的人员，如本案中仅处罚了库一人，
罪止一身。而案例十七案件中司法官不顾证据，仅凭刑讯口供审断
的"失罪"也证明了秦代奏法以治的要求。

---

[1] 江陵张家山汉简整理小组：《江陵张家山汉简〈奏谳书〉释文》（二），载《文物》
1995 年第 3 期。

因此，对严格审断、以智破案的官吏予以嘉奖便在情理之中。同时，疑案的侦破有利于稳定社会治安和提高官府的公信力，这也是嘉奖的重要理由。

> 旅求，毋微物以得之，即收讯人竖子及贾市者、舍人、人臣仆、仆隶臣、贵大人臣不惠（德），它县人来乘庸，疑为盗贼者，偏（遍）视其为谓，即薄（簿）出入所、以为衣食者，谦（廉）问其居处之状，弗得。举闲有（又）将司寇衰等□收置□□□□而从之□，不□视行□不□，饮食靡大，疑为盗贼者，弗得。举阔求偏（徧）悉，弗得。□□□□偏（？）□□及（？）隶妾每等晨昧里，訏词谦（廉）问不日作市贩，贫急穷困，出入不节，疑为盗贼者公卒瘝等，偏令人微随视为谓出入、居处状，数日，乃收讯其士五（伍）武，曰：将阳亡而不盗伤人。其一人公士孔，起室之市，落莫行正旗下，有顷即归，明有（又）然，衣故有带，黑带，带有佩（佩）处而毋佩（佩）也，瞻视应对最奇，不与它人等。
>
> 走马仆诣白革鞞係绢，曰：公士孔以此鞞予仆，不智（知）安取。孔曰：未尝予仆鞞，不智（知）云故。举旅以婢北（背）刀入仆所诣鞞中，祇。诊视鞞刀，刀环唅旁残，残傅鞞者处独青有钱，类刀故鞞也。[1]

案例二十二体现了狱吏为破案开展细致的侦查工作。狱吏经过不断调查，最终取得关键性的证人证言和白革鞞这一物证，再以刑讯对嫌疑人进行恐吓，使其招供，证据完整、相互串联，最终破案。

---

[1] 江陵张家山汉简整理小组：《江陵张家山汉简〈奏谳书〉释文》（二），载《文物》1995 年第 3 期。

　　孔端为券，贼刺人，盗夺钱，置券其旁，令吏勿智（知），未尝有。黔首畏害之，出入不敢，若思（斯）甚大害也。顺等求弗得，乃令举阑代，毋徼物，举阑以智詗词求得，其所以得者甚微巧，卑（俾）令盗贼不敢发。六年八月丙子朔壬辰，咸阳丞毄礼敢言之。令曰：狱史能得微难狱，上。今狱史举旅得微〔难〕狱，为奏廿二牒，举阑毋害、谦絜敦愨守吏也，平端，谒以补卒史，劝它吏，敢言之。〔1〕

　　该案为疑案，在当地引起了较大恐慌，因此破获该案对维护社会治安起到了重要作用，对该狱吏的嘉奖也合乎情理，其得令升迁。

　　（2）治狱与法平

　　三个案例中有两个是通过刑讯来进行审理的，说明刑讯在秦司法审判中的合理性。案例十七中，案件的侦查人员通过刑讯的方式获得口供，并以此为依据进行审判。但也正是因为刑讯过于严酷，在之后讲的乞鞫和复审中，刑讯成为错案形成的关键因素。在复审官员获得同案犯毛的口供和良人身体情况后，讲被认定为无罪。讲因已受黥刑而被安排为隐官，因其罪而受牵连的妻、子也被官方赎回，讲的冤狱最终被平反。

　　铫初讯讲的情景：

　　　　二月癸亥，丞昭、史敢、铫、赐论，黥讲为城旦。今讲曰：践十一月更，外乐，月不尽一日下总咸阳，不见毛。史铫初讯谓讲，讲与毛盗牛，讲谓不也，铫即磔治（笞）讲北（背）可□馀，北（背）□数日，复谓讲盗牛状何如，讲谓实不盗牛，铫有（又）磔讲地，以水责（渍）讲北（背）。毛坐讲旁，铫谓毛，毛与讲盗牛状何如，毛曰：

───────────────

〔1〕　江陵张家山汉简整理小组：《江陵张家山汉简〈奏谳书〉释文》（二），载《文物》1995 年第 3 期。

以十月中见讲，与谋盗牛。讲谓毛弗与谋，铫曰毛言而是，讲和弗□，讲恐复治，即自诬曰：与毛谋盗牛，如毛言。其请（情）讲不与毛谋盗牛。诊讲北（背）治（笞）绹大如指者十三所，小绹瘢相质五也，道肩下到要（腰），稠不可数。[1]

史腾、史铫讯毛的情景：

毛曰：十一月不尽可三日，与讲盗牛，识捕而复纵之，它如狱。讲曰：十月不尽八日为走马都魁庸（傭），与偕之咸阳，入十一月一日来，即践更，它如前。毛改曰：诚独盗牛，初得□时，史腾讯毛谓盗牛巳牛，腾曰谁与盗？毛谓独也，腾曰非请（情），即答毛北（背），可六伐。居（？）八、九日，谓毛：牛巳不亡牛，安亡牛？毛改言请（情），曰盗和牛，腾曰谁与盗？毛谓独也，腾曰毛不能独盗，即磔治（笞）毛北（背）殿（臀）股，不审伐数，血下汙池（地）。毛不能支治疾痛，即诬指讲。讲道咸阳来，史铫谓毛，毛盗牛时，讲在咸阳，安道与毛盗牛？治（笞）毛北（背），不审伐数。不与讲谋，它如故狱。[2]

复审时对毛伤痕勘验的描述，以及毛自述因刑讯而不敢言实情：

诘毛：毛苟不与讲盗牛，覆者讯毛，毛何故不蚤（早）言请（情）？毛曰：覆者初讯毛，毛欲言请（情），恐不如前言，即复治，以此不蚤（早）言请（情）。诘毛：毛苟不与讲盗，何故言曰与谋盗？毛曰：不能支疾痛，即诬

---

〔1〕 江陵张家山汉简整理小组：《江陵张家山汉简〈奏谳书〉释文》（二），载《文物》1995 年第 3 期。

〔2〕 江陵张家山汉简整理小组：《江陵张家山汉简〈奏谳书〉释文》（二），载《文物》1995 年第 3 期。

讲以彼治罪也。诊毛北（背）笞绉瘢相质五也，道肩下到
要（腰），稠不可数，其殿（臀）瘢大如指四所，其两股
瘢大如指。腾曰：以毛谩，笞，它如毛。铫曰：不智（知）
毛诬讲，与承昭、史敢、[赐]论盗牛之罪，问如讲。昭、
敢、赐言如铫，问如辞。鞫之：讲不与毛谋盗牛，吏笞谅
（掠）毛，毛不能支疾痛，而诬讲，昭、铫、敢、赐论失
之，皆审。[1]

对罪犯毛的刑讯共两次，对于乞鞫人讲的刑讯共一次，但也正
是这三次刑讯，使得毛屈打成招，诬告讲与毛同谋偷盗和的牛。且
从简书中可知，这三次刑讯给毛与讲留下了畏惧的深刻印象（这一
点从讲与毛身上被刑讯的结痂与伤痕可得到印证）。因害怕再次被刑
讯，毛诬讲与之同谋，讲自诬与毛同谋，以及覆案初次审讯时，毛
也因怕改口供而被刑讯，因此决定继续不说实情，刑讯之利与弊相
互交织。

值得注意的是，秦代虽承认刑讯的合法性，但刑讯结果若与其
他关键性证据相抵触，则需考虑刑讯的合理性，即是否已经超出法
律所允许的范围。如本案中，讲有确定的多位证人可证明，在毛所
述的盗牛和同谋的时间，其都在咸阳，并不具有作案时间，这显然
与刑讯的口供相抵触，故相关官吏在覆案中亦以"失罪"被处罚，
可见刑讯之口供与其他证人证言或物证可相互印证，才是法所需实
现之正义。

案例二十二中，狱史虽已取得物证，但嫌疑人百般抵赖，前后
证词不一，欲对其刑讯时，嫌疑人害怕被笞，而交代实情。

> 诘讯女孔，孔曰：买鞞刀不智（知）何人所，佩（佩）

---

[1] 江陵张家山汉简整理小组：《江陵张家山汉简〈奏谳书〉释文》（二），载《文物》
1995 年第 3 期。

之市，人盗绀刀，即以鞞予仆。前日得鞞及未尝佩，谩。诘孔何故以空鞞予仆，谩曰弗予，雅佩鞞刀，有（又）曰未尝，孔毋解。即就讯磔，恐獠欲答，改曰：贫急毋作业，恒游旗下，数见贾人券，言雅欲剽盗，详为券，操，视可盗，盗置券其旁，令史求贾市者，毋言。孔见一女子操簪但钱，其时吏悉令黔首之田救螽，邑中少人，孔自以为利足刺杀女子夺钱，即从到巷中，左右瞻毋人，以刀刺，夺钱去走。前匿弗言，罪。问如辞。[1]

本案中孔因贫穷，在市贾中见一女子撑伞持钱，遂用佩刀刺杀抢钱。留在现场的佩刀，与仆所交出的系着绢的白革鞞相匹配，该鞞为孔交给仆的，因此狱史推断佩刀为孔所有，孔就是刺人夺钱的罪犯。然而面对铁证（从案例中可见狱史已经通过多种方法进行侦查校验，才得到可靠的人证和物证[2]），孔依旧百般抵赖，前后供词矛盾。直到狱史将其捆束，恐吓对其用笞时，孔因对刑讯的畏惧而说出刺人盗钱的实情，其情又与其他物证、人证相合，故定案。当然，刑讯的威慑作用来源于其所带来的身体上的痛楚，亦如刑罚对世人的威慑作用一般，百姓因畏惧刑罚之痛楚而不敢违法，故刑讯的效用在秦代也无法由其他审讯手段所代替，但一定要与其他证据相匹配，方能对案件侦破和维护法的正义起到推动作用。

（二）《奏谳书》中所见汉代案例

《奏谳书》所涉及治法的内容包括司法审判中所引用的法律依

<hr>

[1]　江陵张家山汉简整理小组：《江陵张家山汉简〈奏谳书〉释文》（二），载《文物》1995 年第 3 期。

[2]　本案对于侦查和审讯细节的描述非常细致，狱史通过多种方式搜集人证和物证，终将疑案侦破。其侦查方法和技术与《睡虎地秦简》相对应，可见秦代侦查勘验技术的成熟与发达。

据，司法的官吏以及疑罪谳狱的程序。这些内容从侧面反映出汉代依律治刑，以及疑狱纠错、务保治狱治刑公平之举。

1. 审判所引法律依据

通说认为，汉代法律形式为律令科比，司法官严格依法审断，《奏谳书》中亦如此体现。所涉17个案例中，除案例六至案例十三情节叙述较少未引法律依据外，其余案件均引用律令作为依据进行审断，案例三更引"决事比"作为依据。

第一，律令。汉时律与令不分。律的种类除所涉汉律外，还包括蛮夷律。在《奏谳书》中，律为已有的成文法律，而令则更偏向于因时而治的法律与政令。两者具有相同效力。律在案例一、案例三和案例十六中被提及引用，令则为案例三和案例十四所引用。

引用律文举隅：

> 律：盗臧（赃）直（值）过六百六十钱，黥为城旦；令吏盗，当刑者刑，毋得以爵减免赎，以此当恢。[1]（案例十五）

> 律：贼杀人，弃市。以此当苍。律：谋贼人杀人与贼同法。以此当信。律：纵囚与同罪。以此当丙、赘。当之：信、苍、丙、赘皆当弃市，繋。[2]（案例十六）

> 窖曰：南郡尉发屯有令，变（蛮）夷律不曰勿令为屯，即遣之，不智（知）亡故，它如毋忧。[3]（案例一：蛮

---

[1] 江陵张家山汉简整理小组：《江陵张家山汉简〈奏谳书〉释文》(一)，载《文物》1993年第8期。

[2] 江陵张家山汉简整理小组：《江陵张家山汉简〈奏谳书〉释文》(一)，载《文物》1993年第8期。

[3] 江陵张家山汉简整理小组：《江陵张家山汉简〈奏谳书〉释文》(一)，载《文物》1993年第8期。

夷律）

引用令文举隅：

> 令曰：诸无名数者，皆令自占书名数，令到县道官，
> 盈卅（三十）日，不自占书名数，皆耐为隶臣妾，锢，勿
> 令以爵、赏免，舍匿者与同罪。[1]（案例十四）

第二，决事比。值得注意的是，案例三引用了"人婢清帮助从兄
亡"这一成案，说明阑应以"从诸侯来诱"论罪量刑。此种以成案为
断罪依据的形式称为"比"。

> 人婢清助赵邯郸城，已即亡，从兄赵地，以亡之诸侯
> 论。今阑来送徙者，即诱南。吏议阑与清同类，当以从诸
> 侯来诱论。[2]（案例三）

2.治刑以法与论法以情：法家功利主义的延续

《奏谳书》所载皆为疑狱上报廷尉审断的案例，对审断依据的
确定性尤为重视。因此，《奏谳书》中的案例几乎都列明引用法律依
据，对官吏审断"奉法以治"的要求，是秦代法家功利主义思想的
延续。如案例十六中，对于官吏知法犯法这一情况诘问道：

> 诘丙、赘、信：信，长吏，临‥县上所，信恃，不谨
> 奉法以治，至令苍贼杀武及丙、赘备盗贼，捕苍，苍虽曰
> 为信，信非得擅杀人，而纵苍，皆何解？[3]

---

〔1〕 江陵张家山汉简整理小组：《江陵张家山汉简〈奏谳书〉释文》（一），载《文物》
1993 年第 8 期。

〔2〕 江陵张家山汉简整理小组：《江陵张家山汉简〈奏谳书〉释文》（一），载《文物》
1993 年第 8 期。

〔3〕 江陵张家山汉简整理小组：《江陵张家山汉简〈奏谳书〉释文》（一），载《文物》
1993 年第 8 期。

在严格"依律令定罪"思想的要求下，司法官刻板引用律文执法的风气已然形成。司法官执着于法律条文规定，而显不近乎人情。如案例一中，毋忧为蛮夷，已按照蛮夷律中规定，由其君长每月交付賨钱而免除徭役。然而南郡尉窞却认为，蛮夷律中仅说了免除徭役，未说"勿令为屯"，所以仍应发为屯卒。毋忧觉得屯卒即为徭役，却强令自己发屯，因此而逃亡。司法官在逃亡罪与无罪间犹豫不决，因此上报廷尉，廷尉以逃亡罪治之，处以腰斩。

> 六月戊子发弩九诣男子毋忧，告为都尉屯，已受致书，行未到，去亡。毋忧曰：变（蛮）夷，大男子，岁出五十六钱以当繇（徭）赋，不当为屯，尉窞遣毋忧为屯，行未到，去亡，它如九。窞曰：南郡尉发屯有令，变（蛮）夷律不曰勿令为屯，即遣之，不智（知）亡故，它如毋忧。诘毋忧：律，变（蛮）夷男子岁出賨钱，以当繇（徭）赋，非曰勿令为屯也，及虽不当为屯，窞已遣，毋忧即屯卒，已去亡，何解？毋忧曰：有君长，岁出賨钱，以当繇（徭）赋，即覆也，存吏，毋解。问，如辞。鞫之：毋忧变（蛮）夷，大男子，岁出賨钱，以当繇（徭）赋，窞遣为屯，去亡，得，皆审。疑毋忧罪，它县论，敢谳之，谒报，署狱史曹发。史当：毋忧当要（腰）斩，或曰不当论。廷报：当要（腰）斩。[1]

本案的关键在于，屯卒是否为徭役。郡尉认为，蛮夷律中"不曰勿令为屯"者，就可以发成为屯，如果逃亡就以亡论。这显然是就文字而论文字，却成为定案的关键。但似也从另一方面反映出当时对于屯卒的急切需求。关于发屯一事，李学勤教授也在其文中指

---

[1] 江陵张家山汉简整理小组：《江陵张家山汉简〈奏谳书〉释文》（一），载《文物》1993年第8期。

出，通过与《史记·南越传》进行对照证实，当时"南越对汉朝南方构成威胁。高祖派遣陆贾，同时发屯守边，是必要的"[1]。

另一个有关逃亡的案件（案例四），再次证实了论法中的不近人情。女子符为逃亡之人，趁着占书名数的机会，给自己登记名数，并成为大夫明的隶，之后明又把她嫁给隐官解为妻。解因符有明数且为明之隶，不知其为逃亡之人（恢人）。

> 符曰：诚亡，诈自以为未有名数，以令自占书名数，为大夫明隶，明嫁符隐官解妻，弗告亡，它如解。解曰：符有名数明所，解以为毋恢人也，取（娶）以为妻，不智（知）前亡，乃疑为明隶，它如符。[2]

法律规定无论当事人知还是不知，只要为娶亡人这一行为，皆应处刑。但本案中，符已登记在册，又有明隶这一身份作为背书，解主观上显然不是律中所说的"不知"。因此司法官在审判之时也犹豫不决，在罪与非罪之间纠结再三，最终上报廷尉决断。

> 诘解：符虽有名数明所，而实亡人也。律：取（娶）亡人为妻，黥为城旦，弗智（知），非有减也。解虽弗智知，当以取（娶）亡人为妻论。何解？解曰：罪，毋解。明言如符、解。问解故黥劓，它如辞。鞫（鞠）符亡，诈自占书名数，解取（娶）为妻，不智（知）其亡，审。疑解罪，系，它县论，敢谳之。吏议：符有数明所，明嫁为解妻，解不智（知）其亡，不当论。或曰：符虽已诈书名数，实亡人也。解虽不智（知）其请（情），当以取（娶）亡人为妻论，斩左止为城旦。廷报曰：取（娶）亡人为妻论之，

---

[1] 参见李学勤：《奏谳书解说》（上），载《文物》1993 年第 8 期。

[2] 江陵张家山汉简整理小组：《江陵张家山汉简〈奏谳书〉释文》（一），载《文物》1993 年第 8 期。

律白，不当谳。[1]

廷尉的态度非常明确，依律而断，其认为上报为谳都是多余的。显然在本案中，对律的遵守已近偏执，案情原委、复杂程度，皆不在考虑范围之内。如果从这一角度去理解汉代法律适用的原则，即法律与司法过于刻板，那么社会伦理观中的"人情"将被排斥于司法之外。当两者发生冲突时，司法官自然也就陷于迷茫之中。因为他们的"经伦"为法律，而社会伦理又需要法官在审判时适度考虑人情。此时，春秋决狱的出现也就更易于解释并合乎情理了。当然，或因此案与人口逃亡相关，处罚偏重。只是可怜解原已受黥劓之刑，因再犯罪，则在原刑"黥为城旦"的基础之上加重为"斩左止为城旦"。

另一则有关夫死和奸的案例更是将这一法家审断思维展现无疑。

> 故律曰：死夫（？）以男为后。毋男以父母，毋父母以妻，毋妻以子女为后。律曰：诸有县官事，而父母若妻死者，归宁卅日；大父母、同产十五日。敖悍，完为城旦舂，铁釱其足，输巴县盐。教人不孝，次不孝之律。不孝者弃市。弃市之次，黥为城旦舂。当黥公士、公士妻以上，完之。奸者，耐为隶臣妾。捕奸者必案之校上。今杜泸女子甲夫公士丁疾死，丧棺在堂上，未葬，与丁母素夜丧，环棺而哭，甲与男子丙偕之棺后内中和奸。明旦，素告甲吏，吏捕得甲，疑甲罪。廷尉𣝣、正始、监弘、廷史武等卅人议当之，皆曰：律，死置后之次，妻次父母；妻死归宁，与父母同法。以律置后之次人事计之，夫异尊于妻，妻事夫，及服其丧，资当次父母如律。妻之为后次夫、父母、夫、

――――――――――
〔1〕 江陵张家山汉简整理小组：《江陵张家山汉简〈奏谳书〉释文》（一），载《文物》1993 年第 8 期。

父母死，未葬，奸丧旁者，当不孝，不孝弃市；不孝之次，当黥为城旦舂；敖悍，完之。当之，妻尊夫，当次父母，而甲夫死，不悲哀，与男子和奸丧旁，致之不孝、敖悍之律二章，捕者虽弗縳校上，甲当完为舂。告杜论甲。今廷史申徭使而后来，非廷尉当。议曰：当非是。律曰：不孝弃市。有生父而弗食三日，吏且何以论子？廷尉叡等曰：当弃市。有（又）曰：有死父，不祠其家三日，子当何论？廷尉等曰：不当论。有子不听生父教，谁与不听死父教罪重，等曰：不听死父教，无罪。又曰：夫生而自嫁，罪谁与夫死而自嫁罪重？廷尉等曰：夫生而自嫁，及娶者，皆黥为城旦舂。夫死而妻自嫁，娶者无罪。又曰：欺生夫，谁与欺死夫罪重？等曰：欺死夫，毋论。又曰：夫为吏居官，妻居家，日与它男子奸，吏捕之弗得，□之，何论？等曰：不当论。曰：廷尉、史议皆以欺死父罪轻于侵欺生父，侵生夫罪〔轻〕于侵欺死夫，□□□□□□□与男子奸棺丧旁，捕者弗案校上，独完为舂，不亦重乎？等曰：诚失之。[1]

本案记述了妇女甲在自己丈夫尸骨未寒之际，与他人在丈夫棺椁旁和奸一事。但甲的婆婆发现甲的行为后，并未在现场将其抓捕，而是到了第二天才告吏，甲被捕。对于甲应如何定罪量刑，廷尉正始、监弘、廷史武等三十人都认为应当严格依照律文进行推理，即依照法律有关"置后"顺序的规定，丈夫尊于妻子，妻子应侍奉丈夫。丈夫死后，妻子应像对待父母去世一样，举哀、为其服丧。甲不举哀，还与人和奸，应定为"不孝"罪。同样，也是因为妻对夫的尊敬仅次于对父母，所以本案中甲应以不孝之次量刑。此外，甲

---

〔1〕 江陵张家山汉简整理小组：《江陵张家山汉简〈奏谳书〉释文》（二），载《文物》1995 年第 3 期。

和奸时婆婆也在家，因此她的行为又构成了不敬长辈的"敖悍罪"，两罪应并处"完为春"。廷尉的论断完全依照律文字面含义进行推理，而未考虑"不孝"与"敖悍"两罪背后所体现的"伦理"律意。关于案件的争论更是将此推理思路展露无遗。一位名为申的廷史对之前的论断提出了异议。他以法律中父生前与死后，子对父教的听从的差异，以及夫生前与死后，妻私嫁他人结果的不同为比照，认为侵生夫罪应重于侵死夫，现甲为侵害死夫，不应以侵生夫罪来定夺；而且"奸"以当场抓捕为必要条件，甲于第二日才被捕，不符合"和奸"成立条件。申的理由说服了其他人，最终甲得以减刑。可见，汉律中对于"奸"的定义较为严格，捕奸者必须现场抓获送交官府才能定罪量刑。且汉律允许妻在夫去世后再嫁他人，这就使得"奸"字在律意上应被理解为丈夫生前妻与人媾和，而丈夫死后则妻不可以"奸"定罪。伦理道义包裹下的"妻与他人和奸"无法在夫死后合理存在，这造成汉律与唐律及其后各律的巨大反差。这种反差也正是儒家法与法家法在立法与司法中差异的体现。

3. 刑名制定与国家治理

《奏谳书》中所涉案例皆属疑难案件，或因案情较为复杂而导致法律适用困难，或因犯人身份而需上报，且案例中所涉及的罪名都为重刑罪名。这些罪名或为传统贼盗罪名，或与当时政策密切相关，通过这些内容也可观得汉初国家治理的关切所在。

（1）对传统贼盗罪的重处。第一，汉代贼杀人处重刑，谋与纵同罪。案例十六记述了一个名武的狱史，因得罪新郪县令信，而被觭长苍（由信指使）等所杀害的案件。在追捕苍的过程中，校长丙与发弩赘得知主谋为县令信后，竟主动将苍放走，故依律四人皆应治罪。汉律规定贼杀人处弃市，与其谋者和纵囚者皆与贼杀人同法。因此、信、苍、丙、赘四人皆当弃市，四人被囚禁，上报待命处决。可见，汉律对于贼杀人主犯和共同犯罪中的从犯，都以重刑处罚，汉律对传统贼杀人处罚严苛。

> 　　鞠之：苍贼杀人，信与谋，丙、赘捕苍而纵之，审。敢言之，新郪信、髳长苍谋贼杀狱史武，校长丙、赘捕苍而纵之，爵皆大庶长。律：贼杀人，弃市。以此当苍。律：谋贼人杀人与贼同法。以此当信。律：纵囚与同罪。以此当丙、赘。当之：信、苍、丙、赘皆当弃市，繋。新郪甲、丞乙、狱史丙治。为奉当十五牒上谒，请谒报，敢言之。[1]

对于杀人案件的重视，也可从本案复审缘起看出。淮阳守偃从信所上报的爰书中看出蹊跷，怀疑武非为失踪而是另有隐情，武实已被杀，因此行书县橡要求"捕其贼""复其奸诈及知纵不捕贼者，必尽得，以法论"，对于可能涉及的犯罪严查必法。

第二，盗罪情节严重，加重处罚；监临部主令下属犯盗罪，不可减免刑罚。案例十五记述了醴阳令恢和从史石偷盗县衙官米，并令舍人仕伍兴、义与石卖米的案件。本案所涉为盗罪，且赃值为金六斤三两，钱万五千五十，已经超过了法律所规定的六百六十钱的赃值界限，因此犯人以黥城旦重惩。恢指使部下盗粮，因此不可以爵抵罪。汉代盗罪与秦代盗罪处罚相同，皆为黥城旦，足见对传统盗罪的重惩。

> 　　问：恢盗臧（赃）过六百六十钱，石亡不讯，它如辞。鞠：恢，吏，盗过六百六十钱，审。当：恢当黥为城旦，毋得以爵减免赎。律：盗臧（赃）直（值）过六百六十钱，黥为城旦；令吏盗，当刑者刑，毋得以爵减免赎，以此

---

〔1〕 江陵张家山汉简整理小组：《江陵张家山汉简〈奏谳书〉释文》（一），载《文物》1993 年第 8 期。

当恢。[1]

（2）应景于时，对于不登记人口逃避义务者予以重惩，藏匿之人同罪，且不可减免。案例十四记述了狱史平藏匿一个无名数、名为种的男子一个月的事情。所谓"无名数"，是指未将自己姓名登记入官方的簿籍。据李学勤教授考证，"占书名数"是汉初经连年战乱归于平定以后，国家采取的一项重大措施。如不登记，就无须负担相应的义务。就案例来看，当时没有在汉的簿籍上登记的人有很多，楚地尤其如此，所以汉朝的法令对这种行为的惩处相当严厉。[2]本案以令为依据，对于政令发布三十日内仍"不自占名数者"，耐为隶臣妾，帮助藏匿者同罪，且不可以爵、赏免除刑罚。这也足见汉初对于人口登籍造册的重视。

> 八年十月己未安陆丞忠刻（劾）狱史平舍匿无名数大男子种一月，平曰：诚智（知）种无〔名〕数，舍匿之，罪，它如刻（劾）。种言如平。问：平爵五大夫，居安陆和众里，属安陆相，它如辞。鞫：平智（知）种无名数，舍匿之，审。当：平当耐为隶臣，锢，毋得以爵、当赏免。令曰：诸无名数者，皆令自占书名数，令到县道官，盈卅（三十）日，不自占书名数，皆耐为隶臣妾，锢，勿令以爵、赏免，舍匿者与同罪。以此当平。[3]

（3）对违反政令逃亡者予以重惩。汉初登籍造册目的是对各类人等的身份进行确认。在汉代，身份决定了每个人在社会中的地位

---

〔1〕 江陵张家山汉简整理小组：《江陵张家山汉简〈奏谳书〉释文》（一），载《文物》1993 年第 8 期。

〔2〕 参见李学勤：《奏谳书解说》（上），载《文物》1993 年第 8 期。

〔3〕 江陵张家山汉简整理小组：《江陵张家山汉简〈奏谳书〉释文》（一），载《文物》1993 年第 8 期。

与所负担的义务，人人各安其位是社会稳定和正常运转的重要因素。《奏谳书》中所涉逃亡案件除为逃避现有身份（多为奴）外，还包括逃避"自占名数""发屯""徙处长安"等新政，这种逃避行为自然就成为国法重点处置的对象。除前述案例一中男子毋忧因逃"发屯"而被处以腰斩外，案例二中对逃亡的奴婢依律处黥刑后还予主人，案例三中对于试图逃避"徙处长安"的南以亡之诸侯罪论，处黥为城旦春等，都反映出国法对于逃亡罪的重惩态度。

这种重惩的态度甚至延续到对亡人的追捕。根据《奏谳书》记载，无论所追捕的对象是否为真正的逃亡，只要拒捕，就以贼杀伤人惩处。如案例五中武为军奴，在楚时逃亡降汉，经"占书名数"为民。不料其旧主仕伍军告发武为亡奴，校长池与求盗视一同追捕武。武抗拒追捕以剑刺伤视。后武虽被证实不应为奴，故不以逃亡罪论处，却因拒捕行为以贼伤人定罪，被处黥为城旦。

> 诘武：武虽不当受军弩（奴），视以告捕武，武宜听视而后与吏辩是不当状，乃格斗，以剑击伤视，是贼伤人也。何解？武曰：自以非军亡奴，毋罪，视捕武，心恚，诚以剑击伤视，吏以为即贼伤人，存吏当罪，毋解。诘视：武非罪人也，视捕，以剑伤武，何解？视曰：军告武亡奴，亡奴罪当捕，以告捕武，武格斗伤视，视恐弗胜，诚以剑刺伤捕武，毋它解。问武：上五，年卅（三十）七岁，诊如辞。鞫之：武不当复为军奴，□□□弩告池，池以告与视捕武，武格斗，以剑击伤视，视亦以剑刺伤捕武，审。疑武、视罪，敢谳之，谒报，署狱如牒发。吏当：黥武为城旦，除视。廷以闻，武当黥为城旦，除视。[1]

---

〔1〕 江陵张家山汉简整理小组：《江陵张家山汉简〈奏谳书〉释文》（一），载《文物》1993 年第 8 期。

即便是帮助逃亡者，也受到重惩。如案例三所述，女子南为战国时齐国贵族田氏，受命徙处长安，由临淄狱史阑送行。或许是两人在途中产生了爱情，又或许是阑同情南的遭遇，至关中后阑娶南为妻，并将南伪装为男子卧病在车内，企图以大夫虞的传蒙混过关，带南回往临淄。不想两人还未出关，就被捕获。

> 今阑曰：南，齐国族田氏，徙处长安，阑送行，取（娶）为妻，与偕归临菑，未出关得，它如刻（劾）。南言如刻（劾）及阑。[1]

对南的定罪量刑并无异议，即以亡之诸侯定黥舂。但对阑的罪名却产生了争议。一种观点认为，阑不应娶南为妻，其将南从汉诱至诸侯国，该行为属"从诸侯来诱"。并引人婢清协助赵赴邯郸城之成案，以决事比的方式定阑为来诱之罪。阑辩解称，自己与南是自愿结为夫妻的，不属于来诱，所以不应定来诱罪。官吏则认为，法律之所以禁止"从诸侯来诱"的行为，就是因为一国的人不许娶他国妇女为妻。另一种观点则认为，阑与南属通奸，且阑藏匿南逃亡，故应定为奸及匿黥舂罪。实际上，该争议的核心在于对南身份的界定：如南为齐国人，则阑为奸及隐匿逃亡人口罪；如南为汉朝妇女，则阑为引诱汉妇女到诸侯国之来诱罪。然而无论是哪个罪名，对于阑帮助南的逃亡行为，皆以重罪定论和惩处。最后，阑被定为黥城旦。

> 诘阑：阑非当得取（娶）南为妻也，而取（娶）以为妻，与偕归临菑，是阑来诱及奸，南亡之诸侯，阑匿之也，何解？阑曰：来送南而取（娶）为妻，非来诱也。吏以为奸及匿南，罪，毋解。诘阑：律所以禁从诸侯来诱者，令

---

[1] 江陵张家山汉简整理小组：《江陵张家山汉简〈奏谳书〉释文》（一），载《文物》1993 年第 8 期。

它国毋得取（娶）它国人也。阑虽不故来，而实诱汉民之
齐国，即从诸侯来诱也，何解？阑曰：罪，毋解。问，如
辞。鞫（鞫）：阑送南，取（娶）以为妻，与偕归临菑，未
出关，得，审。疑阑罪，觳（繋），它县论，敢谳之。人
婢清助赵邯郸城，已即亡，从兄赵地，以亡之诸侯论。今
阑来送徙者，即诱南。吏议：阑与清同类，当以从诸侯来
诱论。或曰：当以奸及匿黥舂罪论。十年八月庚申朔癸亥，
大仆不害行廷尉事，谓胡啬夫谳狱史阑，谳固有审，廷以
闻，阑当黥为城旦，它如律令。[1]

该案所涉及的"徙齐诸田"事件，体现了汉初为分散诸侯国势
力，增强关中实力的举措。《史记》本传与《汉书·儒林传》皆有相
关记载。[2]而前文所述案例四中的娶亡人为妻案，则证明无论是律
文规定还是司法审断，对帮助逃亡行为都予以重惩。

（4）律令无明文规定时的定罪量刑

从《奏谳书》及汉代律令文献可知，汉代法律规定多以客观行
为为判断标准，若涉及盗及赃罪，再以其赃值数额为依据量刑。然
而条文毕竟有限，无法涵盖所有违法行为，故司法官在审判中产生
困惑常上报廷尉以审断。案例七至案例十三即为此类疑难案件。对
此七个案件进行梳理，可得出以下法刑之特征：

第一，行为违法性判断的标准为公文程式的正常流程与标准。
汉代法律形式除律令科比外，还包括程、课等程式法规。以广义法
的概念来看，法律不仅应包括"刑"，还应包含"政"的内容。而往
往"政"的规定中并未包含定罪量刑的内容，因为这是"刑"的范
畴。因此，如何让两者产生交集便成为立法者和司法者的职责所在。

---

[1] 江陵张家山汉简整理小组：《江陵张家山汉简〈奏谳书〉释文》（一），载《文物》
1993 年第 8 期。

[2] 参见李学勤：《奏谳书解说》（上），载《文物》1993 年第 8 期。

《奏谳书》中的七则案例皆与此相关。不依政令程式所规定的内容行事，成为上述七案定罪的关键。

案例七：私放奴隶逃亡，不发告书。

> 北地守谳：女子甑、奴顺等亡，自处□阳，甑告丞相自行书顺等自赎。甑所臧（赃）过六百六十，不发告书，顺等以其故不论，疑罪。[1]

案例八：为逃亡奴隶办理放行手续。

> 北地守谳：奴宜亡，越塞道。戍卒官大夫有署出，弗得，疑罪。[2]

案例九、案例十：官吏私使城旦舂女为家作。

> 蜀守谳：佐启、主徒令史冰私使城旦环，为家作，告启，启诈薄（薄）曰治官府，疑罪。[3]

> 蜀守谳：采铁长山私使城旦田，舂女为馈，令内作，解书廷，佐等诈簿为徒养，疑罪。[4]

案例十一：官吏私带马过关。

> 蜀守谳：大夫犬乘私马一匹，毋传，谋令大夫武窬舍，上造熊马传箸（著）其马职（识）物，弗身更，

---

〔1〕 江陵张家山汉简整理小组：《江陵张家山汉简〈奏谳书〉释文》（一），载《文物》1993 年第 8 期。

〔2〕 江陵张家山汉简整理小组：《江陵张家山汉简〈奏谳书〉释文》（一），载《文物》1993 年第 8 期。

〔3〕 江陵张家山汉简整理小组：《江陵张家山汉简〈奏谳书〉释文》（一），载《文物》1993 年第 8 期。

〔4〕 江陵张家山汉简整理小组：《江陵张家山汉简〈奏谳书〉释文》（一），载《文物》1993 年第 8 期。

疑罪。[1]

案例十二：邮人留书过限。

　　河东守谳：邮人官大夫内留书八日，诈更其徽书辟（避）留，疑罪。[2]

案例十三：私放证人。

　　河东守谳：士吏贤主大夫挑，挑盗书繫隧亡。狱史令贤求，弗得。系母媣亭中，受豚、酒臧（赃）九十，出媣，疑罪。[3]

　　第二，以行为结果或赃值为刑名与量刑依据。上述七个案例涉及的违法行为，法律中并无相关刑名。然而就汉初偏执地"奉法治罪"来看，无法律依据则无治罪依据，因此寻找适当的法条和刑名才是最终的解决方案。所以按照其时法律的归罪逻辑，在行为与结果（赃值）中找寻可罚性的依据即成为廷尉审断的重点。

　　案例七与案例十三皆涉及私受贿赂，因此依照盗罪中以赃值定罪量刑的逻辑便可。案例七中，因赃满六百六十钱，以"甗顺等受行赇狂（枉）法"论断；案例十三未满六百六十钱，则以"罚金四两"论断。除以赃值为论外，行为的结果也作为定罪的依据。如案例九、案例十、案例十一、案例十二中，为达私人目的或掩盖行为过失，行为人都有篡改官方文书的行为，故以律中"为伪书"罪论断，而不以原违法行为（如私使城旦舂）定罪。这与唐律定罪方式

〔1〕 江陵张家山汉简整理小组：《江陵张家山汉简〈奏谳书〉释文》（一），载《文物》1993 年第 8 期。

〔2〕 江陵张家山汉简整理小组：《江陵张家山汉简〈奏谳书〉释文》（一），载《文物》1993 年第 8 期。

〔3〕 江陵张家山汉简整理小组：《江陵张家山汉简〈奏谳书〉释文》（一），载《文物》1993 年第 8 期。

有所不同。[1] 这种情况的出现应与汉代严格的"奉法治罪"观念相关，也与汉初立法不完善相关。

第三，严以治吏与赃罪。汉代延续了秦代对官吏犯罪严惩的思想，对官吏的各种行为加以限制，七个案例中，只有一例犯罪主体非为官吏，其余皆为官吏犯罪。且当涉及贼杀伤人及监临主盗时，即使官吏有爵位也不可抵免（案例十四、案例十五、案例十六）。这一立法思想在《二年律令》中也得到证明。[2]

（三）《后汉书》中案例

《后汉书》为南朝范晔所编撰，属"二十四史"之一。其主要记述了东汉光武帝建武元年（25 年）至献帝建安二十五年（220 年）的历史。因《奏谳书》主要为秦代及汉初的司法案例，前文所引《汉书》主要记载了西汉时期的史实，故此处选取《后汉书》以补东汉之维。在法律发展上，东汉继承西汉时期经义决狱的理念，使用经学对律文进行注释，将经学的发展推向高峰。东汉诸儒"章句"十余家，其著名者有叔孙宣、郭令卿、马融、郑玄等，郑玄所著《郑氏章句》更成为东汉后期法律渊源之一。《后汉书》中案例也显示出这一时期经学为主的特征。

不同于《奏谳书》中秦及汉初所奉行的法家实用主义原则，《后汉书》的案例更强调儒家内在精神要义，更加注重人伦和人本。法之含义与刑之轻重也以经义原则为标准，进行自我修缮。虽然儒家强调内在的修为与德行，但人非圣贤，每位君主也都有自己的思想

---

〔1〕 唐律中，官吏"私使丁夫杂役"的行为是依照所私使的时间折合为赃值进行计算，以赃值数额量刑。

〔2〕 参见崔永东：《张家山汉简中的法律思想》，载《法学研究》2003 第 5 期；《张家山汉简〈二年律令〉中的刑罚原则与刑罚体系》，载《法律史学科发展国际学术研讨会文集》，中国政法大学出版社 2006 年版；朱红林：《张家山汉简〈二年律令〉研究》，黑龙江人民出版社 2008 年版。

和境界。特别是在君主集权体制下，君主的意志高于一切，党锢之祸与任性执法终不可避免。此时刑在其中起到了消极作用，即便是经学至上的东汉也难免于此。

1. 任刑枉杀与护法于公

在君主集权的体制中，刑因君主之意志而转换着形态与轻重之属。《后汉书》中党锢的案例以及大臣秉公治刑案例便是典型。

（1）刑以滥用下的党锢之祸

> 时河内张成善说风角，推占当赦，遂教子杀人。李膺为河南尹，督促收捕，既而逢宥获免，膺愈怀愤疾，竟案杀之。初，成以方伎交通宦官，帝亦颇谇其占。成弟子牢因上书诬告膺等养太学游士，交结诸郡生徒，更相驱驰，共为部党，诽讪朝廷，疑乱风俗。于是天子震怒，班下郡国，逮捕党人，布告天下，使同忿疾，遂收执膺等。其辞所连及陈寔之徒二百余人，或有逃遁不获，皆悬金购募。使者四出，相望于道。明年，尚书霍谞、城门校尉窦武并表为请，帝意稍解，乃皆赦归田里，禁锢终身。而党人之名，犹书王府。[1]

另一案中亦显如此，且在此党锢之祸中可见大夫之铮铮铁骨与儒行之修为。

> 后牢脩诬言钩党，滂坐系黄门北寺狱。狱吏谓曰："凡坐系皆祭皋陶。"滂曰："皋陶贤者，古之直臣。知滂无罪，将理之于帝；如其有罪，祭之何益！"众人由此亦止。狱吏将加掠考，滂以同囚多婴病，乃请先就格，遂与同郡袁忠

---

〔1〕《后汉书·党锢列传》，见杨一凡、徐立志主编：《历代判例判牍》（第一册），中国社会科学出版社 2005 年版，第 93 页。

争受楚毒。桓帝使中常侍王甫以次辨诘，滂等皆三木囊头，暴于阶下，余人在前，或对或否，滂、忠于后越次而进。王甫诘曰："君为人臣，不惟忠国，而共造部党，自相襃举，评论朝廷，虚构无端，诸所谋结，并欲何为？皆以情对，不得隐饰。"滂对曰："臣闻仲尼之言，'见善如不及，见恶如探汤'。欲使善善同其清，恶恶同其污，谓王政之所愿闻，不悟更以为党。"甫曰："卿更相拔举，迭为唇齿，有不合者，见则排斥，其意如何？"滂乃慷慨仰天曰："古之循善，自求多福；今之循善，身陷大戮。身死之日，愿埋滂于首阳山侧，上不负皇天，下不愧夷、齐。"甫愍然为之改容。乃得并解桎梏。[1]

集权统治下的刑狱，亦无人敢言真实，法之不公、刑之滥用便随之出现。儒家所言之贤人政治，即君主应具有良好修为及品德。

永平中，以谒者守侍御史，与三府掾属共考案楚狱颜忠、王平等，辞连及隧乡侯耿建、朗陵侯臧信、护泽侯邓鲤、曲成侯刘建。建等辞未尝与忠、平相见。是时，显宗怒甚，吏皆惶恐，诸所连及，率一切陷入，无敢以情恕者。朗心伤其冤，试以建等物色独问忠、平，而二人错愕不能对。朗知其诈，乃上言建等无奸，专为忠、平所诬，疑天下无辜类多如此。帝乃召朗人，问曰："建等即如是，忠、平何故引之？"朗对曰："忠、平自知所犯不道，故多有虚引，冀以自明。"帝曰："即如是，四侯无事，何不早奏，狱竟而久系至今邪？"郎对曰："臣虽考之无事，然恐海内别有发其奸者，故未敢时上。"帝怒骂曰："吏持两端，促提

---

〔1〕《后汉书·党锢列传》，见杨一凡、徐立志主编：《历代判例判牍》（第一册），中国社会科学出版社 2005 年版，第 94 页。

下。"左右方引去，朗曰："愿一言而死。小臣不敢欺，欲助国耳。"帝问曰："谁与共为章？"对曰："臣自知当必族灭，不敢多污染人，诚冀陛下一觉悟而已。臣见考囚在事者，咸共言妖恶大故，臣子所宜同疾，今出之不如入之，可无后责。是以考一连十，考十连百。又公卿朝会，陛下问以得失，皆长跪言，旧制大罪祸及九族，陛下大恩，裁止于身，天下幸甚。及其归舍，口虽不言，而仰屋窃叹，莫不知其多冤，无敢悟陛下者。臣今所陈，诚死无悔。"帝意解，诏遣朗出。后二日，车驾自幸洛阳狱录囚徒，理出千余人。后平、忠死狱中，朗乃自系。会赦，免官。复举孝廉。[1]

（2）刑以护法秉公

再迁，复拜司隶校尉。时，张让弟朔为野王令，贪残无道，至乃杀孕妇，闻膺厉威严，惧罪逃还京师，因匿兄让弟舍，藏于合柱中。膺知其状，率将吏卒破柱取朔，付洛阳狱。受辞毕，即杀之。让诉冤于帝，诏膺入殿，御亲临轩，诘以不先请便加诛辟之意。膺对曰："昔晋文公执卫成公归于京师，《春秋》是焉。《礼》云公族有罪，虽曰宥之，有司执宪不从。昔仲尼为鲁司寇，七日而诛少正卯。今臣到官已积一旬，私惧以稽留为愆，不意获速疾之罪。诚自知衅责，死不旋踵，特乞留五日，克殄元恶，退就鼎镬，始生之意也。"帝无复言，顾谓让曰："此汝弟之罪，司隶何愆？"乃遣出之。自此诸黄门常侍皆鞠躬屏气，休沐不敢复出宫省。帝怪问其故，并叩头泣曰："畏李

---

〔1〕《后汉书·第五伦钟离意宋均寒朗列传》，见杨一凡、徐立志主编：《历代判例判牍》（第一册），中国社会科学出版社 2005 年版，第 97 页。

校尉。"[1]

2. 德礼与法刑

西汉始以儒学为正统思想，德礼内容逐渐渗入社会价值观与法律价值观。春秋决狱与引经注律等法律儒家化的发展，也使得德礼的内容逐渐渗透入法律之中。故而在法制系统内，德礼逐渐成为立法与司法中治刑轻重的判断标准。此外，以社会价值观形式存在的德礼则与法刑并行，为法刑外之价值标准。

（1）法刑外之礼：律设大法，礼顺人情

> 后（卓茂）以儒术举为侍郎，给事黄门，迁密令。劳心谆谆，视人如子，举善而教，口无恶言，吏人亲爱而不忍欺之。人尝有言部亭长受其米肉遗者，茂辟左右问之曰："亭长为从汝求乎？为汝有事嘱之而受乎？将平居自以恩意遗之乎？"人曰："往遗之耳。"茂曰："遗之而受，何故言邪？"人曰："窃闻贤明之君，使人不畏吏，吏不取人。今我畏吏，是以遗之，吏既卒受，故来言耳。"茂曰："汝为敝人矣。凡人所以贵于禽兽者，以有仁爱，知相敬事也。今邻里长老尚致馈遗，此乃人道所以相亲，况吏与民乎？吏顾不当乘威力强请求耳。凡人之生，群居杂处，故有经纪礼义以相交接。汝独不欲修之，宁能高飞远走，不在人间邪？亭长素善吏，岁时遗之，礼也。"人曰："苟如此，律何故禁之？"茂笑曰："律设大法，礼顺人情。今我以礼教汝，汝必无怨恶；以律治汝，何所措其手足乎？一门之内，小者可论，大者可杀也。且归念之！"于是人纳其训，

---

[1]《后汉书·党锢列传》，见杨一凡、徐立志主编：《历代判例判牍》（第一册），中国社会科学出版社 2005 年版，第 94 页。

吏怀其恩。[1]

（2）法刑内之礼：法以礼为标准，刑为礼而轻重

> 县人防广为父报仇，系狱，其母病死，广哭泣不食。（钟离）意怜伤之，乃听广归家，使得殡敛。丞掾皆争，意曰："罪自我归，义不累下。"遂遣之。广敛母讫，果还入狱。意密以状闻，广竟得以减死论。[2]

虽东汉以儒家经义为注律标准，但也开始追求法的实用性，力求避免律为礼法左右，从而防止同案不同刑的思想。建初年间废除《轻侮法》即是如此。这种情形的出现亦有其特殊性：一是该案所涉律文为杀人却处降死之刑；二是因其乱世之背景，统治者奉行刑乱国用重典的原则。

> 建初中，有人侮辱人父者，而其子杀之，肃宗贳其死刑而降宥之，自后因以为比。是时遂定其议，以为《轻侮法》。敏驳议曰：夫《轻侮》之法，先帝一切之恩，不有成科班之律令也。夫死生之决，宜从上下，犹天之四时，有生有杀。若开相容恕，著为定法者，则是故设奸萌，生长罪隙。孔子曰："民可使由之，不可使知之。"《春秋》之义，子不报仇，非子也。而法令不为之减者，以相杀之路不可开故也。今托义得减，妄杀者有差，使执宪之吏得设巧诈，非所以导"在丑不争"之义。又《轻侮》之比，浸以繁滋，至有四五百科，转相顾望，弥复增甚，难以垂之万载。臣闻师言："救文莫如质。"故高帝去烦苛之法，为三章之约。建

[1]《后汉书·卓茂鲁恭魏霸刘宽列传》，见杨一凡、徐立志主编：《历代判例判牍》（第一册），中国社会科学出版社 2005 年版，第 95 页。
[2]《后汉书·第五伦钟离意宋均寒朗列传》，见杨一凡、徐立志主编：《历代判例判牍》（第一册），中国社会科学出版社 2005 年版，第 96 页。

初诏书，有改于古者，可下三公、廷尉蠲除其敝。议寝不省。敏复上疏曰：臣敏蒙恩，特见拔擢，愚心所不晓，迷意所不解，诚不敢苟随众议。臣伏见孔子垂经典，皋陶造法律，原其本意，皆欲禁民为非也。未晓《轻侮》之法将以何禁？必不能使不相轻侮，而更开相杀之路，执宪之吏复容其奸枉。议者或曰："平法当先论生。"臣愚以为天地之性，唯人为贵，杀人者死，三代通制。今欲趣生，反开杀路，一人不死，天下受敝。记曰："利一害百，人去城郭。"夫春生秋杀，天道之常。春一物枯即为灾，秋一物华即为异。王者承天地，顺四时，法圣人，从经律。愿陛下留意下民，考寻利害，广令平议，天下幸甚。和帝从之。[1]

（3）法刑与内在德礼

儒家法的逻辑起点即为仁。个人通过礼提升内在的修为，使自己成为仁人、有德之人，无论君王还是官吏，都是如此。德礼的熏陶会改变和重塑人内在的价值观，在司法及审断中也会因不同的价值观产生不同的治刑判断。如钟离意劝君小惩勿以刑，以及皇甫嵩恤百姓、士族，皆是体现。

时诏赐降胡子缣，尚书案事，误以十为百。帝见司农上簿，大怒，召郎，将笞之。意因入叩头曰："过误之失，常人所容。若以懈慢为愆，则臣位大，罪重，郎位小，罪轻，咎皆在臣，臣当先坐。"乃解衣就格。帝意解，使复冠而贳郎。[2]

---

〔1〕《后汉书·张敏传》，见杨一凡、徐立志主编：《历代判例判牍》（第一册），中国社会科学出版社 2005 年版，第 100 页。

〔2〕《后汉书·第五伦钟离意宋均寒朗列传》，见杨一凡、徐立志主编：《历代判例判牍》（第一册），中国社会科学出版社 2005 年版，第 96 页。

以黄巾既平，故改年为中平。嵩奏请冀州一年田租，以赡饥民，帝从之。百姓歌曰："天下大乱兮市为墟，母不保子兮妻失夫，赖得皇甫兮复安居。"嵩温恤士卒，甚得众情，每军行顿止，须营幔修立，然后就舍帐。军士皆食，己乃尝饭。吏有因事受赂者，嵩更以钱物赐之，吏怀惭，或至自杀。[1]

3. 兵法的特殊性：非依法治刑

行军打仗强调服从命令，《后汉书》中亦有一例以军令破法刑之案，体现了行军时的特殊性。

（郭）躬少传父业，讲授徒众常数百人。后为郡吏，辟公府。永平中，奉车都尉窦固出击匈奴，骑都尉秦彭为副。彭在别屯而辄以法斩人，固奏彭专擅，请诛之。显宗乃引公卿朝臣平其罪科。躬以明法律，召入议。议者皆然固奏，躬独曰："于法，彭得斩之。"帝曰："军征，校尉一统于督。彭既无斧钺，可得专杀人乎？"躬对曰："一统于督者，谓在部曲也。今彭专军别将，有异于此。兵事呼吸，不容先关督帅。且汉制载即为斧钺，于法不合罪。"帝从躬议。又有兄弟共杀人者，而罪未有所归。帝以兄不训弟，故报兄重而减弟死。中常侍孙章宣诏，误言两报重，尚书奏章矫制，罪当腰斩。帝复召躬问之，躬对"章应罚金"。帝曰："章矫诏杀人，何谓罚金？"躬曰："法令有故、误，章传命之谬，于事为误，误者其文则轻。"帝曰："章与囚同县，疑其故也。"躬曰："'周道如氐，其直如矢。''君子不逆诈。'君王法天，刑不可以委曲生意。"帝曰："善。"迁躬廷尉正，

〔1〕《后汉书·皇甫嵩朱儁列传》，见杨一凡、徐立志主编：《历代判例判牍》（第一册），中国社会科学出版社 2005 年版，第 99 页。

坐法免。[1]

二、唐宋案例

（一）《龙筋凤髓判》

《龙筋凤髓判》为唐张鷟所著，全书以唐时骈体文写就，按照《唐六典》"官领其属，事归于职"的体例编排，并征引大量文献典故，为唐代的拟判典型。在唐代案例已大量佚失的情况下，《龙筋凤髓判》为研究唐代司法状况提供了宝贵的案例材料。

1. 法的含义

（1）法律

非密既非大事，法许准法勿论，待得指归，方可裁决。[2]

通事舍人崔暹奏事口误，御史弹付法。[3]

左补阙陈邃司制敕，知敕书有误，不奏辄改，所改之次，与元敕同。付法不伏。[4]

二百锂坐，法有常科；三千狱条，刑兹罔舍。[5]

---

[1]《后汉书·郭躬陈宠列传》，见杨一凡、徐立志主编：《历代判例判牍》（第一册），中国社会科学出版社 2005 年版，第 98 页。

[2]《中书省二条》，见杨一凡、徐立志主编：《历代判例判牍》（第一册），中国社会科学出版社 2005 年版，第 179 页。

[3]《中书省二条》，见杨一凡、徐立志主编：《历代判例判牍》（第一册），中国社会科学出版社 2005 年版，第 179 页。

[4]《门下省二条》，见杨一凡、徐立志主编：《历代判例判牍》（第一册），中国社会科学出版社 2005 年版，第 180 页。

[5]《御史台二条》，见杨一凡、徐立志主编：《历代判例判牍》（第一册），中国社会科学出版社 2005 年版，第 182 页。

令史王隆每受路州文书，皆纳贿钱，被御史弹付法，计赃十五匹，断绞，不伏。[1]

因事受财，实非通理；枉法科罪，颇涉深文。宜据六赃，式明三典。[2]

征虽要籍，准法勿论；量事应机，据条尤坐。更宜审鞫，方可裁科。[3]

若据部当考，便成失鉴；若不收劳效，又是弃功，请为安稳法。[4]

法有常刑，理难逃责。[5]

户部侍郎韦珍奏称：诸州造籍脱落丁口，租调破除倍多常岁，请取由付法依问。诸使皆言春疾疫死实多，非故为疏漏。[6]

付法科罪，仍敢薄言；依问款辞，咸推遘厉。[7]

---

[1]《尚书省二条》，见杨一凡、徐立志主编：《历代判例判牍》（第一册），中国社会科学出版社 2005 年版，第 183 页。

[2]《尚书省一条》，见杨一凡、徐立志主编：《历代判例判牍》（第一册），中国社会科学出版社 2005 年版，第 183 页。

[3]《吏部二条》，见杨一凡、徐立志主编：《历代判例判牍》（第一册），中国社会科学出版社 2005 年版，第 184 页。

[4]《考功二条》，见杨一凡、徐立志主编：《历代判例判牍》（第一册），中国社会科学出版社 2005 年版，第 185 页。

[5]《考功二条》，见杨一凡、徐立志主编：《历代判例判牍》（第一册），中国社会科学出版社 2005 年版，第 186 页。

[6]《户部一条》，见杨一凡、徐立志主编：《历代判例判牍》（第一册），中国社会科学出版社 2005 年版，第 188 页。

[7]《户部一条》，见杨一凡、徐立志主编：《历代判例判牍》（第一册），中国社会科学出版社 2005 年版，第 188 页。

我国家咸有一德，法无二门，动必依绳，言不逾矩。[1]

胡敬识非稽古，学未知今，作聪明而乱旧章，恃薄才而隳正法。[2]

乃法身之自在，匪人力之堪为。[3]

利存禁酒之法，害远酗酤之家。[4]

兵部奏：默啜贼入赵定，欲取幽州，居庸程出都督梁亶，牢城自守，不敢遮截，请付法依问。[5]

（2）道法

指法场之门户，豁尔天开；导智海之波澜，涣然冰释。[6]

为鸡为鹜，玷鹤树之清风；如虺如蛇，秽龙宫之妙法。铨择为滥，解退为宜。[7]

---

[1]《仓部二条》，见杨一凡、徐立志主编：《历代判例判牍》（第一册），中国社会科学出版社2005年版，第189页。

[2]《仓部二条》，见杨一凡、徐立志主编：《历代判例判牍》（第一册），中国社会科学出版社2005年版，第189页。

[3]《祠部二条》，见杨一凡、徐立志主编：《历代判例判牍》（第一册），中国社会科学出版社2005年版，第193页。

[4]《主客二条》，见杨一凡、徐立志主编：《历代判例判牍》（第一册），中国社会科学出版社2005年版，第194页。

[5]《兵部二条》，见杨一凡、徐立志主编：《历代判例判牍》（第一册），中国社会科学出版社2005年版，第194页。

[6]《祠部二条》，见杨一凡、徐立志主编：《历代判例判牍》（第一册），中国社会科学出版社2005年版，第192页。

[7]《祠部二条》，见杨一凡、徐立志主编：《历代判例判牍》（第一册），中国社会科学出版社2005年版，第192页。

法初不灭，故现灭以归空；道本无生，故因生而不用。[1]

2. 刑的含义

（1）刑法

岂得漏秦相之骑乘，故犯疏罗；盗魏将之兵符，自轻刑典。[2]

二百锧坐，法有常科；三千狱条，刑兹罔舍。[3]

宜据刑书，准条科结。[4]

语其刑名，死有余责。既投无赦之律，合处不敬之伦。[5]

不应言而上言，法有正条；不应为而有为，刑兹罔赦。[6]

宜除旧过，不夺前班，则劝沮有归，政刑无失。[7]

---

〔1〕《祠部二条》，见杨一凡、徐立志主编：《历代判例判牍》（第一册），中国社会科学出版社 2005 年版，第 192 页。

〔2〕《中书省二条》，见杨一凡、徐立志主编：《历代判例判牍》（第一册），中国社会科学出版社 2005 年版，第 179 页。

〔3〕《御史台二条》，见杨一凡、徐立志主编：《历代判例判牍》（第一册），中国社会科学出版社 2005 年版，第 182 页。

〔4〕《兵部一条》，见杨一凡、徐立志主编：《历代判例判牍》（第一册），中国社会科学出版社 2005 年版，第 194 页。

〔5〕《少府监二条》，见杨一凡、徐立志主编：《历代判例判牍》（第一册），中国社会科学出版社 2005 年版，第 196 页。

〔6〕《苑总监二条》，见杨一凡、徐立志主编：《历代判例判牍》（第一册），中国社会科学出版社 2005 年版，第 202 页。

〔7〕《左右羽林卫二条》，见杨一凡、徐立志主编：《历代判例判牍》（第一册），中国社会科学出版社 2005 年版，第 207 页。

凶粗小失，可峻之以刑书；沉酗微愆，可惩之以清宪。
宜渐戒励，未可退还。[1]

（2）刑罚

法有常刑，理难逃责。[2]

执行故造，造者自合流刑；嘱请货求，求者元无
首从。[3]

诈袭者处以徒刑，应续者宜从改正。[4]

游贼满山，刑人半市。[5]

刑余之人，岂可参谋国事？[6]

就腐刑于汉室，便作谤书；求斛米于梁州，辄成
佳传。[7]

依检腾凌无厌，未可全科，设令咆哮不虚，止从凡斗。

---

[1]《左右监门卫二条》，见杨一凡、徐立志主编：《历代判例判牍》（第一册），中国社会
科学出版社 2005 年版，第 209 页。

[2]《考功二条》，见杨一凡、徐立志主编：《历代判例判牍》（第一册），中国社会科学出
版社 2005 年版，第 185 页。

[3]《司勋二条》，见杨一凡、徐立志主编：《历代判例判牍》（第一册），中国社会科学出
版社 2005 年版，第 186 页。

[4]《主爵二条》，见杨一凡、徐立志主编：《历代判例判牍》（第一册），中国社会科学出
版社 2005 年版，第 187 页。

[5]《主客二条》，见杨一凡、徐立志主编：《历代判例判牍》（第一册），中国社会科学出
版社 2005 年版，第 194 页。

[6]《内侍省二条》，见杨一凡、徐立志主编：《历代判例判牍》（第一册），中国社会科学
出版社 2005 年版，第 203 页。

[7]《修史馆二条》，见杨一凡、徐立志主编：《历代判例判牍》（第一册），中国社会科学
出版社 2005 年版，第 204 页。

宜从犯状，据法论刑[1]。

犯龙苑之禁，尚供严刑；斩鹿门之关，犹思干纪。[2]

待知赃估，方可论刑，宜更推穷，以实裁断。[3]

棘署论刑，更宜推鞫。待知的状，方可量裁。[4]

御史奏弹，虽言奉法，详刑结罪，须按科条。[5]

即处重刑，恐亏平典。[6]

若畏恶相刑，科条无舍。进劾断绞，亦合甘从；处方
即依，诚为若屈。[7]

刑狱之重，人命所悬。宜更裁决，毋失权衡。[8]

漏司乖错，准法论刑。[9]

---

[1]《金吾卫二条》，见杨一凡、徐立志主编：《历代判例判牍》（第一册），中国社会科学出版社 2005 年版，第 206 页。

[2]《左右羽林卫二条》，见杨一凡、徐立志主编：《历代判例判牍》（第一册），中国社会科学出版社 2005 年版，第 206 页。

[3]《左右监门卫二条》，见杨一凡、徐立志主编：《历代判例判牍》（第一册），中国社会科学出版社 2005 年版，第 210 页。

[4]《左右骁卫二条》杨　凡、徐立志主编：《历代判例判牍》（第一册），中国社会科学出版社 2005 年版，第 214 页。

[5]《郊社二条》，见杨一凡、徐立志主编：《历代判例判牍》（第一册），中国社会科学出版社 2005 年版，第 217 页。

[6]《太卜一条》，见杨一凡、徐立志主编：《历代判例判牍》（第一册），中国社会科学出版社 2005 年版，第 219 页。

[7]《太医一条》，见杨一凡、徐立志主编：《历代判例判牍》（第一册），中国社会科学出版社 2005 年版，第 220 页。

[8]《太医一条》，见杨一凡、徐立志主编：《历代判例判牍》（第一册），中国社会科学出版社 2005 年版，第 220 页。

[9]《刻漏一条》，见杨一凡、徐立志主编：《历代判例判牍》（第一册），中国社会科学出版社 2005 年版，第 221 页。

刑名极峻，法焉可逃？情状难容，死有馀谴。但平赃
定律，必依高估；供进所须，宜从极价。论次缣则，状当
绞，坐准。[1]

3. 法与刑的关系

（1）刑为法的惩罚性手段，依罪治刑。当刑名与刑罚固定，该
法亦称"刑书"，为治国不可或缺之内容。

二百锧坐，法有常科；三千狱条，刑兹罔舍。[2]

宜据刑书，准条科结。[3]

法有常刑，理难逃责。[4]

不应言而上言，法有正条；不应为而有为，刑兹
罔赦。[5]

（2）法虽以刑处罚，但却依礼断案，礼是定罪量刑的准则。《龙
筋凤髓判》卷一的《公主二条》《鼓吹一条》等均有体现。判文中对
违礼入刑的案件，都依律严惩；而对违礼而未能入刑的案件，却又体
现出礼法并行的考量。

---

〔1〕《导官句盾二条》，见杨一凡、徐立志主编：《历代判例判牍》（第一册），中国社会科
学出版社 2005 年版，第 226 页。

〔2〕《御史台二条》，见杨一凡、徐立志主编：《历代判例判牍》（第一册），中国社会科学
出版社 2005 年版，第 182 页。

〔3〕《兵部一条》，见杨一凡、徐立志主编：《历代判例判牍》（第一册），中国社会科学出
版社 2005 年版，第 194 页。

〔4〕《考功二条》，见杨一凡、徐立志主编：《历代判例判牍》（第一册），中国社会科学出
版社 2005 年版，第 185 页。

〔5〕《苑总监二条》，见杨一凡、徐立志主编：《历代判例判牍》（第一册），中国社会科学
出版社 2005 年版，第 201 页。

　　永安公主出降，有司奏礼钱加长公主二十万。造第宅所费亦加（如）之。群下有疑。

　　金机札札，灵婺皎洁于云间；银汉亭亭，少女逶迟于巽位。故潇湘帝子，乘洞浦而扬波；巫峡仙妃，映高唐而散雨。公主秾华发彩，蔫萼延祥，六珈土步之辰，百两香飞之日。三公主婚，鹓鸾接羽。百枝灯烛，光沁水之田园；万转笙竽，杂平阳之歌舞。玲珑玉佩，振霞锦于仙衣；熠耀花冠，点星珠于宝胜。飞鸾镜匣，向满月以开轮；仙凤楼台，映浮云而写盖。弄珠分态，江姊为之含颦；飞箭成婚，天公为之瞗笑。肃雍之制，盖异常伦；筑馆之规，特优恒典。小不加大，必上下和平；卑不凌尊，则亲疏顺序。先帝女之仪注，旧有章程；长公主之礼容，岂容逾越？[1]

　　鼓吹令王乾状称：鼓吹卤簿，国家仪注，器具滥恶，请更改修制。礼部员外崔嵩以府库尚虚，以非急务判停。

　　凫钟隐隐，随九变以交驰；鼍鼓逢逢，和八音而间作。或短箫横引，朱鹭铿锵；或长笛手吹，紫骝凄切。东官所设，殊非列代之规；平阁爰施，亦匪先王之制。然国家仪注，须应礼经。既崇卤簿之班，又惠功臣之锡。既为滥恶，宜即改修；岂以藏虚，遂云非急。有家有国，朝章不可暂亏；去食去兵，礼乐如何辄废？王乾状请，崔嵩判停，尔爱其羊，我爱其礼。速令鸠集，请勿狐疑。[2]

---

〔1〕《公主二条》，见杨一凡、徐立志主编：《历代判例判牍》（第一册），中国社会科学出版社 2005 年版，第 181 页。

〔2〕《鼓吹一条》，见杨一凡、徐立志主编：《历代判例判牍》（第一册），中国社会科学出版社 2005 年版，第 218 页。

太庙令朱景方行大祀，乃于散斋而吊丧，御史弹付法，大理断官减一等，征铜五斤。

大祫之礼，列圣之攸先；吉禘之仪，明王之令典。莫不尊崇祖考，敬事神明。既申如在之诚，聿起不钦之罚。若严禋有则，赤雁降于祠宫；祭谒无亏，白鹤翔于清庙。则有轻飨，荐黩斋明，肃承顾庙，虔奉閟宫。方行盥涤之规，有事宗禋之典，龙旗是祷，縟革跄跄，信马来朝，威仪肃肃。理须恭敬乃志，静慎其心。玉瓒之献克修，金罍之寿斯荐。何得散斋之日，迩祉之辰，周泽之洁无闻，苟或之容先发？长驱马足，便过元伯之家；顿作驴鸣，乃向仲宣之室。不恭之罪，法有常科；失礼之愆，宜从明宪。官减一等，铜坐五斤；数外更求，未为通允。[1]

（3）特殊的法刑关系体现了对官吏知法犯法不容情与重惩。唐律《职制律》的规定已显示出唐代统治者对整肃吏治的决心，《龙筋凤髓判》中相关案例也证明这一点。《左右金吾卫二条》判文对知法犯法且跋扈嚣张的大理寺丞的行为采取不容忍的态度，以维护社会秩序，防止官吏行为对社会造成负面影响。

右金吾卫将军赵宜检校街时，大理丞徐逖鼓绝后于街中行，宜决二十，奏付法。逖有故，不伏科罪。

中尉掌徼，起自秦朝；郎将司阶，行于汉制。御曹执革，雕轮光紫陌之前；武库禁兵，缇骑拂红尘之外。弯弧状月，肃肃盈衢；挺剑含霜，辉辉满路。辛庆忌之威重，乃应斯荣；汉光武之微时，犹钦此职。赵宜名参列校，务总戎昭，蹑贾复之前规，追寇恂之旧轨。乳虎之号，响溢

---

〔1〕《太朝一条》，见杨一凡、徐立志主编：《历代判例判牍》（第一册），中国社会科学出版社 2005 年版，第 216 页。

于京畿；苍鹰之名，声充于莘毂。既而鲸钟隐隐，路绝行
人；鹤鼓冬冬，街收马迹。徐逖躬沾士职，名属法官，应
知玉律之严，颇识钩陈之禁。岂有更深夜静，仍纵辔于三
条；月暗星繁，故扬鞭于五剧？前途尚远，归望犹赊。未
侵豹卫之司，忽犯兽冠之史；既缺瓜田之慎，便招楚挞之
羞。付法将推，状称有故。但犯夜之罪，惟坐两条。被捉
之时，曾鞭二十。元犯已从决讫，无故亦合停科，罪既总
除，固宜从释。[1]

（4）刑罚适中、中典治国的治法、治刑思想。在"礼法结合"、
法律"务在宽简"思想指导下，唐律与前代刑律相比，表现出中典
治国、用刑持平的特点。虽《龙筋凤髓判》中为拟判，但也体现出
这一时期的慎罚思想。司法官施行刑罚必须以法律条文为依据，案
件以典章宪式作为裁判依据，强调从成文法中寻求对个案之公平审
判，对成文法的尊重与信仰贯穿全书。

> 监贺敬盗御茵席三十事，大理断流二千五百里，敬不
> 伏，云其物虽部分未进，不得为御物。
>
> 沉沉少府，掌其山海之资；隐隐内藏，职在瑰奇之货。
> 玳瑁象牙之宝，万里云奔；珊瑚玛瑙之珍，三邦辐辏。百万
> 钱之重宝，实表贞廉；二千石之崇班，方求清素。薛宣之才
> 茂行洁，乃应斯荣；王观之守法不移，方堪斯任。贺敬挈瓶
> 小智，荷贲庸才，谢杨阜之公清，非孔融之朗悟。祇如桃笙
> 象簟，拟进乘舆；翠被鸳裯，咸供御用。岂得外为鼠盗，内
> 纵狼贪？未闻匡鼎之贤，已蹈敬声之谴。赤衫之席，辄入私
> 家；文裕之衿，拟移公室。盗物数逾三十，拟流遂越二千，

---

[1]《左右金吾卫二条》，见杨一凡、徐立志主编：《历代判例判牍》（第一册），中国社会
科学出版社 2005 年版，第 205 页。

理合甘从，仍怀苦诉。款称物虽部分未进御前，执此曲途，深乖直道。但供玩好，奏进珍奇，监当各有司存。拟进便为御物，何必要须入内，方可为偷？法有正条，理须明典。[1]

少匠柳伫掌造三阳宫，台观壮丽，三月而成。夫匠疲劳，死者十五六，掌作官等加两阶被选，挝鼓诉屈。

千八百国，王者以列郡分州。三十六所，圣人有离宫别馆。鹊宇衔月，共五柞而连阴；龙台造天，埒（将）九华而接影。三阳地邻嶭坂，境带嵩邱，斜瞻玉女之祠，近瞰傅公之井。爰兹胜壤，聿启深宫。取酸枣之前基，探棠梨之旧制。

柳伫职惟经构，位掌榑栌，拱木俦于林衡，全模授于梓匠。凤池青琐，参差雁齿之阶；鸾庭绮窗，错落鱼鳞之屋。瑢题耀日，耸玟瑠之金椽；珠网悬星，洞琉璃之宝阁。似王彬之勤苦，自觅封侯；匪魏霸之忧人，怡然受乐。仲华省费之誉，未展其能；伯真士卒之先，罕闻其效。壮丽则论功极大，劳役则死者还多。勤劳补拙而有余，功过相除而不足。人未疲而事就，乍可论优；人半毙而功成，若为征赏。加阶放选，已自偏秭；挝鼓自强，何为浅见？辄惊圣听，不得无辜。法有正条，理宜科结。[2]

（二）《名公书判清明集》

《名公书判清明集》（以下简称《清明集》）为宋代诉讼判决书和

---

[1]《少监府二条》，见杨一凡、徐立志主编：《历代判例判牍》（第一册），中国社会科学出版社 2005 年版，第 196 页。

[2]《将作监二条》，见杨一凡、徐立志主编：《历代判例判牍》（第一册），中国社会科学出版社 2005 年版，第 197 页。

官府公文的分类汇编，集中反映了当时立法与司法的状况，以及理学对法律的影响。现存《清明集》宋残本仅户婚一门，不分卷，有立继、户绝、归宗、分析、检校等 22 类共 133 条。明刻本 14 卷，除宋本户婚门外，尚有官吏、赋役、文事、人伦、人品、惩恶等门，门下分类，内容远比宋本多，且互有参差。[1]

　　1. 法的含义

　　（1）法则

　　　　听讼之法，公则平，私则偏。所谓私者，非必惟货惟来也，止缘忿嫉多而哀矜小，则此心私矣，所以不能作平等观。韩应之、韩闳，均许氏之子也。韩应之妻子之情深，则子母之爱衰。若韩闳则所谓阿奴常在目前者也。母爱小子，恨不哀长益少，韩应之乃不能胜，乃挟阿奴自刎之事以操持之，欲胜弟，是欲胜母也。应之自有罪，然挟母诉兄，谁实先之。为政者但见诬论可恶，锻炼使服，而不知此三人者，母子也，兄弟也，天伦也，奈何而不平心邪？[2]

　　（2）法律与法令

　　　　其立法之意，盖为兄弟同居，妻财置产，防他日讼分之患耳。[3]

　　　　在法，已分财产满三年而诉不平及满五年而诉无分违

----

[1] 本节以《历代判例判牍》中明宋合本为参考进行撰写。

[2]《母子·母子兄弟之讼当平心处断》，见杨一凡、徐立志主编：《历代判例判牍》（第二册），中国社会科学出版社 2005 年版，第 313、第 314 页。

[3]《母子·子与继母争业》，见杨一凡、徐立志主编：《历代判例判牍》（第二册），中国社会科学出版社 2005 年版，第 317 页。

法者，各不得受理。[1]

及其到官，所供又全不及不使官会一节，乃欲推是顽赖人力刘显陈词。显是并缘朝廷法令之严，以此把持乡民。[2]

若不伏陪还，则法令俱存，非同官之所敢私矣。钉锢唐益、李超，差许昌监管前去，取索上件米回仓交纳，如有在随行人名下，就仰追回监理，十日。[3]

一毫不肯少贷，而至于自己，则公然白昼拏攫，如取如携，视官吏略不惭，视法令略不惧，居师帅之位，而乃为盗贼之行，曾无羞恶之心，此孟子所谓非人者矣。[4]

（3）方法

盖移风易俗，使夫人回心而向道，类非俗吏之所能为尔。当职其敢不自咎，徒忿疾于顽，而弗思所以为民迪吉康之道乎！窃惟三代教民之法，莫切于乡饮酒礼，观其致尊逊以教不争，致洁敬以教不慢，父坐子立以教孝，老坐少立以教悌，序宾以贤以贵德，序坐以齿以贵长，序僎以爵以贵贵。[5]

---

〔1〕《兄弟·兄弟论赖物业》，见杨一凡、徐立志主编：《历代判例判牍》（第二册），中国社会科学出版社 2005 年版，第 324 页。

〔2〕《附录二·陈希点帅文先争田》，见杨一凡、徐立志主编：《历代判例判牍》（第二册），中国社会科学出版社 2005 年版，第 519 页。

〔3〕《徽饬·仓官自擅侵移官米》，见杨一凡、徐立志主编：《历代判例判牍》（第二册），中国社会科学出版社 2005 年版，第 27 页。

〔4〕《徽饬·任满巧作名色破用官钱》，见杨一凡、徐立志主编：《历代判例判牍》（第二册），中国社会科学出版社 2005 年版，第 27、第 28 页。

〔5〕《乡里·勉寓公举行乡饮酒礼为乡闾倡》，见杨一凡、徐立志主编：《历代判例判牍》（第二册），中国社会科学出版社 2005 年版，第 343 页。

2. 刑的含义

（1）刑罚

　　李三为人之弟而悖其兄，为人之子而悖其母，揆之于法，其罪何可胜诛。但当职务以教化为先，刑罚为后，且原李三之心，亦特因财利之末起纷争之端。[1]

　　吴良聪罪该极刑，姑与从轻，杖脊二十，髡发，拘役一年，仍就市引断。使人知孝于其亲者，有司所深敬，不孝于其亲者，王法所必惩。[2]

　　刑故无小，三细不宥，以细罪小罪，犯至于三，事出于故，犹且不宥，何况罪大恶极。[3]

（2）法律

　　当时当职交事之新，名实未加于上下，不欲骤下此令，以骇众心，且诛之不可胜诛，不若姑导之以政，齐之以刑，以待其迁善，彼此可以相安于无事之域，此实区区本心也。[4]

　　蒋元广积恶有余，罪状显著。天刑国宪，举不容逃，决脊杖十七，仍刺面，配五百里信州东城。许义、许茂、

〔1〕《母子·因争财而悖其母与兄姑如不悛即追断》，见杨一凡、徐立志主编：《历代判例判牍》（第二册），中国社会科学出版社 2005 年版，第 315 页。

〔2〕《孝·孝于亲者当劝不孝于亲者当惩》，见杨一凡、徐立志主编：《历代判例判牍》（第二册），中国社会科学出版社 005 年版，第 333 页。

〔3〕《宗室·宗室作过押送外司拘管爪牙并从编配》，见杨一凡、徐立志主编：《历代判例判牍》（第二册），中国社会科学出版社 2005 年版，第 345 页。

〔4〕《公吏·应经徒配及罢役人合尽行逐去》，见杨一凡、徐立志主编：《历代判例判牍》（第二册），中国社会科学出版社 2005 年版，第 368 页。

蒋五，利一时之资给，轻冒刑章，此同恶相济之人也。许义决脊杖十七，编管五百里建宁府。[1]

以恩掩义者，兄弟之至情也，明刑弼教者，有司之公法也，二者不可偏废。[2]

前此见于两府判之详议者至矣，尽矣，州家恐为风教之羞，且从金厅所申，修以和议。过此以往，或徐端更肆无厌之欲，嚣讼不已，明正典刑，有司之所不容姑息也。[3]

独曾仕珍父子狼戾顽嚣，犯义犯刑，恬不知畏。本府未及结断，而遽经漕司；漕司方为索案，而又经帅司；帅司方为行下，而又经宪司。使其果抱屈抑，亦须候逐处官司施行了当，方可次第经陈，岂有首尾不及两月，而遍经诸司者？何况本府之所处断，未尝敢容一毫私意己见，皆是按据条令。[4]

狱者，生民大命，苟非当坐刑名者，自不应收系。为知县者每每必须躬亲，庶免冤滥。[5]

[1]《告讦·资给人诬告》，见杨一凡、徐立志主编：《历代判例判牍》（第二册），中国社会科学出版社 2005 年版，第 424 页。

[2]《兄弟·兄弟之讼》，见杨一凡、徐立志主编：《历代判例判牍》（第二册），中国社会科学出版社 2005 年版，第 323 页。

[3]《兄弟·兄弟争财》，见杨一凡、徐立志主编：《历代判例判牍》（第二册），中国社会科学出版社 2005 年版，第 326 页。

[4]《检校·侵用已检校财产论如擅支朝廷封桩物法》，见杨一凡、徐立志主编：《历代判例判牍》（第二册），中国社会科学出版社 2005 年版，第 243 页。

[5]《申儆·劝谕事件于后·清狱犴》，见杨一凡、徐立志主编：《历代判例判牍》（第二册），中国社会科学出版社 2005 年版，第 9 页。

3. 法与刑的关系

（1）人伦争讼，先教而后刑

理学在宋代产生了深远的影响，《清明集》中，司法官在审断涉及伦理情感的案件时，虽认为当事人的违法行为已达到以法律处断的标准，亦为理所不容，但考虑到双方当事人之间的情谊，常以伦理纲常先行教谕，不轻言刑责。如遇母子、兄弟等人伦之讼，司法官认为应当教育为先、刑罚为后，以期当事人的自新与人伦天性的恢复。

> 人生天地之间，所以异于禽兽者，谓其知有礼义也。所谓礼义者，无他，只是孝于父母，友于兄弟而已。若于父母则不孝，于兄弟则不友，是亦禽兽而已矣。李三为人之弟而悖其兄，为人之子而悖其母，揆之于法，其罪何可胜诛。但当职务以教化为先，刑罚为后，且原李三之心，亦特因财利之末起纷争之端。小人见利而不见义，此亦其常态耳。恕其既往之愆，开其自新之路，他时心平气定，则天理未必不还，母子兄弟，未必不复如初也。特免断一次。本厢押李三归家，拜谢外婆与母及李三十二夫妇，仍仰邻里相与劝和。若将来仍旧不悛者，却当照条施行。

> 听讼之法，公则平，私则偏。所谓私者，非必惟货惟来也，止缘忿嫉多而哀矜小，则此心私矣，所以不能作半等观。韩应之、韩闳，均许氏之子也。韩应之妻子之情深，则子母之爱衰。若韩闳则所谓阿奴常在目前者也。母爱小子，恨不哀长益少，韩应之乃不能胜，乃挟阿奴自刭之事以操持之，欲胜弟，是欲胜母也。应之自有罪，然挟母诉兄，谁实先之？为政者但见诬论可恶，锻炼使服，而不知此三人者，母子也，兄弟也，天伦也，奈何而不平心邪？当是之时，兄为官司所囚禁，虽欲哀告其母，拊循其弟，

而其辞不得以自致，母与弟又自有哗徒主持，虽欲少贷其子，少全其兄，而其事不得以自由。外证愈急，而狱辞愈刻以深，于是不孝诬告之罪，上闻于省部矣。若使信凭断下，应之死则死矣，许氏杀子，韩闳杀兄，以刃与讼，有以异乎？许氏何以为怀，韩闳又何以自全于天地间。幸而疏驳，当职遂得以选择好同官，俾之引上三人，作一处审问，然后母子得以相告语，兄弟得以相勉谕，而哗徒不得以间隔于其间，融融怡怡，翻然如初，为政者先风化，刑杀云乎哉！财产乃其交争祸根，今已对定。若论韩应之、韩闳之罪，则应之难竟坐以不孝之罪，然亦有不友之罪，若韩闳则亦难免不悌之罪矣，然皆非本心也。最是前申谓应之不合谓其母不是我娘，欲坐以极典，但未审小弁之怨，孟子反以为亲亲，此一段公案又合如何断。今以应之、闳各能悔过，均可置之不问。但应之以阿奴自刭资给诬告一节，终难全恕。既全其天伦，合去其人伪，申省取自指挥，所有二据先照给。[1]

如卑幼诉分产不平，固当以法断，亦须先谕尊长，自行从公均分。或坚执不从，然后当官监析。其有分产已平，而妄生词说者，却当以犯分诬罔坐之。[2]

（2）审判情理法兼顾，以得狱平

《清明集》中多个案例提及情理法三者的关系，如"法意、人情实同一体"等。法，或称"法理""法意"，指法律的书面规定。情包括书判中的"人情"，法为判决的主要依据，情则更多考虑的是社

---

〔1〕《母子·母子兄弟之讼当平心处断》，见杨一凡、徐立志主编：《历代判例判牍》（第二册），中国社会科学出版社 2005 年版，第 313、第 314 页。

〔2〕《申儆·劝谕事件于后·崇风教》，见杨一凡、徐立志主编：《历代判例判牍》（第二册），中国社会科学出版社 2005 年版，第 8 页。

会价值观，而理兼指"天理"，强调的是世间客观的逻辑和道理。三者兼顾，方为治理的准则。

> 公事在官，是非有理，轻重有法，不可以己私而拂公理，亦不可徇公法以徇人情。诸葛公有言：吾心有秤，不能为人作轻重。此有位之士所当视以为法也。[1]

> 命继有正条在，有司惟知守法，而族属则参之以情，必情法两尽，然后存亡各得其所。[2]

> 殊不知法意、人情，实同一体，徇人情而违法意，不可也，守法意而拂人情，亦不可也。权衡于二者之间，使上不违于法意，下不拂于人情，则通行而无弊矣。[3]

（3）量刑从轻处罚

《清明集》中，司法官常以轻刑处罚所收案件。据学者考证，《清明集》中有130余例从轻处罚的案件，占所收案件总数的30%。而从轻处罚主体又以对官员及其亲属、士人为主。除此之外，民事田土细故常为教谕调解结案，也为减免刑罚提供了可能。[4]

> 古之为宫室者，不斩丘木，所以广庆也。李克义欲修岳庙，而乃毁伤李克义祖墓之松柏，宜乎其起争也。李克义本令勘杖一百，且念其为名家之后，特存善善及子孙之意，罚赎。蒋才进、刘文通轻信李克义之言，辄操斧斤，

---

〔1〕《申儆·谕州县官僚》，见杨一凡、徐立志主编：《历代判例判牍》（第二册），中国社会科学出版社，2005年版，第5页。

〔2〕《立继·命继与立继不同》，见杨一凡、徐立志主编：《历代判例判牍》（第二册），中国社会科学出版社2005年版，第229页。

〔3〕《取赎·典买田业合照当来交易或见钱或钱会中半收赎》，见杨一凡、徐立志主编：《历代判例判牍》（第二册），中国社会科学出版社2005年版，第270页。

〔4〕王志强：《〈名公书判清明集〉法律思想初探》，载《法学研究》1997年第5期。

肆行剪伐，虽曰有以使之，然松柏从而为灾，乌得无罪，各寄决小杖十二。李克义以少卿疏远之族，而诈称位下子孙，创立户名，以欺罔官司，凭依声势，以武断乡曲，揆之于法，其罪已不可逃矣，而其得罪于祖先，则又有大焉！不爱其亲而爱他人者，谓之悖德；不敬其亲而敬他人者，谓之悖礼。郭崇韬哭子仪之墓，贻笑万世。狄武襄不肯冒认梁公为祖，民到于今称之。盖祖先者，吾身之所自出也，定于有生之初而不易者也。其为人虽有穷达、贤不肖之异，而子孙之所以爱之敬之，则一而已矣。象之后不得舍象而祖舜，管、蔡之后不得舍管、蔡而祖周公，宋祖帝乙，郑祖厉王，亦各言其祖也。今李克义舍自己之祖，而以他人为祖，岂不以吾祖为穷，而慕他人之显欤！如此则是以子孙而鄙薄其祖先矣，悖德悖礼，罪孰甚焉。本合重行科断，以正风俗而厚人伦，且近以因斗殴遭杖责，特免收坐。所有索到官告，非系大卿位者，并给付李克刚收管，金厅点对发还。帖押李克义下县，将所立少卿户名目下改正。[1]

余子能乃停泊公事姓胡人之甥，平日专以计置行赇为生，今次乃以诡嘱受财，当以盗论，岂得谓之士子。此而不惩，则哗徒得志，讼庭何由而清。余子能合决脊，刺方环。但古人于恶习已成之后，谓其未易洗涤，遽用重刑，近于不教之虐，所以姑惟教之。余子能决竹箆二十，以代大杖，仍编管五百里。王德元却不曾勘招假称金厅馆客一节，但以其计置县吏，随人奔徙，此亦狗彘之不若。姑亦从轻，决竹箆二十，押下州学听读，请本学轮差人监在自

〔1〕《顶冒·冒立官户以他人之祖为祖》，见杨一凡、徐立志主编：《历代判例判牍》（第二册），中国社会科学出版社 2005 年版，第 38 页。

讼斋，不得放令东西。满岁呈，仍监赃。[1]

大凡宗族之间，最要和睦，自古及今，未有宗族和睦而不兴，未有乖争而不败。盖叔伯兄弟，皆是祖先子孙，血气骨脉，自呼一源。若是伯叔兄弟自相欺凌，自相争斗，则是一身血气骨脉自相攻相克。一身血气骨脉既是自相攻相克，则疾痛病患，中外交作，其死可立而待矣。故圣贤教人，皆以睦族为第一事，盖以此也。奉璿、奉琮皆是一家兄弟，以今日论之，虽曰各父各母，似觉稍疏，然以祖先视之，皆子孙也。祖先之爱奉琮，无以异于爱奉璿；祖先之爱奉璿，无以异于爱奉琮。奉璿、奉琮若能体祖先爱子孙之心，则兄见其弟，必曰是吾祖之孙也，吾何可以不恭之。如此则必无争，必无讼矣。惟其不知以祖先为念，于是尔我始则相视为路人，后则相疾为寇仇。呜呼！祖先养育子孙，只望代代孝顺，人人爱友，以共保家业，以共立门户，而一旦为路人，为寇仇，死者有知，其能瞑目于九泉之下乎？当职观奉琮兄弟，供吐之间尽有条理，看来亦曾读书，非其它懵然无知者比，而其所以兴同室之斗者，度只是一时为利欲所蔽，无人以天理人伦开晓之耳。当职叨蒙上恩，假守于此，布宣德化，训迪人心，正太守之责也。今奉琮兄弟本无大可争之事，而又粗有可教之资，其可不以诚心实意教之以人伦，以感发其天理乎！尔兄弟今当各思吾之身是祖先之所生，兄之身，弟之身，亦祖先之所生，不知爱吾之身，是不知爱祖先也。徒知爱吾之身，而不知爱兄弟之身，亦是不爱祖先也。必爱兄弟如爱吾身，然后为尽奉先之孝。所谓爱者如何？出入相友，有无相资，

〔1〕《士人·士人以诡嘱受财》，见杨一凡、徐立志主编：《历代判例判牍》（第二册），中国社会科学出版社2005年版，第351页。

缓急相倚，患难相救，疾病相扶持，锥刀小利，务相推逊，唇吻细故，务为涵容，此之谓爱。傥或因一朝之忿，兴阋墙之争，兄则欲害其弟，弟则欲害其兄，以贼害之心，内施于手足之间，其异于禽兽者几希矣。奉琮兄弟其可甘心于此乎？且观奉璇之词，所以攻其兄者，无所不至，惟恐不胜其兄也。奉琮之词，所以攻其弟者，亦无所不至，惟恐不胜其弟也。当职谓奉璇盍反而思曰：使官司以我为直，以兄为曲，以加之罪，或杖之，或黥之，吾固不恤也。然我祖先若见兄之遭杖，遭黥，其心将何如哉？奉琮亦盍反而思曰：使官司以我为直，以弟为曲，而加之罪，或杖之，或黥之，吾固不之恤也。然我祖先若见奉璇之遭杖，遭黥，其心又何如哉？吾为人之弟，而至于杖其兄，黥其兄，吾为人之兄，而至于杖其弟，黥其弟，不知所谓兄弟者，果谁之子孙，谁之血气骨脉乎？害祖先之子孙，伤祖先之血气骨脉也，将何颜面以奉祭祀，以上丘陇乎？异时身死之后，见祖先于泉壤，或问奉璇曰：汝兄何为遭杖，遭黥，璇将何辞以对乎？或问奉琮曰：汝弟何为遭杖，遭黥，琮将何辞以对乎？尔兄弟能一念及此，则必翻然而悟，不俟终日而迁善远罪矣。昔日清河之民，有兄弟争财者，郡守苏琼告以难得者兄弟，易得者田宅，遂感悟息争，同居如初。当职谆谆之诲，视苏琼又加祥焉，尔兄弟其可不如清河之民乎？请推官更切开譬折衷，在前如果有侵夺，私下各相偿还，自今以后，辑睦如初，不宜再又纷争，以伤风教。如或不悛，定当重置，无所逃罪矣！[1]

---

〔1〕《兄弟·兄弟侵夺之争教之以和睦》，见杨一凡、徐立志主编：《历代判例判牍》（第二册），中国社会科学出版社 2005 年版，第 320 页。

三、明清判牍

（一）明人文集所载判牍

明代的判牍在明人文集、公牍、历史档案及其他一些史籍中有所收录，《历代判例判牍》辑录了海瑞集所载"参语"，震川别集所载"审单"，文忠集所载"谳牍"和檀雪斋集所载"谳牍"，本节以此为基础材料进行梳理。

1. 法的含义

明人文集中，法多指法律，列举如下：

> 吴云坚执吴湘主使吉祥打死等情，改拟吴湘威力主使人殴打律绞招详。[1]

> 寿昌彭知县问拟守愚依同居卑幼引人盗物若有杀伤者，依杀缌麻弟律绞。[2]

> 惟时新以青衿而干预人事，真有玷士风，褫巾始足正法。彼希元何人，乃又无故驾此大词乎，伙盗诈银之语了不相蒙，亦大诳矣。看来王氏叔侄相争，尽此辈小人者为之交构其间。在时新为家瑞塾师，则左袒家瑞。在希元为春融佃户，则左袒春融。致令起无风之波，倾人家、败人产，而中乃为所欲为，真可痛恨。若不尽法处此两人，则王氏之争终未有了期也。姑依后拟呈转，惜时新褫巾之外，法无所加，犹有遗恨耳。[3]

---

[1]《海瑞集所载参语·吴吉祥人命参语》，见杨一凡、徐立志主编：《历代判例判牍》（第三册），中国社会科学出版社 2005 年版，第 607 页。

[2]《海瑞集所载参语·邵守愚人命参语》，见杨一凡、徐立志主编：《历代判例判牍》（第三册），中国社会科学出版社 2005 年版，第 611 页。

[3]《文忠集所载谳牍·王家瑞》，见杨一凡、徐立志主编：《历代判例判牍》（第三册），中国社会科学出版社 2005 年版，第 620 页。

大抵一县每遇县官委蝶，而奸人遂至蜂起。如前恩县以病瞆之后，有大胆玩法侵盗库藏者，燕朝贵、李灿然是也。

辱官而嚚于绅士，则法纪不灵；犯上而几于殒生，则等威空设。[1]

夫如是而后知货必不可御，士必不可凌，劫夺必不可施，祖训国法必不可尝试。[2]

律以慈母孝子之大纲，即三良几置不赦，而何况老奴权以夫死从子之至情，则归妹似疑敝终而不利孺子为之。[3]

2. 刑的含义

就刑的含义而言，其主要体现为与狭义上的刑之"法"，以及刑罚。

（1）刑法

迨乎质讯其赃证，绳准以刑书，而两宗始见窒而惕，尽丧其所怀来，而不以终讼为能也。[4]

---

〔1〕《檀雪斋集所载谳牍·乐鸣时等》，见杨一凡、徐立志主编：《历代判例判牍》（第三册），中国社会科学出版社 2005 年版，第 630 页。

〔2〕《檀雪斋集所载谳牍·再训罗兴福》，见杨一凡、徐立志主编：《历代判例判牍》（第三册），中国社会科学出版社 2005 年版，第 636 页。

〔3〕《檀雪斋集所载谳牍·夏小夔等》，见杨一凡、徐立志主编：《历代判例判牍》（第三册），中国社会科学出版社 2005 年版，第 637 页。

〔4〕《檀雪斋集所载谳牍·寿仔等》，见杨一凡、徐立志主编：《历代判例判牍》（第三册），中国社会科学出版社 2005 年版，第 628 页。

（2）刑罚

至嘉靖三十六年减刑，郎中余会蕃改拟吴湘斩罪。[1]

寿昌财检验到官畏刑不得已随声招认。[2]

天麒、小毛皆是畏刑捏招，恍惚成狱，殊非情实。[3]

王民之殴死高保也以木棍，如是而伤合矣；以昧爽，如是而时合矣；以惧累哄嚷之故，如是而情合矣。种种俱合，则前之疑端不从此破，后之死案不从此定乎？此狱向当审录参详时，职曾亦反复致疑，以其无证焉，恐非真也。今乃不动一刑，满口自招。夫天下之真有过于自招者乎。

熊缺子、杨大等因饥啸众，劫戮宦于通都白画之中，披猖有同流寇构变，不异探丸。刑乱用重辟，首犯二人而分别配杖以靖剪之似矣。[4]

除名词"刑法"之外，"刑"还有"取法"，"以……为法"的动词含义。

虽任浅九月，赃非虐民，而法不追于墨蒙，刑允符于城旦。其余罪皆合律，职并入宫。用警官邪，庶无枉纵。

〔1〕《海瑞集所载参语·吴吉祥人命参语》，见杨一凡、徐立志主编：《历代判例判牍》（第三册），中国社会科学出版社 2005 年版，第 607 页。

〔2〕《海瑞集所载参语·吴万人命参语》，见杨一凡、徐立志主编：《历代判例判牍》（第三册），中国社会科学出版社 2005 年版，第 609 页。

〔3〕《海瑞集所载参语·熊继人命参语》，见杨一凡、徐立志主编：《历代判例判牍》（第三册），中国社会科学出版社 2005 年版，第 614 页。

〔4〕《檀雪斋集所载谳牍·熊缺子杨大等》，见杨一凡、徐立志主编：《历代判例判牍》（第三册），中国社会科学出版社 2005 年版，第 625 页。

载考惩贪之牍，每严三刺之文。今该府之审已详明，本司之覆为订定。罪既不加于鬼薪，赃已得情于盈贯。[1]

覆如山之铁案，城旦之原拟难移；定加等之金科，扬去之扑刑莫赎。亟与定申，速应发配。[2]

虽下手之彭粹已服戎首之天刑。[3]

3. 法与刑的关系

（1）法律是实施刑罚的重要依据

明人文集所载判牍中处处可见司法官遵从依法断刑原则审理案件的情形。司法官从案例事实和法律规定两方面出发，用逻辑推理构建罪行与法条之间的桥梁，以律条的规定为基础，结合实际情况考量情理加减刑罚。

大抵一县每遇县官委蜷，而奸人遂至蜂起。如前恩县以病聩之后，有大胆玩法侵盗库藏者，燕朝贵、李灿然是也；有从旁挟制肆情吓诈者，孔之升、刘恩泽是也；有因其盗者是真、挟者有据、遂假之牵连多人巧张骗局者，则盛可腾是也。何一而非奸人哉？总之，朝贵新蒙宪访正法，而灿然又经马院详允，应听别案发落，理难重科外，而之升、恩泽虽盗库之告属虚，而吓诈之情则实，法宜按配。至假词网利之可腾，若不一问，其刁谎宁有已时哉？相应俱照拟论徒。其所开粘单，唯关系燕、李二犯者多真，余俱风

---

〔1〕《檀雪斋集所载谳牍·萧思进等》，见杨一凡、徐立志主编：《历代判例判牍》（第三册），中国社会科学出版社 2005 年版，第 630 页。

〔2〕《檀雪斋集所载谳牍·李太》，见杨一凡、徐立志主编：《历代判例判牍》（第三册），中国社会科学出版社 2005 年版，第 635 页。

〔3〕《檀雪斋集所载谳牍·彭茂》，见杨一凡、徐立志主编：《历代判例判牍》（第三册），中国社会科学出版社 2005 年版，第 638 页。

影，应遵本院毋得株连之批免究。[1]

> 律中谋殴例可准抵者，谓原无杀人之心，特殴之过重
> 因而致死。故共殴中有一死者，遂足相抵，情可无憾也。
> 乃吴氏则实有杀吴邦之心，而袁氏岂能代吴氏之罪乎？仍
> 照原拟，似不为枉。[2]

（2）法律是解决争议的重要依据

法律既有惩罚的作用，也是权利救济的依据，传统中国也是如此。司法是解决矛盾纠纷的最后途径，也是最有效最严格的纠纷解决机制。因此，法律制度的设计应以解决纠纷、化解矛盾为最终目的，裁判结果才可为争讼双方所接受。

> 惟时新以青衿而干预人事，真有玷士风，褫巾始足正
> 法。彼希元何人，乃又无故驾此大词乎，伙盗诈银之语了
> 不相蒙，亦大诞矣。看来王氏叔侄相争，尽此辈小人者为
> 之交构其间。在时新为家瑞塾师，则左袒家瑞。在希元为
> 春融佃户，则左袒春融。致令起无风之波，倾人家、败人
> 产，而中乃为所欲为，真可痛恨。若不尽法处此两人，则
> 王氏之争终未有了期也。姑依后拟呈转，惜时新褫巾之外，
> 法无所加，犹有遗恨耳。[3]

（3）以情理为断，加减量刑

司法官应以事实为依据，以情理为考量，增加或减少处刑。这

---

[1]《文忠集所载谳牍·孔之升》杨一凡、徐立志主编：《历代判例判牍》（第三册），中国社会科学出版社 2005 年版，第 622 页。

[2]《文忠集所载谳牍·吴氏》，见杨一凡、徐立志主编：《历代判例判牍》（第三册），中国社会科学出版社 2005 年版，第 623 页。

[3]《檀雪斋集所载谳牍·王家瑞》，见杨一凡、徐立志主编：《历代判例判牍》（第三册），中国社会科学出版社 2005 年版，第 620 页。

里的量刑，既包括考量身份、年龄等因素而减免罪行的情况，如程钦仔案例中，司法官对当时仍为稚子的当事人的省释，也包括按惯例应减免却因情节恶劣、依法判决的情形，如陈大德案中，陈大德欺侮张氏，其不但不悔改还抗诉多年，使得案件久拖不决。陈大德之行恶劣，故不按惯例减处，而以律问拟。

> 而仔迟结案于十年，屈指计之，当其时不过初离乳臭耳。夫岂能以未卯之孩提，佐斗而翼之噬哉？稚子何知，应开一面之网；罪人不孥，祈宽三宥之恩。怜此覆巢，宜从省释。[1]

> 审得大德，委将张氏搂住，要得奸淫。当验大德舌尖，果系咬落，不能自诲。为照律有强奸之条，官司少有遵用，以所当罪重而事难征实也。即不用本条，辄以和奸处之，则强暴者得志矣，贞洁之妇受污蔑矣，律设此条为无用矣。昔召公听讼，衰乱之俗微而贞信之教兴，故有《行露》之诗，盖谓强暴之男不能侵陵贞女也。今据大德多行无礼，比其事发，又抗违宪词，冀至年久不得明白。然张氏深山独处之中，此心可表。大德经年难证之狱，其舌尚存。相应依律问拟。[2]

（二）《判语录存》

《判语录存》是清代判词专集之一，由清代李钧所撰，共四卷，道光十三年（1833 年）刊印。全书所辑判词，均系著者任河南府知

---

[1]《檀雪斋集所载谳牍·程钦仔》，见杨一凡、徐立志主编：《历代判例判牍》（第三册），中国社会科学出版社 2005 年版，第 624 页。

[2]《震川别集所载审单·陈大德审单》，见杨一凡、徐立志主编：《历代判例判牍》（第三册），中国社会科学出版社 2005 年版，第 617 页。

府时所作。撰者于清道光九年至十二年（1829—1832 年）任洛阳郡守，对于自己所断案件尤其究心，每断一案必定会存判语一则，积久成帙，汇为此书。

1. 法的含义

（1）法律

> 于此而思，所以廓清之，奉行乎法，而实不拘于法，变通乎法，而究不背于法。[1]

> 民生之安否，以讼狱为断；讼狱之息否，以谳鞫为断。于是尘牍纷披，虚堂习听，持衡乎情与法之平，神明乎宽与严之用，或眚灾肆赦而薄其辜，或摘伏惩奸而尽其覆，或委屈劝喻、婆心一片以全恩，或震怒明威、约法三章以儆玩。[2]

> 今读公是编，事无巨细，必委曲推寻，以尽其情，刚不吐，柔不茹，用法而得法外意，盖举哀矜勿喜与使民无讼之道，一以贯之。[3]

> 然使郡之人持是编而熟复之，晓然于何为是，何为非，何为曲，何为直，情无可遁，法无可逭，彼此儆戒，勉为善良，则我公之遗泽远矣。[4]

---

[1]《判语录存·序》，见杨一凡主编：《清代判牍案例汇编》（乙编第十三册），社会科学文献出版社 2019 年版，426 页。

[2]《判语录存·序》，见杨一凡主编：《清代判牍案例汇编》（乙编第十三册），社会科学文献出版社 2019 年版，432 页。

[3]《判语录存·序》，见杨一凡主编：《清代判牍案例汇编》（乙编第十三册），社会科学文献出版社 2019 年版，440 页。

[4]《判语录存·序》，见杨一凡主编：《清代判牍案例汇编》（乙编第十三册），社会科学文献出版社 2019 年版，442 页。

于词讼尤所究心，每断一案，必有判语一则，斑管生花，灵台悬镜，出庶子家丞之笔，缀秋卿大理之文。其才敏，其识卓，其学赡，三者备而史法行乎其中矣。[1]

该县自闰四月至九月前后买银五票零二百四十两，共计银三千六百四十两，是于原断之数并未违逾。李万兴等何得诬控？查询到案，各铺户俱系资本经商，奉公守法，面谕之下，无不凛遵，断非藐抗之徒。[2]

若廷辉觊觎绝产，诡谲多方，结庞氏为内援，挟晚成为奇货，一局不成，又设一局，子虚乌有，捏造诡名，逞其狙诈之谋，遂彼鲸吞之志，乃始则冒称族长，继则狡辩不宗，玩法逞刁，莫此为甚，犹复牵缀支词，上渎柏府，其谓公庭上竟无三尺法耶？[3]

然而，既获法究，已足报母，如此呶渎，意欲何为？虽兵连祸结，与岳翁苦作冤家，讵能扭断赤绳，别寻连理乎？种种虚谬，本应照例坐诬，姑念年少无知，到案伏罪，击喙数十，以示薄惩。[4]

尽法惩治，毫无宽纵。天元等亦各输服无辞，盖见永智银铛逮系，愤焰已消，且不知果准收赎否也。未几，永智出狱矣。

---

〔1〕《判语录存·序》，见杨一凡主编：《清代判牍案例汇编》（乙编第十三册），社会科学文献出版社 2019 年版，446 页。

〔2〕《判语录存·买银解粮事》，见杨一凡主编：《清代判牍案例汇编》（乙编第十三册），社会科学文献出版社 2019 年版，537 页。

〔3〕《判语录存·谋继事》，见杨一凡主编：《清代判牍案例汇编》（乙编第十四册），社会科学文献出版社 2019 年版，60 页。

〔4〕《判语录存·妻堂殴母案》，见杨一凡主编：《清代判牍案例汇编》（乙编第十四册），社会科学文献出版社 2019 年版，69 页。

此系本府法外施仁，倘怙恶不悛，再行渎控，断不能邀宽典也。一干省释，取结候详，并行县知照。此判。[1]

（2）方法道理

提讯得悉前情。查粮从地出，差随粮派，地有肥瘠，粮即有多寡，差亦当有重轻。按粮派差，实属不易之法。至按村分派，虽系一保旧规，但今昔情形不同，不能泥守。嗣后，该保办理一切差务，均着按粮分派，以昭公允。[2]

2. 刑的含义

（1）刑罚

爰请付之剞劂，以公诸同志，奉为矩矱，勤求上理，其庶乎图圄空虚，狱讼衰息，为国家致刑措之休，而著明良之盛也钦。[3]

惟是有正凶、有原谋、有余人，罪犯之备，无如此案。而正凶则留，原谋则减，余人则免，罪名之虚，又无如此案也。然犯无佚刑，恩出旷典，顺时安命，固无伤孝子之心。郭祥痛父情切，免其反坐。[4]

---

〔1〕《判语录存·共殴成废事》，见杨一凡主编：《清代判牍案例汇编》（乙编第十四册），社会科学文献出版社 2019 年版，71 页。

〔2〕《判语录存·按粮派差事》，见杨一凡主编：《清代判牍案例汇编》（乙编第十四册），社会科学文献出版社 2019 年版，第 4 页。

〔3〕《判语录存·序》，见杨一凡主编：《清代判牍案例汇编》（乙编第十三册），社会科学文献出版社 2019 年版，第 430 页。

〔4〕《判语录存·谋殴毙命事》，见杨一凡主编：《清代判牍案例汇编》（乙编第十三册），社会科学文献出版社 2019 年版，第 479 页。

（2）刑法

若无此事，则伪契，固犯刑章，若有此事，则抗断又干法纪，重责三十，以示惩儆。如敢向牛姓讹索典价，便当提案严究，治其擅造伪契之罪。[1]

（3）官吏名称

而带痕一伤，该犯狡不承认，并供出有魁室家不睦，且捏称武霸头乃徐氏表兄，同往捕捉各情。覆检招册，咽喉上一伤，深二分，紫赤色，亦足致命。恐有意外致死别情，案关重大，请于臬宪将该犯发回，提集全案人证，并原检刑件，督同高、陈二令，隔别研讯。以上各情，供吐如绘。

王正邦一犯仍拟绞候，介万仓随同局骗，予以重杖。余属无辜，概行免议。该犯解候臬宪审转，刑件随往备质。本府仍恐该犯狡翻，故长言不杀，叙其情节如右，以待复查，此谳。[2]

3. 法和刑的关系

（1）情理结合断案

案件审理过程中，事实是法律裁判的前提，所有的案件都需在查明案情之后才能援引相应的律条进行处罚；同时，兼顾情理的原则要求判官厘清相关当事人之间的法律关系，联系具体情节酌情裁定。

---

〔1〕《判语录存·谋买田产事》，见杨一凡主编：《清代判牍案例汇编》（乙编第十四册），社会科学文献出版社 2019 年版，第 88 页。
〔2〕《判语录存·缚殴毙命事》，见杨一凡主编：《清代判牍案例汇编》（乙编第十四册），社会科学文献出版社 2019 年版，第 116—117 页。

统而观之，固以律例为根本，而准情酌理。[1]

于此而思，所以廓清之，奉行乎法，而实不拘于法，变通乎法，而究不背于法。[2]

礼云，分争辨讼，非埋不决，况复以情参酌其间，寸是情无不当、理无不真，必使疑者释、枉者伸、暴者化、诈者服，体贴入微，毫无冤抑。[3]

傅文、源敬被控各情，事阅多年，免其深究，俱不准再入圣母堂住持，并免到案。圣母堂现缺住僧，听五村公同召募。申五元以申家岭人妄干下磨村事，殊属健讼，姑念两造俱有不实，从宽免究。源恒着回法云寺住持，不准复引源敬入庙。申五元、曹士秀、姬春荣、王国栋、郝九有俱发县，听候丈地，无干省释。取结附卷。[4]

为之奈何曰：分土而治、画疆而守可也。着将天鉴遗产除变价还债外，该氏等与子若孙五股均劈，尚氏、马氏抚王宿以长，玉茗奉姚氏以终。为庶者均霑实惠，为嫡者只抱空名，各固藩篱，勿相侵越，则女戎之祸息矣。豹子等各予薄责，差役闵士魁等亦无押索情弊，一干取结省释，详司行县。此判。[5]

----

〔1〕《判语录存·序》，见杨一凡主编：《清代判牍案例汇编》（乙编第十三册），社会科学文献出版社 2019 年版，第 420 页。

〔2〕《判语录存·序》，见杨一凡主编：《清代判牍案例汇编》（乙编第十三册），社会科学文献出版社 2019 年版，第 426 页。

〔3〕《判语录存·序》，见杨一凡主编：《清代判牍案例汇编》（乙编第十三册），社会科学文献出版社 2019 年版，第 451—452 页。

〔4〕《判语录存·控争庙地事》，见杨一凡主编：《清代判牍案例汇编》（乙编第十三册），社会科学文献出版社 2019 年版，第 491—492 页。

〔5〕《判语录存·嫡庶不明事》，见杨一凡主编：《清代判牍案例汇编》（乙编第十三册），社会科学文献出版社 2019 年版，第 496 页。

璞等虽有余利，珍亦何得垂涎，且又何所据而又谓获利八千余金耶？架词讹控，已可概见。姑念珍赤贫无藉，断令璞等助银百两，以全手足之情。嗣后，珍应自谋生理，不许再事讹索。所断银两，俱限十日缴领完案。牙纪张天章年老昏聩，不堪着役，并行县革退。此判。[1]

本府察其情词，总因占魁他债尚多，恐受波累，欲藉此杜将来之扰。不知功名虽去，恩义犹存，子债不能父还，是由官断。[2]

以上种种，经本府再三晓谕，师孔已俯首无词，独师干呶呶置辩，负固不服，同为手足，岂爱兄之情切于爱弟乎？[3]

进福等不敢始终诬执，亦从宽免究。[4]

断令宝善认还外债，并缴还众伙长支之半；秉肃所折本银，免其追赔，实属公允。[5]

奈秉肃情有不甘，赴府呈诉。行县覆断，仍令宝善缴还众伙长支之半。讵宝善仍不遵依，与秉肃互控到府。查

---

〔1〕《判语录存·互争房产事》，见杨一凡主编：《清代判牍案例汇编》（乙编第十三册），社会科学文献出版社 2019 年版，第 501 页。

〔2〕《判语录存·违犯教令事》，见杨一凡主编：《清代判牍案例汇编》（乙编第十三册），社会科学文献出版社 2019 年版，第 504 页。

〔3〕《判语录存·共殴致命事》，见杨一凡主编：《清代判牍案例汇编》（乙编第十三册），社会科学文献出版社 2019 年版，第 510、第 511 页。

〔4〕《判语录存·斗殴事》，见杨一凡主编：《清代判牍案例汇编》（乙编第十三册），社会科学文献出版社 2019 年版，第 523 页。

〔5〕《判语录存·亏东抗债事》，见杨一凡主编：《清代判牍案例汇编》（乙编第十三册），社会科学文献出版社 2019 年版，第 526、527 页。

该县第三次断案，酌理准情，已属无可移易。[1]

奉批提讯，得悉前情。查文德所欠步云钱文，既有约中，着勒限一月清缴。孙文收到利钱，未及转付，致启讼端，掌责示儆。至于承先所随钱会，孙文虽有蒂欠，久已抵偿。况承先有子万三事，与文德何涉？所称纯学欠伊工价，查九德在纯学铺内生理，不及一载，每月身钱一千，伊已支用十五千，何为负欠？至士彦霸存口袋一节，伊本车户，为客商运载盐斤，安有口袋寄存？即去冬曾自贩盐四车，有士彦发单可凭，亦安有四百余条之多耶？文德、九德欠钱不偿，架词越控，牵累多人，实属刁健，分别责惩。宁士彦供称九德欠伊钱七十余千，亦无确据，无凭追究。差役管万祥等讯无押索情事，应毋庸议。[2]

添元威逼属实，合当予杖，以就木之年，而预赎金之典例也。乃曹振谓其有心致死，且以贵元为主使之人，是则何据？盖添元索财而非索命，会元偏舍命而不舍财，难弟难兄，实有相得益彰之美。第逼者自逼，死者自死，逼死二字可断讲，不可连读也。贵元本思排难，猥以悭囊难解，遂抽身而为局外之观。顾犬教猱，实无其事，不特程梦周等供词可据，即曹振此控亦匪由衷，特以父命无偿，妄思罗织，遂嫁祸于从旁袖手之人，姑以痛父情切，免其置议。[3]

〔1〕《判语录存·亏东抗债事》，见杨一凡主编：《清代判牍案例汇编》（乙编第十三册），社会科学文献出版社 2019 年版，第 528 页。

〔2〕《判语录存·抗欠捏诬事》，见杨一凡主编：《清代判牍案例汇编》（乙编第十四册），社会科学文献出版社 2019 年版，第 26、第 27 页。

〔3〕《判语录存·受逼自缢事》，见杨一凡主编：《清代判牍案例汇编》（乙编第十四册），社会科学文献出版社 2019 年版，第 32、第 33 页。

查夕至朝发即系隔宿，该牌距县较远，既不支应此项急差，何又云支应隔宿缓差？县中旧案实系两歧，以致累年滋讼。今断令无论何差，如系隔日传单，今早奉票，明早用车，该官水磨等十三牌即行遵办，毋许刻延。倘遇隔宿传单，即系夕至朝发急差，仍归火虫驿等三十二牌支应。如此画一办理，初不失该县旧规，而吏民既易于遵守，各牌亦毫无偏枯，方于公事无误。傅日恒等控出有因，刑书王自善亦无故违情事。差役郭登标等因恐误公，代该牌雇觅车辆，尚无别故，车价俱已给发清楚，均免置议。[1]

查聚德业将市房出典，重行押质，殊属欺诈，现仍延不到案，着将其弟聚中交县看管，令速将聚德唤案，以便纠惩。笃行重典霸房，亦有不合。据其子锦岐坚供先不知情，姑念年老博士，免其深究。该房仍依县断，变价分偿两家欠项，限笃行三日内腾房，召人售卖。如敢抗延，定行提究。[2]

查文成等所争之地，彼此都无确据。既在两家门首，即系两家公地，自应照该县初断。除文举修建房舍外，着于文成门首东、西留地一丈二尺，以南往东、南、北再留地一丈二尺，以便文成行车。其地内不平之处，在一丈二尺内者，饬文举代垫平坦，以外者文成自行修垫。至文成屡次渎控，殊属不合，业经该县责惩，从宽免究。[3]

---

〔1〕《判语录存·派差事》，见杨一凡主编：《清代判牍案例汇编》（乙编第十四册），社会科学文献出版社 2019 年版，第 36、第 37 页。

〔2〕《判语录存·一房两典事》，见杨一凡主编：《清代判牍案例汇编》（乙编第十四册），社会科学文献出版社 2019 年版，第 40 页。

〔3〕《判语录存·争路事》，见杨一凡主编：《清代判牍案例汇编》（乙编第十四册），社会科学文献出版社 2019 年版，第 44 页。

邢允元捏词诬控，本应按律惩处，念其漂失多货，情有可悯，姑免深究。除交过李俊木价四十一千五百文、张永清五千文、崔世魁二十三千文，下欠六百四十七千七百四十文。除将前后查获木货二百二十四件变价抵偿，并将卖于马回镇木筏原价呈缴外，下欠若干，该县即勒限追迟具报。至漂失货物，本与牙纪尚廷建无涉，因其帮同邢允元诬告抢夺重情，罚钱一百千，帮给邢允元归还货价，以示惩儆。邢允元、李金花俱由洛阳县押发，余交批差带回，以便缴领完案，即行遵照可也。[1]

既不能喻之以情，自不得不折之以理。查其祖停柩未葬，着公除地二十亩，交长庚变卖为营葬之费。[2]

至小玉虽不应出嗣，然出自廷魁之意，有玲等不过泥守遗约，主持失当，情有可原，免其置议。[3]

总因永智年老免罪，情有不甘，故而肆其狂吠。不知律有明条，案无疑窦，不能因年老而故坐之，令其代人认罪，亦安能因年老而强脱之，听彼为罪择人乎？[4]

关得福并辱及笃行之子现袭世职关锦岐，秽言污蔑，尤属昏耄不检，姑将其子关笃庆夏楚二十，以示悖出之戒。其余牵控各情，从宽免究。一干省释，取结附卷，即行该

---

〔1〕《判语录存·漂失木货事》，见杨一凡主编：《清代判牍案例汇编》（乙编第十四册），社会科学文献出版社 2019 年版，第 47、48 页。

〔2〕《判语录存·争产事》，见杨一凡主编：《清代判牍案例汇编》（乙编第十四册），社会科学文献出版社 2019 年版，第 55 页。

〔3〕《判语录存·谋继事》，见杨一凡主编：《清代判牍案例汇编》（乙编第十四册），社会科学文献出版社 2019 年版，第 60 页。

〔4〕《判语录存·共殴成废事》，见杨一凡主编：《清代判牍案例汇编》（乙编第十四册），社会科学文献出版社 2019 年版，第 75 页。

县知照。此判。[1]

锁锦堂误娶有夫之妇，本应离异，然破镜既不重圆，明珠何妨补聘，着帮给锦钱八十千，以便另娶。任氏仍归锦堂完聚，如此权宜办理，庶几两面俱全。并非赵璧秦城，强作这番交易也。任范氏、范步云、杨中立、张三省等均有不合，业已身故，免其置议。任永福知情不举，咎有应得，俟结案时再行发落。两造保候，无干省释，取结备查。此判。[2]

五十亩既返郑田，三百篇应归赵璧，兄终弟及，遂尔渎讼不休。揆之情理，大概如斯。至当年究竟若何，则故老无存，孰能起死者而问之，然而笔迹分明，正不得视为废纸。彼有据而可赎远年之产，我有据而不能收远年之债，亦何怃（怪）语，若蜩螗哎哎置辩耶？善乎，韩玺之言曰：萧姓当日既分利四分之一，卢姓今日宜收银四分之一，彼此情让，便可权宜了事。语虽模棱，实为得间。本府明断，亦竟无以易之。[3]

惟子南负债累累，不思善为补救，乃恃其狙诈，掉弄空拳，阳为割地议和，实属瞒天造谎，无论豪右，受商于之诳，而欺及骨肉，行比穿窬，抑亦难为兄矣。本应严惩，姑念愧悔交集，暂从宽宥。如延不交价，抗不交地，仰该县加倍究处。赵德隆控出有因，与本未抢收之佃户杨二娃

---

〔1〕《判语录存·欠地价事》，见杨一凡主编：《清代判牍案例汇编》（乙编第十四册），社会科学文献出版社 2019 年版，第 78、第 79 页。

〔2〕《判语录存·误娶有夫之妇事》，见杨一凡主编：《清代判牍案例汇编》（乙编第十四册），社会科学文献出版社 2019 年版，第 91、第 92 页。

〔3〕《判语录存·控追本银事》，见杨一凡主编：《清代判牍案例汇编》（乙编第十四册），社会科学文献出版社 2019 年版，第 98、第 99 页。

等、并未讹索之差役之宋戊子等，均免置议，一干省释，
取结附卷。此判。[1]

（2）刑罚宽严相济，教化为主，惩罚为辅

为保持和谐良好的社会风气、家族邻里和睦，避免各方因
刑责致其怀忿或再生事端，司法官结合具体情节公允判案，如非
重大刑事案件，以教谕为主，以息讼端；轻微滋事，则以杖惩或
掌责。若为依律当惩的刑事案件，则以律问拟，严惩不贷。若因
情可减，或已对其责罚惩戒，可减免刑罚。此外，判处刑罚的主
要目的仍然是感化教化百姓，使诉讼案件数量减少，以至息讼、
无讼。

> 准情酌理，或严以惩刁健之风，或宽以养善良之气，
> 发奸摘伏，动中隐微，总由不矜才、不使气，细心体察
> 而出。[2]

> 念两大好生之德，体九重恤众之心，不以刻核锻炼为
> 能，而以慈祥恺悌为念。其难其慎，兢兢然求得乎至当，
> 则惟表率各属，总领庶政，二千石之责为尤重。[3]

> 爰请付之剞劂，以公诸同志，奉为矩矱，勤求上理，
> 其庶乎囹圄空虚，狱讼衰息，为国家致刑措之休，而著明
> 良之盛也欤。[4]

---

[1]《判语录存·私质弟产事》，见杨一凡主编：《清代判牍案例汇编》（乙编第十四册），
社会科学文献出版社 2019 年版，第 121、122 页。

[2]《判语录存·序》，见杨一凡主编：《清代判牍案例汇编》（乙编第十三册），社会科学
文献出版社 2019 年版，第 420 页。

[3]《判语录存·序》，见杨一凡主编：《清代判牍案例汇编》（乙编第十三册），社会科学
文献出版社 2019 年版，第 426 页。

[4]《判语录存·序》，见杨一凡主编：《清代判牍案例汇编》（乙编第十三册），社会科学
文献出版社 2019 年版，第 430 页。

持衡乎情与法之平，神明乎宽与严之用，或眚灾肆赦而薄其辜，或摘伏惩奸而尽其覆，或委屈劝喻、婆心一片以全恩，或震怒明威、约法三章以儆玩。每案必判，每判必允。[1]

晓然于何为是，何为非，何为曲，何为直，情无可遁，法无可逭，彼此儆戒，勉为善良，则我公之遗泽远矣。[2]

程长庚一犯下手致命，又属原谋，仍依县拟问绞，即行解勘。程吉娃照余人律，满杖。程毛创以尊长助势，加等拟徒，应与在逃之程生娃缉获另结。[3]

查银保垫费赊取狗吊四十千外，先曾私典该氏地亩，得价九十千，及拉去车辆、驴头，并借用谷石等项，核算足以相抵，勿庸着追。惟银保觊产钻继，架讼滋事，实属无赖之尤，杖责示惩。[4]

经该县断后，成功始立婚书，并以包头耳环等物为聘。若谓先经媒定，何迟至是与年犹未纳采耶？亦足为捏诬之证。讲娃仍判与岳氏联姻，德祥所存成功聘物着即退还。戊辰擅主他人姻事，肇起衅端，掌责示儆。[5]

---

〔1〕《判语录存·序》，见杨一凡主编：《清代判牍案例汇编》（乙编第十三册），社会科学文献出版社 2019 年版，第 432 页。

〔2〕《判语录存·序》，见杨一凡主编：《清代判牍案例汇编》（乙编第十三册），社会科学文献出版社 2019 年版，第 441 页。

〔3〕《判语录存·共殴致命事》，见杨一凡主编：《清代判牍案例汇编》（乙编第十三册），社会科学文献出版社 2019 年版，第 511 页。

〔4〕《判语录存·钻继架讼事》，见杨一凡主编：《清代判牍案例汇编》（乙编第十三册），社会科学文献出版社 2019 年版，第 518 页。

〔5〕杨一凡主编：《清代判牍案例汇编》（乙编第十三册），社会科学文献出版社 2019 年版，第 514 页。

查金田因讹肇衅，实为祸首，业已身死，应毋庸议。晋明始则随同讹索，继而率众攒殴，殊属刁横，重责示儆。[1]

遂于初五日控县。夫藉事讹则，长兴固为无耻，而背人渔色，君辅实属无端。幸所调者，只系阿咸桃叶，风流罪过，尚可曲法原之。该县善为调停，但当吓君辅以威，而又宽以时日，俾得从容解囊，以偿欲壑。息词一投，则小事化为无事矣，乃恶其娄索，将长兴痛打竹篦，而置君辅于不问。[2]

乃玉振因不遂其恋充之私，随捏称临堂等负伊差费等情，在府呈诉。查玉振隔行冒充牙纪，已属变乱成规。至所控欠项，毫无凭证，矢口妄陈，并牵砌县中远年采买骡头旧案，实为狡黠健讼，本应吊帖革究，从宽掌责示儆，永不准承充总行头之役。赵临堂等讯无抗欠差费等事，尚无不合，免其置议。[3]

贵元本思排难，猥以悭囊难解，遂抽身而为局外之观。顾犬教猱，实无其事，不特程梦周等供词可据，即曹振此控亦匪由衷，特以父命无偿，妄思罗织，遂嫁祸于从旁袖手之人，姑以痛父情切，免其置议。[4]

---

[1] 《判语录存·斗殴事》，见杨一凡主编：《清代判牍案例汇编》（乙编第十三册），社会科学文献出版社 2019 年版，第 522 页。

[2] 《判语录存·调奸未成事》，见杨一凡主编：《清代判牍案例汇编》（乙编第十三册），社会科学文献出版社 2019 年版，第 532、533 页。

[3] 《判语录存·公请轮充头畜行总行头事》，见杨一凡主编：《清代判牍案例汇编》（乙编第十四册），社会科学文献出版社 2019 年版，第 21—22 页。

[4] 《判语录存·受逼自缢事》，见杨一凡主编：《清代判牍案例汇编》（乙编第十四册），社会科学文献出版社 2019 年版，第 33 页。

傅日恒等控出有因，刑书王自善亦无故违情事。差役郭登标等因恐误公，代该牌雇觅车辆，尚无别故，车价俱已给发清楚，均免置议。即行县照断，出示饬遵具报。[1]

据其子锦岐坚供先不知情，姑念年老博士，免其深究。[2]

邢允元捏词诬控，本应按律惩处，念其漂失多货，情有可悯，姑免深究。[3]

惟未眼同，鸣鹍改账，是其不合之处，姑念谊关兄弟，免其深究。[4]

至漂失货物，本与牙纪尚廷建无涉，因其帮同邢允元诬告抢夺重情，罚钱一百千，帮给邢允元归还货价，以示惩儆。[5]

该县所断固数教民兴让，然而以君子之心测小人之腹，割宅让产，正难望之椎鲁愚民也。既不能喻之以情，自不得不折之以理。查其祖停枢未葬，着公除地二十亩，交长庚变卖为营葬之费。再除地十五亩，为长庚继母史氏养老之资。余庄五处、地一顷二十亩，并家具粮食等物，着邀

---

〔1〕《判语录存·派差事》，见杨一凡主编：《清代判牍案例汇编》（乙编第十四册），社会科学文献出版社 2019 年版，第 36、37 页。

〔2〕《判语录存·一房两典事》，见杨一凡主编：《清代判牍案例汇编》（乙编第十四册），社会科学文献出版社 2019 年版，第 40 页。

〔3〕《判语录存·漂失木货事》杨一凡主编：《清代判牍案例汇编》（乙编第十四册），社会科学文献出版社 2019 年版，第 47 页。

〔4〕《判语录存·互控铺债事》，见杨一凡主编：《清代判牍案例汇编》（乙编第十四册），社会科学文献出版社 2019 年版，第 51 页。

〔5〕《判语录存·漂失木货事》，见杨一凡主编：《清代判牍案例汇编》（乙编第十四册），社会科学文献出版社 2019 年版，第 48 页。

同原中均按两股公劈，以靖嚣争。[1]

　　查振田等虽有应得之咎，业经惩治，法无可加。若廷贵等之被诬，质之该原告，亦结舌无辞。至差役受财，事无左证，不过架词耸准。查西乃讼已得直，无端上控，实所不解。[2]

　　尽法惩治，毫无宽纵。天元等亦各输服无辞，盖见永智银铛逮系，愤焰已消，且不知果准收赎否也。未几，永智出狱矣。[3]

　　若无此事，则伪契，固犯刑章，若有此事，则抗断又干法纪，重责三十，以示惩儆。[4]

　　本应按律革究，姑念风烛之年，死期已迫，击喙数十，以当蒲鞭之辱。吉正、德润不能匡救父过，而且架词告贿，聚众争田，各予杖责，以示惩警。[5]

　　薛聚、薛敢意并予重杖。复因林祥多口召衅，亦予杖责。尽法惩治，毫无宽纵。[6]

---

〔1〕《判语录存·争产事》，见杨一凡主编：《清代判牍案例汇编》（乙编第十四册），社会科学文献出版社 2019 年版，第 55 页。

〔2〕《判语录存·妻党殴母事》，见杨一凡主编：《清代判牍案例汇编》（乙编第十四册），社会科学文献出版社 2019 年版，第 69 页。

〔3〕《判语录存·共殴成废事》，见杨一凡主编：《清代判牍案例汇编》（乙编第十四册），社会科学文献出版社 2019 年版，第 74 页。

〔4〕《判语录存·谋买田产事》，见杨一凡主编：《清代判牍案例汇编》（乙编第十四册），社会科学文献出版社 2019 年版，第 88 页。

〔5〕《判语录存·谋继事》，见杨一凡主编：《清代判牍案例汇编》（乙编第十四册），社会科学文献出版社 2019 年版，第 60 页。

〔6〕《判语录存·共殴成废事》，见杨一凡主编：《清代判牍案例汇编》（乙编第十四册），社会科学文献出版社 2019 年版，第 74 页。

史天元本应照例坐诬，姑念觳觫乞哀，同其兄侄出具永不滋事甘结，从宽杖责一百，以示薄惩。[1]

何灭灶更然，复于典赁之有无断断置辨（辩）哉？非特无事作扰，实乃有意藉延，重责三十，以示惩儆，限一月缴还原价，如逾限不偿，即将房院追交芳春管业。[2]

乃万魁匿不到案，令其兄殿魁代垫。盖自知所为不法，殿魁恃充府役，又非此案正身，希恩邀免，重杖三十，以惩奸蠹。永祥罪属同科，且被人愚诱，贻累衰亲，杖责示儆。[3]

（3）审判以维护社会秩序为目标

司法官认识到，为了最大限度减少诉讼，又不失民心，解决争讼之法除依照法律审判外，更要符合人伦与情理等社会价值观，以实现维护社会秩序的目标。

故事无大小，少有可疑，莫不亲为提质。狱成，又自撰判语一则，附之牍尾，其是非曲直，既可使案中人晓然共喻，且以备异日之参稽。[4]

事无巨细，必委曲推寻，以尽其情，刚不吐，柔不茹，用法而得法外意，盖举哀矜勿喜与使民无讼之道，一以

〔1〕《判语录存·共殴成废事》，见杨一凡主编：《清代判牍案例汇编》（乙编第十四册），社会科学文献出版社 2019 年版，第 75 页。

〔2〕《判语录存·欠房价事》，见杨一凡主编：《清代判牍案例汇编》（乙编第十四册），社会科学文献出版社 2019 年版，第 83 页。

〔3〕《判语录存·重利盘剥事》，见杨一凡主编：《清代判牍案例汇编》（乙编第十四册），社会科学文献出版社 2019 年版，第 103 页。

〔4〕杨一凡主编：《清代判牍案例汇编》（乙编第十三册），社会科学文献出版社 2019 年版，第 457 页。

贯之。[1]

　　爰请付之剞劂，以公诸同志，奉为矩矱，勤求上理，
其庶乎图圄空虚，狱讼衰息，为国家致刑措之休，而著明
良之盛也欤。[2]

　　且由听讼而推之，凡公之施于政者，必为吾民筹利弊、
计长久，无一事不从窀穸中体察而出。[3]

（4）断案以传统伦理思想为序

官吏判案时深受儒家传统伦理思想影响，具有明显的注重家族
伦理、维护家庭和睦与亲情的特征。对家庭成员之间纠纷的处理方
式既具有浓厚的伦理、尊卑色彩，也体现维护家庭和睦、强调家庭
成员相互扶助等伦理价值。

　　审得宜阳县民周景锡控乔理邦隐匿存项等情一案。据
周景锡供称，伊父在日，双目失明，托其妻父乔林经管家
务。嘉庆十二年，乔林病笃，唤伊夫妇及其子乔理邦结算
账目，尚余伊钱五百八十千，交理邦代存，嗣向索取，仅
陆续给钱数十千及麦石等项，作为利息。去年伊妻乔氏与
理邦妻史氏口角，被其殴辱，因而控追。质之理邦，则称
并无其事，所给钱文系当景锡地价，麦石又系借项，及
阅粘呈当契，原已故，真伪无从质究。查两家虽系至
戚，如果寄存钱项至五百余串之多，亦应立有字据。况景

---

[1] 杨一凡主编：《清代判牍案例汇编》（乙编第十三册），社会科学文献出版社 2019 年
版，第 440 页。

[2] 《判语录存·序》，见杨一凡主编：《清代判牍案例汇编》（乙编第十三册），社会科学
文献出版社 2019 年版，第 430 页。

[3] 《判语录存·序》，见杨一凡主编：《清代判牍案例汇编》（乙编第十三册），社会科学
文献出版社 2019 年版，第 440 页。

锡彼时，年将二旬，略涉世事，岂不知预防后患？乃既无文约，又无见证，且事隔二十余年，始因妇女口角牵连具控索欠者，当不如是。盖乔林当日以岳翁代司出纳，沾其河润，自所不免。若执定存钱五百八十千，有何凭据？该县念系至戚，且理邦家计日丰，令其厚为资助，饮水思源，尚属情理。兹断理邦于一月内，措缴控数之半，计钱二百九十千，由县饬领。嗣后，永不许再事讹索。至周乔氏并无被殴实据，其甥乔戊子等，亦无干犯情事。案经讯结，概免深究，以全戚谊。取结附卷，行县知照。此判。[1]

审得嵩县民王年控王月先谋产害命等情一案。缘王年系月先胞侄，道光十年四月，在臬宪衙门控月先逼死其父、强卖其母，而又勒毙其弟也。如此奇冤，惨无天日，洵属不共戴之仇。稍有端倪，能勿立为昭雪乎？发审到府。其人虽语无伦次，状类疯癫，而切齿抚膺，痛陈悲苦。本府检查旧牍，该民人历控有案，屡断屡翻。于是提集案证，详加推鞫，而叹其事虽有因，词则无据。世无阎罗包老，孰能揭此覆盆也？盖其父明先死于自缢，问其致死之由，月先曰贫也。而考其遗产，则经月先卖去七亩、典去一亩七分。数口之家，有此薄产，夫岂不可以养生，何至自寻泉路？月先不能指出他故，而独归咎于贫，岂非矛盾？年曰：伯伯将自己田产卖尽，又要卖父亲田产，父亲受逼，气愤自缢，斯言近是。观其后之一手把持，而知前之多方吞并，惟系何威逼情形，彼时年尚孩提，不能确指。

---

[1]《判语录存·钱债事》，见杨一凡主编：《清代判牍案例汇编》（乙编第十三册），社会科学文献出版社 2019 年版，第 539—541 页。

虽其母尚存活口，然既忍抛幼子，丧节偷生，已不能以贫受聘金，责人遣嫁。况历时既久，旧恩早付东流，尚望其为故夫修怨耶？事无左证，月先虽忍（认），胡能以杀弟坐之。至年有两弟，曰双，曰豹。母醮后，仰食于伯。豹之死也，年谓窃人庄稼，被月先用绳勒毙。伊欲有言，使以活埋吓之。质诸月先，则曰，死于痘耳。虽一坏（抔）难觅，豹死并未留皮，无从检视。然试问王双安在乎？骇鹿亡羊，久无踪迹。以彼证此，正不能无弓影之疑。总之，王月先刻薄少恩，不慈不友，虽无惨杀之据，而有虐遇之情，姑以掌责示儆，穷于法耳。并着出地五亩，给付王年，从其继父杨太顺过活，行县押交，年死仍归原主。并谕年以种种所告情节，种种有因，种种无据，所以不能究诘之故。年于是转悲为喜，卒然曰：小的明白了。今日见了青天，从此不再告了。掉首下堂而去。生公说法，真能令顽石点头也，不禁抚掌。贾安国讯无盗卖情弊，一并取结释回，详司候示。此判。[1]

---

〔1〕《判语录存·侄告伯事》，见杨一凡主编：《清代判牍案例汇编》（乙编第十四册），社会科学文献出版社 2019 年版，第 13—16 页。

第五章

古典文学作品中的法与刑

一、唐宋诗词

唐宋诗词是中国古代文学的精华荟萃，也汇集了仁人志士在当时社会环境下对法与刑的深刻思考。

（一）儒家思想与法刑

自汉以降，儒家思想成为中国的正统思想，礼的内容也逐渐被纳入法制及司法之中。然不同的场景，其所展示的作用却大不相同。因此诗词中对此的体现或悲或喜，或抑或扬，但皆为法律在现实适用中的写照。

〔宋〕苏洵:《自尤》[1]

五月之旦兹何辰，有女强死无由伸。嗟予为父亦不武，使汝孤冢埋冤魂。

死生寿夭固无定，我岂以此辄怨人。当时此事最惊众，行道闻者皆醉辛。

余家世世本好学，生女不独治组紃。读书未省事华饰，下笔亹亹能属文。

家贫不敢嫁豪贵，恐彼非彼难为亲。汝母之兄汝叔舅，求以厥子来结姻。

乡人婚嫁重母族，虽我不肯将安云。生年十六亦已嫁，日负忧责无欢欣。

归宁见我悲且泣，告我家事不可陈。舅姑叔妹不知道，弃礼自快纷如云。

人多我寡势不胜，祇欲强学非天真。昨朝告以此太甚，掩耳不听生怒嗔。

---

[1]〔宋〕苏洵:《宋本嘉祐集》，国家图书馆出版社 2019 年版，第 322 页。

余言如此非乃事，为妇何不善一身。嗟哉尔夫任此责，可奈狂狠如痴麕。

忠臣汝不见泄冶，谏死世不非陈君。谁知余言果不妄，明年会汝初生孙。

一朝有疾莫肯视，此意岂尚求尔存。忧惶百计独汝母，复有汝父惊且奔。

此时汝舅拥爱妾，呼卢握槊如隔邻。狂言发病若有怪，里有老妇能降神。

呼来问讯岂得已，汝舅责我学不纯。急难造次不可动，坚坐有类天王尊。

导其女妻使为孽，就病索汝襦与裙。衣之出看又汝告，谬为与汝增殷勤。

多多扰乱莫胜记，咎汝不肯同其尘。经旬乳药渐有喜，移病余告未绝根。

喉中喘息气才属，日使勉强飡肥珍。舅姑不许再生活，巧计窃发何不仁。

婴儿盈尺未能语，忽然夺去词纷纷。传言姑怒不归觐，急抱疾走何暇询。

病中忧恐莫能测，起坐无语涕满巾。须臾病作状如故，三日不救谁缘凶。

此惟汝甥汝儿妇，何用负汝漫无恩。嗟余生女苟不义，虽汝手刃吾何言。

俨然正直好礼让，才敏明辩超无伦。正应以此获尤谴，汝可以手心自扪。

此虽法律所无奈，尚可仰首披苍旻。天高鬼神不可信，后世有耳犹或闻。

只今闻者已不服，恨我无勇不复冤。惟余故人不责汝，问我此事久叹呻。

惨然谓我子无恨，此罪在子何尤人。虎跑牛触不
足怪，当自为计免见吞。

深居高堂闭重键，牛虎岂解逾墙垣。登山入泽不
自爱，安可侥幸遭骐驎。

明珠美玉本无价，弃置沟上多缁磷。置之失地自
当尔，既尔何咎荆与榛。

嗟哉此事余有罪，当使天下重结婚。

在婚姻关系的存续中，"三纲五常"为对女性的束缚。本诗详
细记载了苏洵之女苏八娘嫁给程之才后受制于封建礼教的不幸生活，
字里行间溢满了苏洵深深的自责，体现出婚姻俗世法中礼的特征。

〔宋〕陈普：《咏史上·宣帝·其一》[1]
不将法律作春秋，安得河南数国囚。
莫道汉家杂王霸，十分商鞅半分周。

词人陈普饱览四书五经，通晓儒家经典，这首诗对宣帝进行吟
咏，表达出其将儒家思想与法律相结合的强烈希冀。

〔宋〕郑刚中：《楼枢密过华山浩然有念古慕希夷
之心谨用韵作二诗以箴之》[2]
且说高王宽法律，从他汉武好神仙。
关中脱使闹如鼎，自屏山樊能安然。

郑刚中治蜀有方，对法刑适用有独到的见解，"宽法"体现儒家
不推崇严刑峻法的法律思想，以达民安而国兴。

─────────────

〔1〕〔宋〕陈思编，〔元〕陈世隆补，〔清〕永瑢、纪昀等编：《钦定四库全书 集部八 两宋
名贤小集》，卷三五五，https：//www.zhonghuadiancang.com/leishuwenji/beishanji/。
〔2〕〔宋〕郑刚中撰，〔清〕永瑢、纪昀等编：《钦定四库全书 集部四 北山集》，卷二十
三，https：//www.zhonghuadiancang.com/leishuwenji/beishanji/。

（二）制法的原则

也有诗词表达了渴望在立法过程中传承传统良法的心愿，以及对前法的尊崇。

〔宋〕张镃：《次韵傅景夏见赠兼简徐季益》[1]

懒情妨勇志，闇识乖明时。昔人嗟远矣，有梦那见之。

百计谐余衷，第一证以诗。合处即券钥，宁问渠为谁。

端居偪仄胸，旦旦荆榛披。又如涸辙鲂，纵漾清塘陂。

宗旨要领会，法律忌脱遗。泚笔漫拟古，深扃愧无奇。

寒松凛颜采，耻竞桃李姿。疲马借康庄，敢对骐驎驰。

自娱成自虐，苦心到肝脾。孰真念本愿，颇或讥繁词。

君侯忽我予，臭味几夙期。何时结幽磐，开径通双扉。

花明莺锦莽，竹暗蜂烟霏。应缘更数载，遮莫俗惊窥。

伟编昨珍投，如病和扁医。月台气醇茂，共社当肩随。

火龟莫视兆，叶吉庸奚疑。解颐持此先，讵须匡鼎来。

---

〔1〕〔宋〕张镃撰，吴晶、周膺点校：《南湖集》，当代中国出版社 2014 年版，第 40 页。

（三）治刑的原则

1.刑赏并用

《送汝州李中臣十二韵》表现了诗人对前代政治的反思，提出治国应当刑赏并用，依法实施。

〔唐〕罗隐：《送汝州李中丞十二韵》[1]

群盗方为梗，分符奏未宁。黄巾攻郡邑，白梃掠生灵。

尘土周畿暗，疮痍汝水腥。一凶虽剪灭，数县尚凋零。

理必资宽猛，谋须藉典刑。与能才物论，慎选忽天庭。

官品尊台秩，山河拥福星。虎知应去境，牛在肯全形。

旧政穷人瘝，新衔展武经。关防秋草白，城壁晚峰青。

破胆期来复，迷魂想待醒。鲁山行县后，聊为奠惟馨。

2.宽猛相济

唐代制刑时主张宽猛相济、德主刑辅，司刑时主张慎刑和恤刑以致刑措。《赋得慎罚》赞扬隋唐时期的法制状况，认为当时统治者用法平允、宽猛相济，以教化息讼，慎刑好生。

〔唐〕虞世南：《赋得慎罚》[2]

帝图光往册，上德表鸿名。道冠二仪始，风高三

---

〔1〕《罗隐诗集笺注》，李之亮笺注，岳麓书社 2001 年版，第 335 页。

〔2〕〔清〕彭定求等编：《全唐诗》（卷三十六），中华书局 1960 年版，第 473 页。

代英。

乐和知化洽，讼息表刑清。罚轻犹在念，勿喜尚
留情。

明慎全无枉，哀矜在好生。五疵过亦察，二辟理
弥精。

幪巾示廉耻，嘉石务详平。每削繁苛性，常深恻
隐诚。

政宽思济猛，疑罪必从轻。于张惩不滥，陈郭宪
无倾。

刑措谅斯在，欢然仰颂声。

3. 约法省刑

赵长卿少时孤洁，厌恶王族豪奢的生活，后辞帝京，纵游山水，居于江南，遁世隐居，过着清贫的生活，这位"多淡远萧疏之致"之士渴望统治者使用仁治和善法，约法省刑，实现社会安定。

〔宋〕赵长卿：《瑞鹤仙·张宰生辰》[1]

西风苹末起。动院落清秋，新凉如水。纤歌遏云际。正美人翻曲，阳春轻丽。兰衣玉佩。拥南斗、光中一醉。有邦人、万口同声，赞叹我公恺悌。

百里。年丰谷稔，事简刑清，颂声盈耳。鹏程九万，摩空展、垂天翼。定丹书飞下，彤墀归去，秘略家传小试。看封留、亘古功名，未容退避。

（四）法刑的功能

1. 治　身

严格以法律规范己身，也被众多仁人志士确立为修身的方式之

---

〔1〕唐圭璋：《全宋词》，中华书局 2009 年版，第 1792 页。

一，他们常以法律规约自省。

〔唐〕韩愈：《寄卢仝》[1]

玉川先生洛城里，破屋数间而已矣。一奴长须不裹头，一婢赤脚老无齿。

辛勤奉养十馀人，上有慈亲下妻子。先生结发憎俗徒，闭门不出动一纪。

至今邻僧乞米送，仆忝县尹能不耻。俸钱供给公私馀，时致薄少助祭祀。

劝参留守谒大尹，言语才及辄掩耳。水北山人得名声，去年去作幕下士。

水南山人又继往，鞍马仆从塞间里。少室山人索价高，两以谏官征不起。

彼皆刺口论世事，有力未免遭驱使。先生事业不可量，惟用法律自绳己。

春秋三传束高阁，独抱遗经穷终始。往年弄笔嘲同异，怪辞惊众谤不已。

近来自说寻坦途。犹上虚空跨绿駬。去年生儿名添丁，意令与国充耘耔。

国家丁口连四海，岂无农夫亲耒耜。先生抱才终大用，宰相未许终不仕。

假如不在陈力列，立言垂范亦足恃。苗裔当蒙十世宥，岂谓贻厥无基阯。

故知忠孝生天性，洁身乱伦定足拟。昨晚长须来下状，隔墙恶少恶难似。

每骑屋山下窥阚，浑舍惊怕走折趾。凭依婚媾欺官吏，不信令行能禁止。

---

[1] 〔清〕彭定求等编：《全唐诗》（卷二百二十一），中华书局 1960 年版，第 2338 页。

　　先生受屈未曾语，忽此来告良有以。嗟我身为赤
县令，操权不用欲何俟。

　　立召贼曹呼伍伯，尽取鼠辈尸诸市。先生又遣长
须来，如此处置非所喜。

　　况又时当长养节，都邑未可猛政理。先生固是余
所畏，度量不敢窥涯涘。

　　放纵是谁之过欤，效尤戮仆愧前史。买羊沽酒谢
不敏，偶逢明月曜桃李。

　　先生有意许降临，更遣长须致双鲤。

　　韩愈作为唐代古文运动的倡导者，在儒学式微，释、道盛行之际，力辟佛、老，致力于复兴儒学。《寄卢仝》体现了韩愈对将诗书、法律作为治身依据的认同，劝勉遭遇困境的卢仝以法律为标杆，减少困境对个人心境的折磨，折射出其先依法治身而后治国的理想。

　　2. 惩　恶

　　刑律发挥作用，对违法者进行惩戒，国家依据法律对犯罪进行制裁，一旦有违犯法律的行为，须依法定罪量刑。然而，法的运行，往往无法避免人为因素的干扰，从而使刑的"惩恶"功能被削弱。

　　〔唐〕皮日休:《正乐府十篇·路臣恨》[1]

　　路臣何方来，去马真如龙。行骄不动尘，满辔金
珑璁。

　　有人自天来，将避荆棘丛。狞呼不觉止，推下苍
黄中。

　　十夫挈鞭策，御之如惊鸿。日行六七邮，瞥若鹰
无踪。

---

〔1〕《杜审言集 张继集 戎昱集 皮日休集》，长江文艺出版社 2018 年版，第 352 页。

路臣慎勿怨，怨则刑尔躬。军期方似雨，天命正
如风。

七雄战争时，宾旅犹自通。如何太平世，动步却
途穷。

〔宋〕魏了翁：《南乡子·万里载浮名》[1]

万里载浮名。忆昔从容下帝京。冉冉七年如昨梦，
分明。赢得存存夜气清。

谁使滥专城。有罪当诛尚薄刑。细数当时同省士，
皆卿。落落韵阳独九龄。

二、《水浒传》

《水浒传》是元末明初文学家施耐庵等所著的章回体长篇小说。
作品揭示了宋徽宗时期君主昏庸、政治昏暗、奸人弄法的社会场景，
描写了以宋江为首的一百零八位志士反抗欺压、上梁山，后虽被宋
朝招安，却结局悲惨的故事。《水浒传》反映了执法不公导致刑罚被
滥用，诸位志士上梁山后建立"乌托邦"，众人对法刑治理抱有美好
期望，最终理想破灭，法刑重归奸顽之人手中。一方面，虽世有时
弊，但不乏秉公执法、依法处刑之人存在。可另一方面，志士也会
因救友或保身而徇私滥杀。善与恶的并存与交织，也使得法刑在昏
暗之世中更显无力。

（一）治法齐一：断刑

第三回　史大郎夜走华阴县　鲁提辖拳打镇关西

且说郑屠家中众人，救了半日不活，呜呼死了。老小

---

[1] 唐圭璋：《全宋词》，中华书局 2009 年版，第 2368 页。

邻人径来州衙告状。正直府尹升厅，接了状子，看罢道："鲁达系是经略府的提辖，不敢擅自径来捕捉凶身。"府尹随即上轿，来到经略府前，下了轿子，把门军士入去报知。经略听得，教请到厅上。与府尹施礼罢，经略问道："何来？"府尹禀道："好教相公得知，府中提辖鲁达，无故用拳打死市上郑屠。不曾禀过相公，不敢擅自捉拿凶身。"经略听说，吃了一惊，寻思道："这鲁达虽好武艺，只是性格粗卤。今番做出人命事，俺如何护得短？须教他推问使得。"经略回府尹道："鲁达这人，原是我父亲老经略处的军官。为因俺这里无人帮护，拨他来做个提辖。既然犯了人命罪过，你可拿他依法度取问。如若供招明白，拟罪已定，也须教我父亲知道，方可断决。怕日后父亲处边上要这个人时，却不好看。"府尹禀道："下官问了情由，合行申禀老经略相公知道，方可断遣。"府尹辞了经略相公，出到府前，上了轿，回到州衙里，升厅坐下。便唤当日缉捕使臣押下文书，捉拿犯人鲁达。[1]

鲁达认为郑屠戏弄他，便将郑屠打死后逃跑。鲁达虽是经略的故旧，但经略并未徇私藏匿，仍将其送交法办，体现了依法断刑的思想。

（二）治刑为中：情理法的结合

第二十七回　母夜叉孟州道卖人肉　武都头十字坡遇张青

且说府尹陈文昭，听得报来，随即升厅。那官人但见：

平生正直，禀性贤明。幼年向雪案攻书，长成向金銮

---

[1]〔明〕施耐庵、罗贯中：《水浒传》，中华书局 2018 年版，第 60 页。

对策。常怀忠孝之心，每行仁慈之念。户口增，钱粮办，黎民称德满街衢；词讼减，盗贼休，父老赞歌喧市井。攀辕截镫，名标青史播千年；勒石镌碑，声振黄堂传万古。慷慨文章欺李杜，贤良德政胜龚黄。

且说东平府府尹陈文昭，已知这件事了。便叫押过这一干人犯，就当厅先把阳谷县申文看了，又把各人供状招款看过，将这一干人一一审录一遍。把赃物并行凶刀杖封了，发与库子，收领上库。将武松的长枷换了一面轻罪枷枷了，下在牢里。把这婆子换一面重囚枷钉了，禁在提事司监死囚牢里收了。唤过县吏，领了回文，发落何九叔、郓哥、四家邻舍："这六人且带回县去，宁家听候；本主西门庆妻子，留在本府羁管听候。等朝廷明降，方始结断。"那何九叔、郓哥、四家邻舍，县吏领了，自回本县去了。武松下在牢里，自有几个土兵送饭。

且说陈府尹哀怜武松是个有义的烈汉，如常差人看觑他，因此节级牢子都不要他一文钱，倒把酒食与他吃。陈府尹把这招稿卷宗都改得轻了，申去省院详审议罪；却使个心腹人，赍了一封紧要密书，星夜投京师来替他干办。那刑部官有和陈文昭好的，把这件事直禀过了省院官，议下罪犯："据王婆生情造意，哄诱通奸，力主谋故武大性命。唆使本妇下药毒死亲夫；又令本妇赶逐武松，不容祭祀亲兄，以致杀伤人命；唆令男女故失人伦，拟合凌迟处死。据武松虽系报兄之仇，斗杀西门庆奸夫人命，亦则自首，难以释免：脊杖四十，刺配二千里外。奸夫淫妇虽该重罪，已死勿论。其余一干人犯，释放宁家。文书到日，即便施行。"〔1〕

---

〔1〕〔明〕施耐庵、罗贯中：《水浒传》，中华书局2018年版，第472页。

武松替兄报仇后，前去县里首告。虽为兄报仇合乎情理，但斗杀人命，亦则自首，难以释免，这是情理法相结合的治刑为中思想的体现。

（三）法弊与时弊：法刑功能的偏废

1. 因徇私情、法刑偏废

第三十回　施恩三入死囚牢　武松大闹飞云浦

武松进到房里，却待脱衣去睡，只听得后堂里一片声叫起"有贼"来。武松听得道："都监相公如此爱我，又把花枝也似个女儿许我。他后堂内里有贼，我如何不去救护？"武松献勤，提了一条哨棒径抢入后堂里来。只见那个唱的玉兰，慌慌张张走出来指道："一个贼奔入后花园里去了！"武松听得这话，提着哨棒，大踏步，直赶入花园里去寻时，一周遭不见。复翻身却奔出来，不提防黑影里撇出一条板凳，把武松一交绊翻，走出七八个军汉，叫一声："捉贼！"就地下把武松一条麻索绑了。武松急叫道："是我！"那众军汉那里容他分说！只见堂里灯烛荧煌，张都监坐在厅上，一片声叫道："拿将来！"

众军汉把武松一步一棍打到厅前。武松叫道："我不是贼，是武松！"张都监看了大怒，变了面皮，喝骂道："你这个贼配军，本是个强盗，贼心贼肝的人！我倒要抬举你一力成人，不曾亏负了你半点儿。却才教你一处吃酒，同席坐地。我指望要抬举与你个官，你如何却做这等的勾当？"武松大叫道："相公，非干我事！我来捉贼，如何倒把我捉了做贼？武松是个顶天立地的好汉，不做这般的事！"张都监喝道："你这厮休赖！且把他押去他房里，搜看有无赃物!"众军汉把武松押着，径到他房里，打开他那柳藤箱子看时，上面都是些衣服，下面却是些银酒器皿，约有一二百两赃物。武松见了，也自目睁口呆，只叫得屈。众军汉把箱子抬出厅前，张都监看了，大骂道："贼配军，如此无礼! 赃物正在你箱子里搜出来，如何赖得过? 常言道：'众生好度人难度。'原来你这厮外貌像人，倒有这等贼心贼肝。既然赃证明白，没话说了!"连夜便把赃物封了，且叫："送去机密房里监收，天明却和这厮说话!"武松大叫冤屈，那里肯容他分说。众军汉扛了赃物，将武松送到机密房里收管了。张都监连夜使人去对知府说了，押司孔目上下都使用了钱。

次日天明，知府方才坐厅。左右缉捕观察把武松押至当厅，赃物都扛在厅上。张都监家心腹人赍着张都监被盗的文书，呈上知府看了。那知府喝令左右把武松一索捆翻。牢子节级将一束问事狱具放在面前。武松却待开口分说，知府喝道："这厮原是远流配军，如何不做贼? 一定是一时见财起意，既是赃证明白，休听这厮胡说，只顾与我加力打这厮!"那牢子狱卒拿起批头竹片，雨点地打下来。武松情知不是话头，只得屈招做："本月十五日，一时见本官衙内许多银酒器皿，因而起意，至夜乘势窃取入己。"与了招状。知府道："这厮正是见财起意，不必说了，且取枷来钉了监下。"牢子将过长枷，把武松枷了，押下死囚牢里监禁了。正是：

都监贪污重可嗟，得人金帛售奸邪。

假将歌女为婚配，却把忠良当贼拿。

且说武松下到大牢里，寻思道："叵耐张都监那厮安排这般圈套坑陷我，我若能勾挣得性命出去时，却又理会!"牢子狱卒把武松押在大牢里，将他一双脚昼夜匣着，又把

木枷钉住双手，那里容他些松宽。〔1〕

这一回讲述了武松被张都监设计陷害的故事。反映当时官府、制度的腐败，及官员以权谋私的贪污现象。

2. 滥用刑法、以致冤狱

第五十二回　李逵打死殷天锡　柴进失陷高唐州

不多时，只见二百余人，各执刀杖枪棒，果来围住柴皇城家。柴进见来捉人，便出来说道："我同你们府里分诉去。"众人先缚了柴进，便入家里搜捉行凶黑大汉，不见，只把柴进绑到州衙内，当厅跪下。知府高廉听得打死了他的舅子殷天锡，正在厅上咬牙切齿忿恨，只待拿人来。早把柴进驱翻在厅前阶下，高廉喝道："你怎敢打死了我殷天锡！"柴进告道："小人是柴世宗嫡派子孙，家门有先朝太祖誓书铁券，现在沧州居住。为是叔叔柴皇城病重，特来看视，不幸身故，见今停丧在家。殷直阁将带三二十人到家，定要赶逐出屋，不容柴进分说，喝令众人殴打，被庄客李大救护，一时行凶打死。"高廉喝道："李大见在那里？"柴进道："心慌逃走了。"高廉道："他是个庄客，不得你的言语，如何敢打死人！你又故纵他走了，却来瞒昧官府。你这厮，不打如何肯招！牢子下手，加力与我打这厮！"柴进叫道："庄客李大救主，误打死人，非干我事。放着先朝太祖誓书，如何便下刑法打我？"高廉道："誓书有在那里？"柴进道："已使人回沧州去取来也。"高廉大怒，喝道："这厮正是抗拒官府！左右，腕头加力，好生痛打！"〔2〕

---

〔1〕〔明〕施耐庵、罗贯中：《水浒传》，中华书局 2018 年版，第 514 页。
〔2〕〔明〕施耐庵、罗贯中：《水浒传》，中华书局 2018 年版，第 931 页。

知府高廉认为柴进打死了他的舅子殷天锡，不按法规，滥用刑法以致冤狱。故事体现法弊与时弊中滥用刑法、致冤狱的情形。

3. 时弊中的法刑与人情

　　第四十回　　梁山泊好汉劫法场　白龙庙英雄小聚义

　　次日，蔡九知府升厅，便叫当案孔目来分付道："快教送了文案，把这宋江、戴宗的供状招款粘连了，一面写下犯由牌，教来日押赴市曹斩首施行。自古谋逆之人，决不待时。斩了宋江、戴宗，免致后患。"当案却是黄孔目，本人与戴宗颇好，却无缘便救他，只替他叫得苦。当日禀道："明日是个国家忌日，后日又是七月十五日中元之节，皆不可行刑。大后日亦是国家景命。直至五日后，方可施行。"

　　…………

　　只见东边那伙弄蛇的丐者，身边都掣出尖刀，看着士兵便杀。西边那伙使枪棒的，大发喊声，只顾乱杀将来，一派杀倒土兵狱卒。南边那伙挑担的脚夫，轮起扁担，横七竖八，都打翻了土兵和那看的人。北边那伙客人，都跳下车来，推过车子，拦住了人，两个客商钻将入来，一个背了宋江，一个背了戴宗。其余的人，都去箱子里取出弓弩来射的，也有取出石子来打的，也有取出标枪来标的。原来扮客商的这伙，便是晁盖、花荣、黄信、吕方、郭盛。那伙扮使枪棒的，便是燕顺、刘唐、杜迁、宋万。扮挑担的，便是朱贵、王矮虎、郑天寿、石勇。那伙扮丐者的，便是阮小二、阮小五、阮小七、白胜。这一行，梁山泊共是十七个头领到来，带领小喽啰一百余人，四下里杀将起来。只见那丛里那个黑大汉，轮两把板斧，一昧地

砍将来。晁盖等却不认得，只见他第一个出力，杀人最
多。晁盖猛省起来："戴宗曾说，一个黑旋风李逵，和宋
三郎最好，是个莽撞之人。"晁盖便叫道："前面那好汉，
莫不是黑旋风？"那汉那里肯应，火杂杂地轮着大斧，只
顾砍人。晁盖便教背宋江、戴宗的两个小喽啰，只顾跟着
那黑大汉走。当下去十字街口，不问军官百姓，杀得尸
横遍野，血流成渠。推倒撷翻的，不计其数。众头领撇了
车辆担仗，一行人尽跟了黑大汉，直杀出城来。背后花
荣、黄信、吕方、郭盛，四张弓箭，飞蝗般望后射来。那
江州军民百姓，谁敢近前！这黑大汉直杀到江边来，身上
血溅满身，兀自在江边杀人。百姓撞着的，都被他翻筋
斗都砍下江里去。晁盖便挺朴刀叫道："不干百姓事，休
只管伤人！"那汉那里来听叫唤，一斧一个，排头儿砍
将去。[1]

戴宗为救宋江而徇私，传送假回信给蔡九知府，后与宋江共同
被判谋逆之罪。黄孔目替其求情，为其执刑拖延了时间，但最后仍
被处斩。时弊使得法刑偏废，宋江被治罪，但戴宗的徇私也是破坏
法度的行为，李逵等劫持法场，却杀伤了不干此事的百姓，一环又
一环，一恶制一恶，是时弊中法刑的无奈。

（四）乌托邦世界中的法刑：杀人者死与罪有应得

第五十四回　入云龙斗法破高廉　黑旋风探穴救柴进
吴学究教唤集高唐州押狱禁子跟问时，数内有一个禀
道："小人是当牢节级蔺仁。前日蒙知府高廉所委，专一

---

[1]〔明〕施耐庵、罗贯中：《水浒传》，中华书局 2018 年版，第 708 页。

牢固监守柴进，不得有失；又分付道：'但有凶吉，你可便下手。'三日之前，知府高廉要取柴进出来施刑。小人为见本人是个好男子，不忍下手，只推道本人病至八分，不必下手。后又催并得紧，小人回称柴进已死。因是连日厮杀，知府不闲，却差人下来看视。小人恐见罪责，昨日引柴进去后面枯井边，开了枷锁，推放里面躲避。如今不知存亡。"[1]

第八十回　张顺凿漏海鳅船　宋江三败高太尉

再说宋江掌水路，捉了高太尉，急教戴宗传令，不可杀害军士。中军大海鳅船上，闻参谋等，并歌儿舞女，一应部从，尽掳过船。鸣金收军，解投大寨。宋江、吴用、公孙胜等，都在忠义堂上，见张顺水渌渌地解到高俅。宋江见了，慌忙下堂扶住，便取过罗缎新鲜衣服，与高太尉从新换了，扶上堂来，请在正面而坐。宋江纳头便拜，口称死罪。高俅慌忙答礼。宋江叫吴用、公孙胜扶住。拜罢，就请上坐。再叫燕青传令下去："如若今后杀人者，定依军令处以重刑。"号令下去不多时，只见纷纷解上人来。童威、童猛解上徐京；李俊、张横解上王文德；杨雄、石秀解上杨温；三阮解上李从吉；郑天寿、薛永、李忠、曹正解上梅展；杨林解献丘岳首级；李云、汤隆、杜兴解献叶春、王瑾首级；解珍、解宝掳捉闻参谋并歌儿舞女，一应部从，解将到来。单单只走了四人：周昂、王焕、项元镇、张开。宋江都教换了衣服，从新整顿。尽皆请到忠义堂上，列坐相待。但是活捉军士，尽数放回济州。另教安排一只好船，安顿歌儿舞女，一应部从，令他自行看守。

---

〔1〕〔明〕施耐庵、罗贯中：《水浒传》，中华书局 2018 年版，第 975 页。

有诗为证：

> 奉命高俅欠取裁，被人活捉上山来。
>
> 不知忠义为何物，翻宴梁山啸聚台。[1]

在梁山这一"理想世界"中，法刑为惩恶扬善的工具。对于高俅的罪行，宋江订立杀人为死罪的规矩，并以军令对犯罪者处以重刑，体现了法刑治理中本应有的贼盗重惩的规则。

三、《三国演义》

《三国演义》描写了从东汉末年到西晋初年群雄割据混战，魏、蜀、吴三国政治与军事斗争的历史过程。就法与刑的内容而言，书中涉及传统儒法两家治法与治刑的特征，展示了特殊军政时期，强调君与臣、将与兵之间的忠贞与服从关系，重视军令和重刑治军的治理思想。其中也不乏为稳定军心，运用法术治军的情形。

（一）宽严相济

> 第六十六回　关云长单刀赴会　伏皇后为国捐生
>
> 书略曰：
>
> 干闻用武则先威，用文则先听；威德相济，而后王业成。往者天下大乱，明公用武攘之，十平其九。今未承王命者，吴与蜀耳。吴有长江之险，蜀有崇山之阻，难以威胜。愚以为且宜增修文德，按甲寝兵，息军养士，待时而动。[2]

曹操正想南征，其参军傅干总结曹操的政绩之后劝告他除威严

---

[1] 〔明〕施耐庵、罗贯中：《水浒传》，中华书局 2018 年版，第 1413 页。

[2] 〔明〕罗贯中：《三国演义》，中华书局 2018 年版，第 716 页。

治军外更要以德治军，体现了其威德相济的治法理念。

第五回　发娇诏诸镇应曹公　破关兵三英战吕布

众扶绍升帐而坐，两行依爵位年齿，分列坐定。操行酒数巡，言曰："今日既立盟主，各听调遣，同扶国家，勿以强弱计较。"袁绍曰："绍虽不才，既承公等推为盟主，有功必赏，有罪必罚。国有常刑，军有纪律，各宜遵守，勿得违犯。"众皆曰："惟命是听。"[1]

袁绍被推选为盟主后，针对盟军的管理，提出"有功必赏，有罪必罚"，刑赏并济，依法论罪的治理规则。

第六十五回　马超大战葭萌关　刘备自领益州牧

孔明曰："君知其一，未知其二。秦用法暴虐，万民皆怨，故高祖以宽仁得之。今刘璋暗弱，德政不举，威刑不肃，君臣之道，渐以陵替。宠之以位，位极则贱；顺之以恩，恩竭则慢。所以致弊，实由于此。吾今威之以法，法行则知恩；限之以爵，爵加则知荣。恩荣并济，上下有节。为治之道，于斯著矣。"[2]

刘备夺得益州之后，诸葛亮励精图治，发展政经，开发西南，治理方式宽严相济。其中展现了宽严相济治理思想。

（二）法不徇情

第七十二回　诸葛亮智取汉中　曹阿瞒兵退斜谷

建安二十三年，代郡乌桓反，操令彰引兵五万讨之。

---

〔1〕〔明〕罗贯中：《三国演义》，中华书局 2018 年版，第 46 页。

〔2〕〔明〕罗贯中：《三国演义》，中华书局 2018 年版，第 707 页。

临行，戒之曰："居家为父子，受事为君臣。法不徇情，尔
宜深戒。"[1]

曹操的儿子曹彰在征讨乌桓时，曹操告诫其"法不徇情"。曹
操对自己的儿子和将士一视同仁，没有例外，体现了不别亲疏、不
殊贵贱、一断于法的思想。

第十七回　袁公路大起七军　曹孟德会合三将

操留荀彧在许都调遣兵将，自统大军进发。行军之次，
见一路麦已熟，民因兵至，逃避在外，不敢刈麦。操使人
远近遍谕村人父老及各处守境官吏曰："吾奉天子明诏，出
兵讨逆，与民除害。方今麦熟之时，不得已而起兵，大小
将校凡过麦田，但有践踏者，并皆斩首。军法甚严，尔民
勿得惊疑。"百姓闻谕，无不欢喜称颂，望尘遮道而拜。官
军经过麦田，皆下马，以手扶麦，递相传送而过，并不敢
践踏。操乘马正行，忽田中惊起一鸠。那马眼生，突入麦
中，践坏了一大块麦田。操随呼行军主簿，拟议自己践麦
之罪。主簿曰："丞相岂可议罪？"操曰："吾自制法，吾
自犯之，何以服众？"即掣所佩之剑欲自刎。众急救住。
郭嘉曰："古者《春秋》之义，法不加于尊。丞相总统大
军，岂可自戕？"操沉吟良久，乃曰："既《春秋》有法不
加于尊之义，吾姑免死。"乃以剑割自己之发，掷于地曰：
"割发权代首。"使人以发传示三军曰："丞相践麦，本当
斩首号令，今割发以代。"于是三军悚然，无不懔遵军令。
后人有诗论之曰：

十万貔貅十万心，一人号令众难禁。

---

[1]　〔明〕罗贯中：《三国演义》，中华书局 2018 年版，第 782 页。

拔刀割发权为首，方见曹瞒诈术深。[1]

曹操立下军队过麦田不践踏的规矩，因此曹操在自己的马匹受惊践踏麦田时，选择割发代首。这一做法明确官兵一视同仁，军令威严不可违反，使重刑在军队中更好地起到震慑作用，从而达到整顿军纪的目的。

（三）刑法世轻世重

第六十五回　马超大战葭萌关　刘备自领益州牧

益州既定，玄德欲将成都有名田宅分赐诸官。赵云谏曰："益州人民屡遭兵火，田宅皆空。今当归还百姓，令安居复业，民心方服：不宜夺之为私赏也。"玄德大喜，从其言。使诸葛军师定拟治国条例，刑法颇重。法正曰："昔高祖约法三章，黎民皆感其德。愿军师宽刑省法，以慰民望。"孔明曰："君知其一，未知其二：秦用法暴虐，万民皆怨，故高祖以宽仁得之。今刘璋暗弱，德政不举，威刑不肃，君臣之道，渐以陵替。宠之以位，位极则残；顺之以恩，恩竭则慢。所以致弊，实由于此。吾今威之以法，法行则知恩；限之以爵，爵加则知荣。恩荣并济，上下有节。为治之道，于斯著矣。"法正拜服。[2]

刘备担任益州牧，由诸葛亮作为军师制定刑法，以秦用法暴虐、刘璋用法不肃为前车之鉴，制定恩荣并济、宽严有序的刑法，因时治法，刑法世轻世重，则治法之道明矣。

---

〔1〕〔明〕罗贯中：《三国演义》，中华书局 2018 年版，第 187 页。

〔2〕〔明〕罗贯中：《三国演义》，中华书局 2018 年版，第 707 页。

（四）军政与法刑

1. 以军令为重，重刑治军

第十九回　下邳城曹操鏖兵　白门楼吕布殒命

且说许汜、王楷至寿春，拜见袁术，呈上书信。术曰："前者杀吾使命，赖我婚姻，今又来相问，何也？"汜曰："此为曹操奸计所误，愿明公详之。"术曰："汝主不因曹兵困急，岂肯以女许我？"楷曰："明公今不相救，恐唇亡齿寒，亦非明公之福也。"术曰："奉先反复无信，可先送女，然后发兵。"许汜、王楷只得拜辞，和郝萌回来。到玄德寨边，汜曰："日间不可过，夜半吾二人先行，郝将军断后。"商量停当，夜过玄德寨。许汜、王楷先过去了，郝萌正行之次，张飞出寨拦路。郝萌交马，只一合，被张飞生擒过去，五百人马尽被杀散。张飞解郝萌来见玄德，玄德押往大寨见曹操。郝萌备说求救许婚一事。操大怒，斩郝萌于军门，使人传谕各寨，小心防守，如有走透吕布及彼军士者，依军法处治。各寨悚然。玄德回营，分付关、张曰："我等正当淮南冲要之处，二弟切宜小心在意，勿犯曹公军令。"飞曰："捉了一员贼将，操不见有甚褒赏，却反来唬吓，何也？"玄德曰："非也。曹操统领多军，不以军令，何能服人？弟勿犯之。"关、张应诺而退。[1]

吕布谋士许汜、王楷、郝萌欲用计诱骗袁术，不想经过刘备军寨时郝萌被捉，押送至曹营，曹操大怒，杀郝萌，并令将士若走漏吕布及其军士的消息则以军法严惩，以此服众。

---

〔1〕〔明〕罗贯中：《三国演义》，中华书局 2018 年版，第 204 页。

第一百十六回　钟会分兵汉中道 武侯显圣定军山

会唤许仪至帐下，责之曰："汝为先锋，理合逢山开路，遇水叠桥，专一修理桥梁道路，以便行军。吾方才到桥上，陷住马蹄，几乎堕马，若非荀恺，吾已被杀矣。汝既违军令，当按军法。"叱左右推出斩之。诸将告曰："其父许褚有功于朝廷，望都督恕之。"会怒曰："军法不明，何以令众？"遂令斩首示众。诸将无不骇然。

时蜀将王含守乐城，蒋斌守汉城，见魏兵势大，不敢出战，只闭门自守。[1]

钟会伐蜀之时，命许仪为先锋开路，自己率领大军在其后，当经过一座桥时，钟会的马蹄陷入坑中，违反军令，钟会大怒，不顾及许仪先父许褚的功绩，将许仪斩首，以明军纪，诸将骇然。

第一百十七回　邓士载偷度阴平 诸葛瞻战死绵竹

艾升帐而坐，唤师纂、邓忠责之曰："汝二人不战而退，何也？"忠曰："但见蜀阵中诸葛孔明领兵，因此奔还。"艾怒曰："纵使孔明更生，我何惧哉！汝等轻退，以致于败，宜速斩以正军法！"[2]

师纂、邓忠二人不战而退，以至于败。作为战场上的逃兵，依据军法，两人应当被斩首。在三国乱世时期，极其严苛的军令及军法有助于统治者巩固自己的兵权，从根本上避免政治根基动摇。

第八十六回　难张温秦宓逞天辩 破曹丕徐盛用火攻

权大喜曰："如得卿守江南一带，孤何忧哉！"遂封徐盛为安东将军，总镇都督建业、南徐军马。

---

〔1〕〔明〕罗贯中：《三国演义》，中华书局 2018 年版，第 1257 页。
〔2〕〔明〕罗贯中：《三国演义》，中华书局 2018 年版，第 1270 页。

盛谢恩领命而退；即传令，教众官军多置器械，多设旌旗，以为守护江岸之计。忽一人挺身出曰："今日大王以重任委托将军，欲破魏兵，以擒曹丕。将军何不早发军马，渡江于淮南之地迎敌？直待曹丕兵至，恐无及矣。"盛视之，乃吴王侄孙韶也。韶字公礼，官授扬威将军，曾在广陵守御，年幼负气，极有胆勇。盛曰："曹丕势大，更有名将为先锋，不可渡江迎敌。待彼船皆集于北岸，吾自有计破之。"韶曰："吾手下自有三千军马，更兼深知广陵路势。吾愿自去江北，与曹丕决一死战。如不胜，甘当军令。"盛不从。韶坚执要去，盛只是不肯。韶再三要行，盛怒曰："汝如此不听号令，吾安能制诸将乎？"叱武士推出斩之。刀斧手拥孙韶出辕门之外，立起皂旗。韶部将飞报孙权。权听知，急上马来救。武士恰待行刑，孙权早到，喝散刀斧手，救了孙韶。韶哭奏曰："臣往年在广陵，深知地利，不就那里与曹丕厮杀，直待他下了长江，东吴指日休矣！"

权径入营来。徐盛迎接入帐，奏曰："大王命臣为都督，提兵拒魏。今扬威将军孙韶不遵军法，违令当斩，大王何故赦之？"权曰："韶倚血气之壮，误犯军法，万希宽恕！"盛曰："法非臣所立，亦非大王所立，乃国家之典刑也。若以亲而免之，何以令众乎？"权曰："韶犯法，本应任将军处治。奈此子虽本姓俞氏，然孤兄甚爱之，赐姓孙，于孤颇有劳绩。今若杀之，负兄义矣！"盛曰："且看大王之面，寄下死罪。"权令孙韶拜谢。韶不肯拜，厉声而言曰："据吾之见，只是引军去破曹丕，便死也不服你的见识！"徐盛变色。权叱退孙韶，谓徐盛曰："便无此子，何损于吴？今后勿再用之。"言讫自回。[1]

---

〔1〕〔明〕罗贯中：《三国演义》，中华书局 2018 年版，第 927 页。

孙韶不听将军徐盛号令，欲私自出兵去杀曹操，徐盛以军法惩治之，后因其身份受矜恤而免于死刑。

2. 以法术治军

　　第十七回　袁公路大起七军　曹孟德会合三将

　　却说曹操兵十七万，日费粮食浩大，诸郡又荒旱，接济不及。操催军速战，李丰等闭门不出。操军相拒月余，粮食将尽，致书于孙策，借得粮米十万斛，不敷支散。管粮官任峻部下仓官王垕入禀操曰："兵多粮少，当如之何？"操曰："可将小斛散之，权且救一时之急。"垕曰："兵士倘怨如何？"操曰："吾自有策。"垕依命，以小斛分散。操暗使人各寨探听，无不嗟怨，皆言丞相欺众。操乃密召王垕入曰："吾欲问汝借一物，以压众心，汝必勿吝。"垕曰："丞相欲用何物？"操曰："欲借汝头以示众耳。"垕大惊曰："某实无罪！"操曰："吾亦知汝无罪。但不杀汝，军心变矣。汝死后，汝妻子吾自养之，汝勿虑也。"垕再欲言时，操早呼刀斧手推出门外，一刀斩讫，悬头高竿，出榜晓示曰："王垕故行小斛，盗窃官粮，谨按军法。"于是众怨始解。[1]

曹军兵多粮少，接济不及，曹操命仓管以小斛分散，后为安军心，栽赃仓管故行小斛、盗窃官粮，并以军法杀之，解士兵之怨。

---

〔1〕〔明〕罗贯中：《三国演义》，中华书局 2018 年版，第 185 页。

参考文献

书籍类：

1.《论语·大学·中庸》，陈晓芬、徐儒宗译注，中华书局2015年版。

2.《孟子》，方勇译注，中华书局2015年版。

3.《荀子》，方达评注，商务印书馆2016年版。

4.《商君书》，石磊译注，中华书局2022年版。

5.《韩非子》，高华平、王齐洲等注译，中华书局2014年版。

6.《管子》，李山、轩新丽注译，中华书局2019年版。

7.《周礼》，徐正英等译注，中华书局2014年版。

8.〔汉〕司马迁：《史记》，中华书局1959年版。

9.《汉书》，中华书局2016年版。

10.《晋书》，中华书局1974年版。

11.《宋书》，中华书局1974年版。

12.《隋书》，中华书局1973年版。

13.《宋史》，中华书局1977年版。

14.《明史》，中华书局1974年版。

15.《清史稿》，中华书局1977年版。

16.〔唐〕长孙无忌等：《唐律疏议》，中华书局1983年版。

17.〔宋〕窦仪等：《宋刑统》，法律出版社1999年版。

18.〔清〕薛允升:《唐明律合编》,怀效锋、李鸣点校,法律出版社 1999 年版。

19.〔明〕徐溥等纂修:《大明会典》,国家图书馆出版社 2009 年版。

20.〔清〕沈家本:《历代刑法考》,中华书局 1985 年版。

21.《大明律》,怀效锋点校,法律出版社 1999 年版。

22.《大清律例》,张荣铮、刘勇强、金懋初点校,天津古籍出版社 1993 年版。

23.〔汉〕卫宏:《汉旧仪》,中华书局 1985 年版。

24.〔汉〕桓宽:《盐铁论》,中华书局 1991 年版。

25.〔汉〕董仲舒:《春秋繁露》,张世亮等译注,中华书局 2012 年版。

26.〔晋〕葛洪:《抱朴子》,中华书局 1936 年版。

27.《贞观政要》,骈宇骞译注,中华书局 2022 年版。

28.〔唐〕杜佑:《通典》,中华书局 2016 年版。

29.〔宋〕朱熹:《朱子全书》,上海古籍出版社、安徽教育出版社 2002 年版。

30.〔宋〕李昉等:《太平御览》,中华书局 1960 年版。

31.〔元〕马瑞临:《文献通考》,中华书局 1986 年版。

32.〔清〕徐松辑:《宋会要辑稿》,中华书局 1957 年版。

33.〔清〕彭定求等编:《全唐诗》,中华书局 1960 年版。

34.〔唐〕罗隐:《罗隐诗集笺注》,李之亮笺注,岳麓书社 2001 年版。

35.〔唐〕杜审言、张继等:《杜审言集 张继集 戎昱集 皮日休集》,长江文艺出版社 2018 年版。

36.〔宋〕苏洵:《宋本嘉祐集》,国家图书馆出版社 2019 年版。

37.〔宋〕张镃:《南湖集》,吴晶、周膺点校,当代中国出版社 2014 年版。

38.唐圭璋:《全宋词》,中华书局 2009 年版。

39.〔明〕施耐庵、罗贯中:《水浒传》,中华书局 2018 年版。

40.〔明〕罗贯中:《三国演义》,中华书局 2018 年版。

41. 杨一凡、田涛编,戴建国点校:《庆元条法事类》,黑龙江出版社 2002 年版。

42. 杨一凡、徐立志主编:《历代判例判牍》,中国社会科学出版社 2005 年版。

43. 杨一凡主编:《清代判牍案例汇编》,社会科学文献出版社 2019 年版。

44. 俞荣根:《儒家法思想通论》,商务印书馆 2018 年版。

期刊类:

1. 陈金全:《朱熹法律思想简析》,载《现代法学》1987 年第 3 期。

2. 吕志兴:《〈折杖法〉对宋代刑罚重刑化的影响》,载《现代法学》 2007 年第 5 期。

3. 郭东旭:《〈宋刑统〉的制定及其变化》,载《河北学刊》1991 年 第 4 期。

4. 陈煜:《略论〈大清律例〉的"确定化"》,载《中国政法大学学 报》2012 年第 4 期。

5. 高汉成:《也谈中国古代律典的性质和体例——以〈唐律疏议〉和 〈大清律例〉为中心》,载《上海交通人学学报(哲学社会科学 版)》2003 年第 5 期。

6. 陈煜:《〈唐律疏议〉中的法律概念及其条款——兼与〈大清律 例〉相比较》,载《中国政法大学学报》2016 年第 5 期。

7. 王志强:《〈名公书判清明集〉法律思想初探》,载《法学研究》 1997 年第 5 期。

8. 邵方:《朱熹法律思想简议》,载《法学论坛》2007 年第 1 期。

9. 戴建国:《〈宋刑统〉制定后的变化——兼论北宋中期以后〈宋刑

统〉的法律地位》，载《上海师范大学报》1992 年第 4 期。

10. 徐公喜：《朱熹义理法律思想论》，载《中华文化论坛》2004 年第 2 期。

11. 王威宣：《论朱熹的法律思想》，载《山西大学师范学院学报（综合版）》1995 年第 1 期。

12. 倪健民：《论宋明"理学"法律观》，载《法学杂志》1988 年第 1 期。

13. 武树臣：《朱熹法律思想探索》，载《北京大学学报（哲学社会科学版）》1983 年第 5 期。

后　记

　　书稿完成已是戊午月深夜，回想本书写作的缘起仿佛昨日，但时光却已过隙七年。2015 年，当时尚为博士研究生二年级的我，为探究传统儒家法文化机理，和俞荣根教授取得了联系，希望向他请教儒家法文化的问题，恰巧先生受邀参加西北政法大学组织召开的"中国传统法哲学范畴研究"丛书的论证会，我便也有幸成为编外人员旁听了会议。论证会上，主编於兴中教授在阐述丛书编写的缘由时说，他在国外研究法哲学多年，并不认为传统东方是一个法哲学匮乏的世界。相反，他认为中国传统中有一套深厚而自洽的法哲学逻辑，但是西方社会并不了解。西方学者每每想让其证明传统中国法哲学的存在与价值时，他却苦于无相关的著述予以自证。即便有相关论述的文章与著作，也因为西方学者与中国学者在考证问题上的证明思路略有不同，西方学者并不能很好地理解中国法哲学的逻辑。为了揭示中国传统法的运行逻辑，并让中西法哲学可以得到更好的交流，於教授萌生了编写此套丛书的想法。

　　当时的我虽为旁听者，却感触颇深，也觉重任在肩。还记得2013 年初识俞教授之时，一日与老师闲庭信步，身为年轻教师的我就法史学科"为何而教"的疑惑向老师发问，老师答道："唐律自初创至完备用去近四十年的时间，明朝用了三十年，清朝更是用了近百年才完成这个过程。如果从自汉而始儒家法文化的产生来计算，历时更是久远。可是，近年来有些学者却认为，今日中国的法制已趋于完备。而从传统的经验来看，或许没有那么容易。因此，解锁传统法文化中的密码，了解法文化的运行，由此以古观今、以古鉴今，这就是在大学中教授法史的要义。"老师的回答我一直铭记在心，也成为我之后法史第一课中必提及的内容之一。

然若要以古观今，必先行"解锁法文化密码"。2015 年，接到撰写"法与刑"主题的任务，我既欣喜又诚惶诚恐。欣喜于有机会加入这一优秀的团队，共同探索，但又惶恐于我学术功底尚浅，如何把控这一大命题，茫然不知方向。编写会后，我也仅专注于思想史和律法史两个方面进行资料的搜集，并形成近六万字的材料累积及观点叙述。然如何将这些材料依据於教授提出的"尽可能穷尽各类典籍，并以原典演绎为主"的编写体例和编撰方法体系化成书，仍茫茫然不知所向矣。直至 2017 年丛书编写组再次聚首，在听取了各位编者的进度及专家意见后，於教授确定了以全而广为材料收集范围，以典籍、法典、案例、官民报刊、文学作品、学者评论为写作纲目的材料搜集及撰写方法，此丛书体例方才"尘埃落定"。

虽然写作纲目已经明确，但我在开始撰写前两章时出现了自我评述多而原典引证少的问题，李其瑞院长和於教授希望我进行修正。其间又由于博士毕业、家庭变故等诸多因素，书稿写写停停，虽已累积至近十万字的资料，但一直停留在前两章，未能向前推进。2021 年，丛书获批国家出版基金，本书也加快进度，最终确定了以典籍、法典、案例、文学作品四类材料为主的写作提纲，其中典籍类以儒法二家之说为始，辅之以儒家经典《周礼》、儒家法律化初始时期的《汉书》、"一准乎礼"唐代的《贞观政要》、宋明理学经典《朱子语类》《晦庵先生朱文公文集》《论语集注》及传统法制末期的《清史稿》，以此探究法刑的精要；法典中则是梳理了由汉至清主要朝代的律典，从立法要义及律"刑"与罪"名"中找寻法刑的特征；选择秦至明清的典型案例，用司法纲要与律法制度相互印证的方式，以求法刑的逻辑与适用；文学作品中则以诗词、《水浒传》以及《三国演义》为素材，探索诗词小说中的法刑关系，从而"解锁法文化密码"。

虽说彼时已有近十万字的积累，但再重新拾起撰写并非易事，再加上需增补三章的内容，编写压力仍然很大。犹记得当时的我案牍堆满床头，暑假期间更是夜以继日，每日汗流浃背，可谓"衣带渐宽终不悔，为伊消得人憔悴"。但幸运的是，在此期间得到了导师李玉生以及俞荣根、李启成三位教授的指点，又经常与同为"80后"的段晓彦教授互通生活及工作中的有无，编写过程虽辛劳，但茅塞顿开之感常扫疲累于全无，得多于劳，编写似也为一件乐事。一稿成书后，又再经於教授指导并修正多次，终成今日之稿。回看编写经历，虽不可说已"解锁法文化密码"，但或多或少有所心得，希冀在此与君共享：

第一，深耕原典。"论从史出"一直是法史学的警句箴言，无史则无论。精读原典确是法史研究的根本，所谓的法史学的"坐冷板凳"便也源于此。我系统性地精读原典之旅开始于阅读俞荣根教授的《儒家法思想通论》，当时的我处于家庭变故的悲戚之中，恰逢俞教授惠书一本，研"法"之余，更是受到书中观点启发将《论语》、《孟子》和《荀子》又重览一遍，除得教于"法"之论外，心中之彷徨也逐渐被治愈，内心修得平静，可谓"修身"与"修心"之旅。今日再以"法与刑"为索引重读儒法经典，除体系化地了解两家"治法"之道外，也更为深入地体味两家"治道"的要义，人本之学与功利之学尽释于此。同时，时常又恍然于现世之事，察觉也可用两家之学去阐释，似初得俞教授"解锁法文化密码"，进而以古观今、以古鉴今之深意，顿觉豁然开朗，畅快淋漓。然而仅读儒法经典，若不深入朝代时世变迁，经典也如空中楼阁，无法体会其现实含义，因此，便有了第二点中的循序渐进之法。

第二，循序渐进。还记得 2018 年陈景良教授来南京讲学，在谈到研究宋代法制必读典籍时，陈教授列出三本，分别是《宋史》、《续资治通鉴长编》和《宋会要辑稿》，且研读顺序也应如此。陈教授的建议涉及断代法史的研究方法，即先以社会史和政治史为着眼点，精读相关原典后再读法典，则法典中所涉背景以及相关立法目的不言自明。李启成教授在一次交谈中也提及读书需有顺序，本其亲身经历，曾以《大学》《中庸》《论语》《孟子》的顺序来读，但终不得其意。后从《朱子读书法》中得知先贤读书有序，应按《大学》《论语》《孟子》《中庸》次第来读，再次尝试，果有收获，很多以前不懂的地方多能有所得。究其原因，是以前自己读错了顺序：不明白《大学》通贯浃洽、提纲挈领；《论语》《孟子》精微，适为证语工资；《中庸》是会极处，工夫密，规模大，应后读。熟读四书之后再读宋明儒之著述，就容易得多。而本书的撰写顺序恰好与两位学者所提及方法有所耦合，这使一直都为碎片化阅读的我，得以从思想史、社会及政治史再至法制史的顺序进行研读，常有拨开云雾、柳暗花明的感觉，初尝法史研究的精要。虽在书中我的所得主要以原典方式予以呈现，但许多精义也已铭记于心，为未来的法史研究打下了坚实的基础。

第三，以小见大。对于我这个自认为还属"半瓶水"的"青椒"而言，"法与刑"这个题目过于庞大，虽两字为法史典籍中所常见，但真正想厘清其含义时，却感觉如水中望月，可望而不可触得。在 2021 年编写会上，受益于於教授在选定书目时的启发，如整本书需以点面结合的方式，那么书中每章的内容也可以点面结合的方式来撰写，而点与面的结合，也正是法史研究中常提到的另一箴言即"以小见大"。基于此才有了书中以某一条款、某一案件、某一处刑方式而相串联，最终得出的"法与刑"的逻辑与精义。

行文至此，已将成书的经过以及所得如"流水账"般列出，心中虽波涛般汹涌，但可惜文字略为平庸，无法将初尝"解锁法文化密码"的胜利之感全部写出，只能待之后再细细体味。本书的出版除感谢上述几位教授的指导外，更要感谢我的父母以及宝贝女儿在这近十年中的奉献和支持。还需要感谢这几年中陆续加入、帮我搜集及校对资料的薛童、徐许多、张芮瑄、唐昕儿、沈楠欣、郑士硕和周晶同学，以及知识产权出版社的庞从容和薛迎春编辑，我的拖延症让两位编辑操碎了心，在此表示歉意，也特此致谢！

陆　娓

癸卯年于明德